（卷二）

赣商研究

林 芸 主编

A Research on Merchant Class in Jiangxi Province

(Volume II)

赣商，史称“江右商帮”，兴起于唐宋，繁荣于明清，是一支曾与晋商、徽商鼎足而立的商业群体，留下了“无江西商人不成市”的传奇，形成了具有鲜明的江西特色、深厚的历史底蕴、丰富的思想内涵的赣商文化。

经济管理出版社
ECONOMY & MANAGEMENT PUBLISHING HOUSE

图书在版编目（CIP）数据

赣商研究（卷二）/林芸主编．—北京：经济管理出版社，2017.12
ISBN 978-7-5096-5533-7

Ⅰ.①赣…　Ⅱ.①林…　Ⅲ.①商业史—江西　Ⅳ.①F729

中国版本图书馆CIP数据核字(2017)第290833号

组稿编辑：杜　菲
责任编辑：杜　菲
责任印制：黄章平
责任校对：张晓燕

出版发行：经济管理出版社
（北京市海淀区北蜂窝8号中雅大厦A座11层　100038）
网　　址：www.E-mp.com.cn
电　　话：（010）51915602
印　　刷：北京晨旭印刷厂
经　　销：新华书店
开　　本：720mm×1000mm/16
印　　张：19.25
字　　数：305千字
版　　次：2017年12月第1版　　2017年12月第1次印刷
书　　号：ISBN 978-7-5096-5533-7
定　　价：88.00元

编委会名单

序

习近平总书记在中共十九大报告中强调，文化是一个国家、一个民族的灵魂，文化兴、国运兴，文化强、民族强。没有高度的文化自信，没有文化的繁荣兴盛，就没有中华民族的伟大复兴。赣商文化，是勤劳智慧的赣商群体历经几百年的传承与创新，在保留江西文化特质的基础上，兼收并蓄外来文化精髓形成的，是中华商业文化的重要组成部分。开展赣商文化研究，从根本上说就是要增强江西文化软实力、提升江西文化品位、树立江西文化自信、促进地方经济社会发展。

长期以来，江西经济管理干部学院致力于传承和弘扬赣商文化精神，凝聚了一批赣商文化研究的专家学者，积极开展赣商文化理论和实践研究，通过产学研用一体化模式，为政府部门决策提供参考，为新赣商发展提供启示，努力打造新时代赣商的精神家园。

这部《赣商研究》（卷二）汇集了江西经济管理干部学院教师近年的研究成果，以弘扬赣商文化、挖掘赣商文化内涵、创新发展赣商精神为主线展开研究，主要涵盖八个方面：一是江右商帮兴衰及精神财富研究，分析了江右商帮兴衰历程及其原因，探讨了江右商帮精神财富与衰落教训，并从中得到江右商帮精神财富对新赣商发展的启示。二是赣商与其他商帮的比较研究，特别是对赣商与徽商、晋商进行比较分析，分析了江右商帮兴衰对江西区域经济的影响。三是新赣商国际化研究，对新赣商如何融入“一带一路”进行了思考，提出了“一带一路”背景下新赣商国际化的战略措施，并对“一带一路”背景下老字号品牌升级进行了分析。四是江西地域文化与赣商成长环境研究，探讨了江西地域文化的基本特征与时代价值，提出了基于地域文化视角下的江西企业家创新精神培育措施。五是江西老字号品牌发展研究，评估了“互联网+”时代江西老字号发展机遇，提出了“互联网+”时代江西老字号品牌发展策略，分析了如何提升“互联网+”时代江西老字号品牌竞争力。六是赣商非物质文化遗产保护与发展研究，以铅山连史纸及瑞昌剪纸艺术为案例，对中国非物质文化遗产的保护与发展提出了思考及探索。七是江西特色小镇建设研究，以南昌幽兰镇及河口铅山镇为案例，从多个角度对特色小镇的建设提出了建议。八是赣商文化与地方院校商科人才培养研究，探讨了赣商文化在地方院校商科人才培养中的意义以及赣商文化在地方院校商科人才培养中的渗透路径。

当然，受研究条件、研究能力限制，这部《赣商研究》（卷二）还有一些缺陷和不当之处，我们恳请关心赣商研究的各界人士不吝赐教。我们也将在本书的基础上，继续潜心研究、苦心钻研，努力打造服务赣商发展的信息库、人才库和思想库，主动融入江西经济社会发展大局，为建设富裕、美丽、幸福江西做出更大贡献。

秦夏明

2017年11月

目　录

第一篇

江右商帮兴衰及精神财富研究

江右商帮的精神财富与衰落教训探讨

肖文胜

内容摘要 本文通过对江右商帮精神财富与衰落教训的探讨，学习江右商帮的精神财富，同时汲取江右商帮衰败的深刻教训，为新赣商队伍的成长发展提供借鉴和帮助，意义深远而重大。

历史上，江西商人被称为“江右商帮”。据明末清初散文家魏禧所著《日录杂说》记载“江东称江左，江西称江右。盖自江北视之，江东在左，江西在右”，遂得此名。江右商帮产生于唐宋时期，发展于元末明初，繁荣于明朝中后期至清朝鸦片战争前，江右商帮以“其人数之众、操业之广、渗透力之强”为世人瞩目，留下了“无江西商人不成市”、“非江右商贾侨居之，则不成其地”的传奇和“一个包袱一把伞，走遍天下当老板”的美誉。充分地挖掘江右商人的精神财富，吸取江右商帮衰败的教训，为新赣商队伍的成长发展提供借鉴和帮助，意义深远而重大。

［作者简介］肖文胜，江西经济管理干部学院教授，研究方向为赣商文化研究、教育学、经济学。

［基金项目］本文是2017年度江西省赣商文化研究基地立项课题“江右商帮精神财富问题研究”研究成果之一。

一、值得向江右商帮学习的几种精神

（一）吃苦耐劳精神

江右商人家境贫寒，从小就养成了吃苦耐劳的习惯。在从商的过程中，他们吃苦耐劳，艰苦创业，勤俭持家，蔚然成风。由于众多江右商人自己有过艰难从商的经历，养成了勤俭节约、吃苦耐劳的品格。玉山有个商人叫吴士发的，有兄弟8个人，商贾农艺各执一业，家道虽然十分富实，但兄弟8人都过着勤俭的生活，从不游手好闲，从不进入嫖妓赌博场所；清江有个商人叫杨福圆的，经商多年后，置办了许多良田和房产，家里也有不少家丁奴仆，但他夫人张氏却仍是与过去一样，穿着打扮简朴，勤劳持家。大多数江右商人都是白手起家，辛苦经商。“小孩子只要不偷懒，长大了就可以当老板”，“只有病死人，没有累死人”。这些口头语至今仍在南昌地区流传。江西商人吃苦耐劳，经商灵活，渗透性强，世界各地都留有江西商人的足迹，所以有了“一个包袱一把伞，走遍天下当老板”的美誉。

（二）团结协作精神

团结协作是一切事业成功的基础，个人和集体只有依靠团结的力量，才能把个人的愿望和团队的目标结合起来，超越个体的局限，发挥集体的协作作用。一个缺乏合作精神的人，不仅事业上难有建树，很难适应时代发展的需要，也难在激烈的竞争中立于不败之地，从某种意义上讲，帮别人就是帮自己，合则共存，分则俱损。在商海中，个人的力量是渺小的，江右商人深知其中的道理，任何时刻，赣商都讲究团结互助。同治《瑞州府志》所载，高安人梁懋竹有一次与两位好友一起押运一艘货船到外地做生意，船行至洞庭湖，天色已晚，就决定在湖中停泊休息。没想到突然之间有几个水盗持刀登舟，索取财物，为保护自己和好友的人身安全，梁懋竹将自己的钱财全给了水盗，而且对水盗说其他两人是自己的亲兄弟，不要再逼他们了，水盗信以为真，于是就离去了。这个故事反映了古代江右商人团结协作、抱团发展的精神。

（三）诚实守信精神

诚实，即忠诚老实，就是忠于事物的本来面貌，不隐瞒自己的真实思想，不掩饰自己的真实感情，不说谎，不作假，不为不可告人的目的而欺瞒别人。守信，就是讲信用，讲信誉，信守承诺，忠实于自己承担的义务，答应了别人的事一定要去做。对人以诚信，人不欺我；对事以诚信，事无不成。江右商人非常讲究“贾德”，注重诚信。曾发生过这些故事：新城人吴大栋，父母死时生意上欠别人债务，十几年后他回家还债，债主已经去世，其家属拿不出借据，甚至从未听说此事，吴大栋却坚持偿还；浮梁有个茶商叫朱文炽，在经营茶叶时，每当出售的新茶过了保质期，他必在这批茶叶上插上牌子，写明这是已过保质期的茶叶，与人交易的契约上也会注明这是“陈茶”二字，以示诚实守信；九江商人张世达、张世远两兄弟，有一次张世远送纸到汉口卖，回家后发现不小心多收了客户 100 两银子，兄弟俩商量绝不能得不义之财，于是过几天置办了 100 两银子的纸，把纸送到汉口客户手中，客户深受感动。

（四）刻苦钻研精神

江右商人执着敬业，具有刻苦钻研精神。永修有工匠雷发达及其后人，刻苦钻研建筑技术，终成建筑名家。“一部建筑史，半部样式雷。”故宫、天坛、颐和园、明清皇陵、承德避暑山庄，这些世界文化遗产、经典之作，无一例外均出自永修雷氏家族之手。1683 年，雷发达和堂弟雷发宣，应募参加太和殿修葺工程，上梁仪式由皇帝康熙主持。一旦榫卯不合，典礼无法进行，这便是大不敬。只见，雷发达神情自若，手起斧落，榫卯合严，丝毫不差，这让参加仪式的大臣们暗自长叹一口气。高兴的康熙皇帝，亲自授予雷发达为营造房长班。从此，雷氏家族开始七代为皇家御用工匠的生涯。雷发达之子雷金玉，创立图档、烫样，开启中国建筑史上的先河；还有一丰城籍邹姓江右商人，他小时候家境贫寒，跟随本家叔叔往返江西与贵州之间做生意。从江西到贵州，千里迢迢，他一路上仔细观察叔父的经营之道，在以后独自经营过程中，不畏任何险阻，从第一年的学徒，包吃住穿只有十块银圆，到后来的师傅一年一百个银圆左右，最后成为一名成功的商人。

（五）创业创新精神

由于江右商人没有雄厚的资金，他们只有靠勇于排难的创业创新精神，才能取得成功。湖南凤凰城是著名作家沈从文的家乡，在他的笔下“一个包袱一把伞，跑到湖南当老板”，描绘了江右布商在凤凰城创业的形象。“华家”为江西临川人，康熙末年定居遵义。1862 年，华联辉开设“永隆裕”盐号，成为贵州首屈一指的大盐商。随后创办“成义烧房”。其子华之鸿创办了中国近代七大书局之一的“贵阳文通书局”。华之鸿之子华问渠，创办了当时西南最大的印刷厂“永丰抄纸厂”。1915 年，华之鸿将遵义的茅台酒送去参加巴拿马万国博览会，但评委们嫌茅台酒的包装太土气、太简陋，没有开瓶品尝。华之鸿情急之下，一怒而摔酒，而正是这一展览“营销”，创立了从那时至今“茅台”的国酒品牌地位。宋代的抚州布商陈泰，开始只是在乡间贩卖本地土特产，之后生意越做越大，并且采用以预付定金的方式垄断货源，这种经营模式放在当时实属创新之举。

（六）勇于进取精神

江右商人一直靠着勇于进取精神，不断发展壮大。元朝南昌人汪大渊写的《岛夷志略》，记叙了两次乘船下西洋经商的历程，比明初郑和第一次下西洋都要早了 75 年；江西庐陵欧阳修后裔欧阳云台多年在日经商成为豪富；江西丰城人筱塘裁缝杨永清带领丰城南昌大批商人手工业者随荷船万福士号渡海到印度尼西亚、马来西亚、新加坡从事各种手工业，种植橡胶、金鸡纳霜，在马来西亚建三江会馆，在新加坡和菲律宾建万寿宫；南昌县熊氏家族崇尚义举、重视教育、勇开先河。熊世昌留下“得读书”祖训。熊世昌之长子论和开设“潭湖熊家典当铺”，二子谏和开设“信昌盐号”。谏和侄禧祖，设立“心远堂”奖学金，建设读书阁。第四代熊元锷、熊育钖，创办了心远中学。

二、应从江右商帮衰败中吸取的教训

（一）经营资本不进行足够积累，商业就不可能做大做强

江右商人走州过府，随收随卖，操业很广，只求广度，不求深度，资本分散，经营资本不进行足够积累，往往在竞争中容易丧失市场。江右商帮人数众多，经营范围与行业广泛，但始终没有出现巨商（即使有个人资本达数千两白银，已被称为“富商”的江右商人）。在江右商帮繁荣之时，江右商人赚取了很多钱，但他们不会进行经营资本积累或扩大生产规模和市场规模，而是把赚来的钱回乡修谱建祠、购买田地、资助科举、兴办学堂、赈济族众以及捐纳功名、光宗耀祖等。这些做法虽然对当地公益事业发展和人才培养起了很大的作用，江西人才辈出，文化兴盛，与此不无关系，但从赣商的发展观来看，这些做法严重地阻碍了江西商业资本向产业资本转化从而向资本主义发展，江右商人的投资方向多为生活性投资、社会性投资，而产业性投资极少，没有产生一批大型民族企业和巨商。

（二）官本位、小富即安意识严重抑制商业的发展

观念上的束缚，更成为江西商业资本积累和赣商发展的重大障碍。江右商帮吸取了大量中国传统文化中不利于商业发展的内容：首先，江西是官本位意识比较浓厚的地方。历史上，江西就是出官吏、文人的地方，如解缙、严嵩、王安石、范仲淹等，新修复的滕王阁画出了历代江西名人，其中以明代为最。当时的“朝士半江西”正是江西仕风、文风之盛的写照。所以，江西人重视“学而优则仕”，并不重商。经商者多为社会下层，实在没有办法才会去当商人，而且，一旦家境变好一些就还是以读书入仕为目标。其次，小富即安，求稳怕冒险等中庸思想也使江右商人在商业中不求上进，他们有点钱就过上小财主的日子，没想过也没有努力成为巨商。最后，他们有钱后，把钱用于建祠堂、修族谱、置族产等公益性事业，这一点与陕西商帮类似，不可能把商业做大。由于受官本位、“知足常乐、小富即安”的传统思想影响，江右商帮往往在竞争中丧失市场，最终走向衰败。

（三）缺乏持续创新，最终走向衰败

江右商人经营方式有过创新，比如在近代资本主义工商企业史上，出现萍乡文廷式、修水陈三立、靖安陈筱梅、南丰包竺峰、吉安周抚九等一批江右商人，为中国民族工业作出历史性的贡献。但随着经济社会的不断发展，特别是现代资本主义经济进入中国，大多数江右商人仍停留在小资本运作阶段，或爱满足于现状，缺乏把企业做大做强动力，缺乏持续创新意识，久而久之，江右商人逐渐失去了竞争力。鸦片战争后，中国的大门被迫打开，随着外国列强的入侵，国内市场竞争日益加剧。江西地理位置是东南西三面被高山阻隔，信息闭塞，加之京汉铁路、粤汉铁路的修建，赣江南北航运优势消失，进一步增强江西的封闭性，江右商人接受新事物较慢。江右商人未能像徽商、晋商、潮商商帮那样，接受新观念，转变新理念，持续创新，积极开拓市场参与竞争，还是沿用原有的经营思路，故步自封，因此在市场竞争中屡屡受挫。由于没有持续创新，江右商业缺乏活力，最终走向衰败已是必然。

（四）少数商人不精诚团结，违背诚信原则

虽然大多数江右商人能够精诚团结，但另一个事实是：还有一些商人之间，商帮之间各干各的，缺乏精诚团结，既不具有徽帮商人的“商成帮，学成派”、“无徽不成商，无徽不成镇”团队精神；也不像晋商，供奉财神和关羽，以义团结同乡商人；更不像潮帮，只要说潮汕话的商人，自然而然能抱成团的精神。一旦出现问题，不能精诚团结，一致对外，无法形成凝聚力和战斗力，最后只能被外力各个击破。少数江右商人的这种不精诚团结、违背诚信原则的行为，这种为了一己之利益，把诚实守信精神抛到脑后的行为会产生一种“破窗效应”，给其他商人树立不好的示范效应，毋庸置疑，给江右商帮带来的灾难是毁灭性的。

参考文献

[1] 方志远. 明清江右商研究（上、下）［EB/OL］. 国学网，2005-08-01.

[2] 方志远. 资深教授方志远主讲江右商帮与赣商精神［EB/OL］. 中华

赣商网，2013－10－30.

［3］章文焕. 万寿宫［M］. 北京：华夏出版社，2003.

［4］陈玲芳. 浅论江右商帮精神形成的原因［J］. 文学界（理论版），2012（11）.

［5］吴启文. "江右商帮"的兴衰［EB/OL］. 中华赣商网，2007－12－14.

江右商帮兴衰历程及其原因分析

肖文胜

内容摘要 本文从江右商人产生的历史背景入手，分析了江右商帮的兴起、繁荣的历程及其原因，总结了江右商帮的特征，提炼了江右商帮的精神财富，对江右商帮的衰落及原因进行了研究。

人们谈起商人、商业，开口闭口说得最多的是晋商、徽商，或者粤商、闽商。近年来，反映晋商、徽商的电视剧纷纷亮相荧屏，比如反映晋商的《乔家大院》，反映徽商的《胡雪岩》，但有一个历史事实却不能让人忘记：那就是赣商也有曾经的辉煌。历史上，江西商人被称为“江右商帮”。据明末清初散文家魏禧所著《日录杂说》记载“江东称江左，江西称江右。盖自江北视之，江东在左，江西在右”，遂得此名。江右商帮产生于唐宋时期，发展于元末明初，繁荣于明朝中后期至清朝鸦片战争前。

一、江右商人产生的历史背景

唐代以后，随着全国经济重心的南移，江西成为全国经济重要区域。宋朝

［作者简介］肖文胜，江西经济管理干部学院教授，研究方向为赣商文化研究、教育学、经济学。
［基金项目］本文是2017年度江西省赣商文化研究基地立项课题“江右商帮精神财富问题研究”研究成果之一。

时期，经过进一步开发，江西已经成为全国经济文化发展的先进地区，盛产瓷器、茶叶、纸张、夏布、大米、药材、木竹、烟草、蓝靛、煤炭、钨砂等，其人口之众，物产之富，居全国各路之首。强大的物资基础为江右商人的产生奠定坚实的基础。历元至明，江西的这一经济优势仍继续保持。但随着人口过快增长，人地比例严重失调，人口压力越来越大，加之赋役严重，产生了大量逃往外省弃农经商的流民。可以说，经济发展、交通便利、物产丰富、人多地少是江右商人产生的重要原因。

二、江右商帮的兴起及原因

江西商帮兴起于元末明初。元朝南昌人汪大渊写的《岛夷志略》，记叙了两次乘船下西洋的经商的历程，比明初郑和第一次下西洋都要早了 75 年。清代安徽有个大商人名叫胡雪岩，他是依仗左宗棠及湘军权势发的家，号称“红顶商人”，但又有多少人知道早在元末明初时期，江西商人也是依靠明朝军队势力兴起的呢？江右商帮兴起于元末明初，得益于明太祖朱元璋定都南京后，第一个设省的地区就是江西。1362 年明军北伐中原，以江西为基地。江西商人广征粮草，以满足军队之需，贸易越做越大；随着军队的推进，将本地商品行销到中原大地和华南、西南各省。如此看来，商因军兴，江右商帮则比胡雪岩早了整整 500 年。明朝初年，由于江西人多地少，朱元璋下令江西人迁往湖南、湖北、云贵川等地，浩浩荡荡的江右商帮便逐渐形成并迅速扩张至全国。

三、江右商帮的发展繁荣及原因

江右商帮的发展繁荣于明清。明朝建立后，为防倭寇的侵扰，实行了长时期的禁海政策。运河—长江—赣江—北江这一通道便成了全国贸易的黄金水道，黄金水道的 1/3，约 1000 公里，在江西境内。江右商人借助这一在国内贸易中处于极为有利的交通格局和江西的丰富物产，在一个不太长的历史时期内迅速进入鼎盛时期，遍及大江南北，其财力和能量，仅次于晋商和徽商，居全国第三位。贸易的繁荣铸就了名誉天下的“瓷都”景德镇和“药不到樟树不齐，药不过樟树不灵”的“药都”樟树，留下了“非江右商贾侨居之，则不成其地”、“三日不见赣粮船，市上就要闹粮荒”的传奇。

四、江右商帮特征

（一）江右商帮足迹遍布全国各地

江西商人吃苦耐劳，经商灵活，渗透性强，世界各地都留有江西商人的足迹，所以有了“一个包袱一把伞，走遍天下当老板”的美誉。仅从明初到明末近1000万江西人（净流出）移居湖广（两湖），江西填湖广，湖广填四川，东进福建，北上皖南，南下广东。这些散布在全国各地的江右商人，或久居一方，或往来于江西与各地之间，形成了人数众多的江右商帮。

（二）走州过府，随收随卖，操业很广

江右商帮是中国开拓力、实力、渗透力最强、分布最广、人数超雄、操业最广的中国第一商帮。江右商帮从地域看有府帮、县帮；从行业看有药帮、瓷帮、粮帮、木帮、盐帮及茶叶、绸布、纸张、金银首饰、钱庄、典当等各种行帮；从经营方式和人员构成来看，其中又有坐商、行商，三教九流应有尽有，地缘、亲缘和业缘环环相扣。

（三）建造万寿宫

江西是中国本土宗教道家的发源地之一，龙虎山、三清山在道教的地位显赫，道家、道教思想在历史上对江右商帮的凝聚成形起到了极为突出的作用。在各地经商的江右商帮，只要具备了一定的财力，就会不约而同建造万寿宫（别名江西会馆），万寿宫和江西会馆具有为江右商人提供融资、商业信息交流、议事调解裁决纷争、举办公益慈善事业场所的作用。万寿宫供奉的神灵是许真君（也称许逊），晋代道士，南昌人，传说他曾为民除害，为民治病，道法高妙，声闻遐迩，被净明道奉为祖师。江右商人之所以敬奉许逊，一方面是寻求精神寄托，以许逊净明道规范江右商行为，树立义贾形象，使其不至于见利忘义，也是江右商讲究“贾德”的一个重要原因；另一方面是因为江右商

人是一个乡土性很强的商业集团。对于流布四方的江西商人来说，万寿宫不仅是一座祈福、保平安的道观，还是一座交流信息、调解议事、集资互助的会馆，更是一座寄托他们商魂的家园。江右商帮的商魂，那就是“忠孝仁爱、表里如一、和气生利、抱团互助”。据史料记载，当时北京有41所会馆，其中江西会馆就达14所之多，位居第一。现有1500多所万寿宫分布在全国各地和海外许多国家。

五、江右商帮衰落及原因

历史告诉我们：赣商在明朝前期独领风骚，在明朝中后期及清朝前期与晋商、徽商成三足鼎立之势。但由于历史的原因和国内政治、经济大格局的变化，从19世纪五六十年代至20世纪二三十年代，赣商在活跃了数百年之后，最后走向衰落。其原因主要有以下几个方面：

（一）长期战乱的影响

清朝末年至民国期间，江西经历了包括太平天国战争在内的多次长时期的战火蹂躏。江西境内战火不断，生灵涂炭，使江右商帮赖以生存的主要商品瓷器、茶叶、纸张、夏布、大米、药材、木竹、烟草、蓝靛、煤炭、钨砂等生产受到严重破坏，与此同时，商业资本在战争中也遭到毁灭性的打击和掠夺急剧萎缩，江右商帮的贸易江河日下。

（二）交通格局的变化

一方面，近代以来，随着沿海港口的开放和京汉、粤汉、津浦等铁路的修通，全国交通运输发生重大转变，由原来的水运变成陆运，南北交通改走两湖、冀豫，江西成了陆运和海运的盲区；另一方面，江西地理位置是东南西三面被高山阻隔，信息闭塞，加之赣江南北航运优势消失，进一步增强江西的封闭性，使江右商人接受新事物较慢。由于交通格局的变化，原来繁荣的水运码头日渐萧条，缺乏现代交通保障，江西物资流通艰难，过境贸易相当稀少。江右商帮的贸易量剧减。随着铁路和公路的开通，饶州港口日渐萧条，河面上常常渔船多于货船，而河口也渐渐变成了一个死码头。

（三）经济模式的变化

在鸦片战争后，辽东、山东、云南、广东等地已纳入外国资本的势力范围，民族资本发展成为气候。但是，江西没有吸收外资的条件，也没有大的企业。在20世纪初，九江市和南昌出现了一批现代企业，但在规模上，不仅落后于东南沿海省份，也小于湖北、湖南、安徽等周边省份。长期以来，江右商人把赚来的钱回乡修谱建祠、购买田地、资助科举、兴办学堂、赈济族众以及捐纳功名、光宗耀祖等，没有进行经营资本积累或扩大生产规模和市场规模。

（四）传统观念的束缚

江右商帮吸取了大量中国传统文化中不利于商业发展的内容：一方面，江西是历史上官本位意识比较浓厚的地方。江右人重视“学而优则仕”，并不重商。经商者多为社会下层，实在没有办法才会去当商人，而且，一旦家境变好一些就还是以读书入仕为目标。另一方面，小富即安、求稳怕冒险等中庸思想也使江右人在商业中不求上进，他们有点钱就过上小财主的日子，没想过也没有努力成为巨商。由于受官本位、“知足常乐、小富即安”的传统思想影响，江右商帮往往在竞争中丧失市场，最终走向衰败。

参考文献

［1］张小健．江右商帮兴衰研究（1368－1911）［D］．华中师范大学论文，2015.

［2］杨涌泉．江右商帮：负贩遍天下（下）［J］．现代国企研究，2012（11）．

［3］吴启文．“江右商帮”的兴衰［EB/OL］．中华赣商网，2007－12－14.

［4］谢力军，张鲁萍．浅析江右商帮的没落［J］．江西社会科学，2002（2）．

江右商帮兴起的制度成因分析

范树青　张　军

内容摘要　本文从新经济史学视角，对江右商帮兴起的原因进行了探寻，认为江右商帮兴起的原因要到明清时期的制度安排中去寻找，正式制度和非正式制度安排以及制度的变迁是导致江右商帮兴起的根本原因。

"江右"是"江西"历史上的别称，因此元末明初兴起的江西商人群体被人们习惯性地称为"江右商帮"。红巾起义爆发后，江西人为朱元璋部队提供军需给养是江右商帮形成的初因，而更深层次的原因是，土地脱籍的农民为生计和避税所迫，在经营四方的过程中形成了商帮并不断成长壮大。

近几十年来，明清商帮的研究，在国内外史学界都已经成为引人注目的课题，并取得了一定的成果。近年来，一些学者尝试把研究视角转向将经济理论和史料紧密结合，由此把握并形成了不同的研究方向。本文拟从新经济史学视角，以制度的类型、制度的变迁、制度变迁与经济发展、寻租理论等理论为依据来找寻江右商帮兴起的原因。

［作者简介］范树青，江西经济管理干部学院副教授，研究方向为市场营销、赣商研究。张军，江西经济管理干部学院教授，研究方向为商业经营管理、物流管理、赣商研究。

［基金项目］2010 年江西经济管理干部学院院级招标课题"江右商帮流派研究"，赣经院发〔2010〕19 号。

一、正式制度分析

制度一般指要求大家共同遵守的办事规程或行动准则，也指在一定历史条件下形成的法令、礼俗等规范或一定的规格。制度又分为正式制度和非正式制度。

正式制度是指一些成文的规定，包括国家中央和地方的法律、法规、合同等，包括企事业部门的规则规定，因此正式制度在生产生活中具有重要的影响作用，其与非正式制度相辅相成，共同促进社会发展。本文涉及的正式制度包括明朝的土地制度、户籍制度、赋役制度、货币金融制度和明朝海禁政策等。

（一）明朝土地寻租行为诱致土地制度变迁

1. 明朝的土地制度

“赋从田出”，因此土地是封建统治者的命脉。土地制度，一般是指土地的分配与所有权的归属；土地的垦殖与经营管理形式；地租的等则与征收方式，以及地租的分割占有等。明朝“土田之制，凡二等：曰官田，曰民田。初，官田皆宋、元时入官田地。厥后有还官田……军、民、商屯田，通谓之官田。其余为民田”。

官田和民田在数量、种类、所有制性质、税目、税粮科则（田租的等级与数量）等方面各有差别：官田曰租，民田曰税；官田租重，民田税轻；官田多由贫民佃种，民田多归豪右所有。“官田”之名，最早见于《周礼》。就数量而言，明代全国官田少，而民田多。

2. 明朝初期土地制度表现出了它的高效性

从明朝的土地制度可以明显看出其严重的剥削性质：农民以在少量土地上的产出要负担整个国家机器的运转。但是土地制度如果能够稳定地推行，让百姓安居乐土，也是能够收到良好效果的。为了巩固封建统治，将农民牢牢固定在土地上，明朝也沿袭了以往朝代的做法，编制了“赋役黄册”和“鱼鳞图册”，将土地制度与户籍制度、赋役制度相配套，丁口与田产互不分离，使国家的赋役征发有保障，社会再生产得以继续进行。

明朝的黄册是在清查户口的基础上编造的，鱼鳞册是在丈量土地的基础上绘制的，这些册籍的编制保证了农民的土地占有权，有利于调动他们的生产积极性。同时，清除了隐匿人口和土地，有利于增加国家赋税，也便于编排力役，在一定时间内限制了赋役不均状况的发展。明太祖还因地制宜，在不同的地区实行不同的土地政策和税收政策，有利于加速土地开发。当时明确规定：凡额外垦荒者，“永不起科”（永远不纳税粮），各地农民生产的积极性得到比较充分的调动，耕地面积迅速增加：据明朝官府提供的资料，洪武初年全国垦田数逐年上升，有些年份增幅甚大，少者以万计，多者至近百万顷。

洪武元年（1368 年）迄十六年（1383 年）内共计垦田二百零五万三千三百十四顷。元末明初以来田多荒芜的现象为之大变，农村经济面貌焕然一新。田野辟，户口增，是明初经济恢复的主要标志，也是明太祖巩固皇权的重要基础。这个目标的实现，与土地制度的建立、强有力的推行有着密切的关系。

3. 明朝土地寻租行为

寻租是一项既得利益者对既得利益的维护和对既得利益进行的再分配的活动，旨在寻求财富的转移。寻租直接浪费了经济资源，间接造成了经济资源配置的扭曲，阻止了更有效的生产方式的实施，往往成为腐败和社会不公、社会动乱之源。

明朝虽然制定了严格的土地制度，可是在执行的过程中有很多欺上瞒下的作弊行为或封建帝王本身就是寻租行为人，直接破坏了明初土地制度的高效性，而导致土地日益集中到皇帝、皇族、封建士大夫等人的手中，而百姓成了税负深重的受害者，只能流落他乡另谋出路。

政府创租活动分为三类：政府无意创租；政府被动创租；政府主动创租。政府无意创租和政府主动创租在明王朝的不同时期都有不同的体现：

在明朝初年洪武年间政府表现为无意创租。明初，朱元璋曾对此进行了严厉的惩罚，规定官吏舞弊的“一体处死”；地主隐瞒户口和土地的“家长处死，人口迁发化外”。在严格的检查和严厉的镇压下，依然还存在官吏和地主通同舞弊的现象，但没有成燎原之势。

明王朝中叶后，政府主动设租，土地越来越高度集中。皇帝带头掠夺地产，大量设置皇庄，是这一时期土地兼并的突出特点。皇庄始于永乐时期，此后皇庄日益增多。明代皇庄之多，超过了以往任何一个朝代。洪熙、宣德以后，亲王庄田逐渐增多。他们占田多通过钦赐、奏讨、纳献、夺买和直接劫夺等手段，诸王都是明代大地主。此外，外戚宦官同样夺民业为庄田，如正德时的谷大用便强占民田至万顷。官僚、缙绅和乡宦也通过各种手段兼并大量土地。

4. 明朝土地制度的变迁

封建制度的剥削本质，决定了明朝初期的土地制度不可能贯彻始终，土地制度的松懈乃至变迁大致表现在以下一些方面：

（1）税粮与田亩相分离：在洪、永二朝以后土地制度很快就受到冲击，“有田者无粮”、“有粮者无田”，田产已去而税粮犹存，无田者纳无穷之税的怪现象，比比皆是。

（2）官田逐渐私有化：明中叶以后，随着土地兼并的日盛，官田逐渐私有化，其科则与民田合而为一。

（3）对明初垦荒之地征税：至宣德朝，对国初规定“永不起科”的一些垦荒田地，以及低洼、盐碱之地而无粮者，一概量出作数，列入赋额。是以原额地少，而丈出之地反多，大大超过旧额。上有政策，下有对策。地方政府恐怕亩数增多，引起朝廷不满，为使符合原额之数，乃以大亩当小亩，至有数亩当一亩者。自是每次编制册籍，往往采取双重标准：以大亩上报朝廷，用小亩向小民派粮。由大、小亩制带来的严重后果之一，是人们可以随意伸缩地亩，为经理者上下其手、弄虚作假开了绿灯。亩数的随意性，终于使鱼鳞册渐渐成了一纸空文。

（4）卫所屯田制度的破坏：土地兼并的恶性发展，诸王、公侯、监军太监、统兵将领、卫所军官和地主豪强竞相侵吞屯田，役使军丁。弘治年间，官僚马文升指出，天下屯田被“卫所官旗势豪军民侵占盗卖十去其五”。

（5）军屯制度的破坏：太监、军官不仅侵占屯田，同时还役使军丁为他们耕种。军户不堪剥削和虐待，被迫逃亡。正统三年（1438 年），逃军数目竟达 120 余万。军屯在明初农业生产中曾经起过积极作用，军粮原来依靠军屯供应。随着军屯制度的破坏，到正德时军粮只能靠国库支付。军屯制度的破坏，不仅影响到明朝国库的收入，也削弱了明朝的边防力量。

明朝末年，土地制度已经到了糜烂的地步，广大农民流离失所，富者有良田千亩，贫者无立锥之地。

5. 明朝土地制度变迁引发江右人口大规模的流动

宋朝时期，江西已经成为全国经济文化发展的先进地区，其人口之众，物产之富，居各路（路为宋时的行政区划）前茅。据《元史·地理志》和《明实录》对江西人口的统计数字发现，从明初到明末，江西在籍人口减少了近千万。但是，明代江西的流失人口并不去田多人少的赣州、南安，他们向人烟稀少的地区迁徙，向商业欠发达省份开辟，其中两湖、两广、云贵川的江西移民最多，也有迁居海外的。江西移民中绝大多数都是经商，云南省就有近一半是江西移民。

对此，成化、弘治之际曾为礼部尚书、内阁大学士的丘濬和嘉靖时海瑞有着一致的看法：江西的流民以经济发达、人多地少的吉安、抚州、南昌、广信等处为多，但流民们去本省人口稀少的南安、赣州二府者仅十之一，十之九游食于他省，特别是湖广。原因是，如果到本省南、赣，当地的里甲将强迫其入籍承担赋役，原籍官府又行追捕，而逃往他省，则没有这些麻烦。由此可见江右商帮的兴起是土地脱籍的农民为生计和避税所迫而经营四方的过程中不断成长壮大的。

（二）土地制度变迁导致户籍制度、赋役制度变迁，加速了农民的去土地化

1. 户籍制度变迁促进了江右商帮的兴起

宣德朝始的人户的大规模流动，迫使明政府不得不对原有的户籍管理制度进行调整。从正统元年（1436 年）开始，明政府造逃户周知册，逃户周知册的编造，是明朝对户籍管理制度全面调整的开始，虽说目的是为了重新控制逃户，征粮征税，但比起黄册及有关法律，仍做了许多重要的让步或变通。第一，不再坚持将逃户提回原籍，而是允许就地入籍复业，由所在地有司给户由执照，从法律上承认逃户在外落户既成事实的合法性。第二，民户以每亩五升三合五勺的轻租民田起科，军、匠户只出一丁服役，均较原籍粮差为轻。第三，灶户虽不得改变户等，但免除盐课，量加粮税，实际上已从民籍。户籍管

理客观上放松了农民和土地的关系，有利于农民从土地上腾出一些时间从事商业。

2. 赋役制度变迁促进了江右商帮的兴起

明朝的赋税征收基本上沿用唐宋以来的两税法，田赋分夏税、秋粮两次缴纳。纳米麦者称为“本色”，纳钱、钞、绢或以其他物产代输者称为“折色”。税率因地而异，有不同的“科则”，差别很大。

明朝中期，土地兼并和社会贫富分化逐渐加剧，官绅大户百般逃避赋役，中下户的赋役负担不断加重，以至于破产流亡，严重影响了社会稳定和政府的财政收入。同时赋役尤其是杂役差编之法烦琐混乱，胥吏上下其手，弊端丛生。神宗初年张居正当权，将赋役改革在全国范围内普遍推行，是即“一条鞭法”：以简化赋役征发的项目和手续为基本原则，规定各州县以白银为单位通算每年的正、杂役费用，得出一个“役银”数目，然后“量地计丁”，即按照丁、粮两项标准将其分摊到每家每户头上，每粮一石征银若干，丁一人征银若干，最终与该户的田赋（亦折银）合并征收。

此法归并了原来复杂的赋役名目，征收手续简便，而且量出制入进行分摊，使民户预知缴纳数额，官吏不易作弊。赋役统一折银促进了商品经济的发展，百姓纳银代役，受到的国家人身束缚有所削弱，使农民和土地进一步分离，在很大程度上促进了商业的发展。

（三）金融制度变迁促进了江右商帮的兴起

明代开始产生资本主义萌芽，纸币更为适合广泛的商品交易。明代开始本来是用铜钱的，早在朱元璋草创时期（1361 年）即设宝源局和货泉局，铸造大中通宝钱，正式建立明王朝（1368 年）以后，又颁发了洪武通宝钱。铸钱的原料是铜，铜的来源又不很充裕。于是“有司责民出铜，民毁器皿输官，颇以为苦。而商贾沿元之旧习用钞，多不便用钱。”在这种情况下，明代开始改用钞币。而货币的纸质化极大地推动了商业的发展，交易更方便、交易成本更低。

明代的钞币已很接近于现代的纸币，而且在实践中形成一套货币制度，发现了一些纸币流通方面的规律，创立了一些货币理论。

（四）明朝海禁政策带给江右商人发展的机遇

“寸板不许下海”，是明朝建立伊始就制定的遏制中国人对外交往的海禁政策。为了防止沿海人民入海通商，《大明律》规定了严酷的处罚办法，明政府对参与买卖外国商品的居民也不放过，“敢有私下诸番互市者，必置之重法，凡番香、番货皆不许贩鬻，其现有者限以三月销尽。”

接待外国使者及管理朝贡贸易的市舶司也由元朝的七个减为宁波、泉州、广州三个，官方贸易实际上也只是广州一口通商。这样一来，不仅南北贸易，而且对外贸易也主要依靠运河—长江—赣江—北江这一水上通道。在这一错误政策的指引下，反而凸显了江西水上交通的优势，使得江右商帮得以快速发展壮大。这条通道全长三千多公里，流经北直隶、山东、南直隶、江西、广东五区，而在江西境内则占1/3。这使得江西在国内、国际贸易中处于极为有利的地位，为江西经济特别是商品经济的发展和江西商人的活动提供了前所未有的机遇。在这种形势下，江西商人全方位散开，社会上也有了“无江（西）不成市”、江西商人“一个包袱一把伞，跑到湖南当老板”的谚语。

二、非正式制度分析

非正式制度，又称非正式约束、非正式规则，是指人们在长期社会交往过程中逐步形成，并得到社会认可的约定成俗、共同恪守的行为准则，包括价值信念、风俗习惯、文化传统、道德伦理、意识形态等。在非正式制度中，意识形态处于核心地位，因为它不仅可以蕴含价值观念、伦理规范、道德观念和风俗习性，而且还可以在形式上构成某种正式制度安排的“先验”模式。

（一）意识形态领域亲商观念渐浓

明朝中期，商品经济已广泛深入到社会生活的各个领域和角落，并由此引发了人们思想观念及社会价值观念的一系列变化。不仅是富商大贾，即使是“贱尔小民”，也能从波涛汹涌的商品经济大潮中意识到“富贵不必诗书，而蓄资可致”，反映出人们价值观念上的新变化，科举已非“天下第一生业”，传统的“士农工商”社会等级关系已逐渐被“四民异业而同道”所替代。

越来越多的家庭、家族将“行商作贾”列为子弟及族人“食力资身”的常业之一，认为从事商业与读书、务农一样，均为“本业”，均可有所成就。清江黄氏宗族祠规规定，族人“谋生各有其道，习艺俱无害理，除读书力学务农外，凡一切技艺之事，何莫非治生之法，安而行之可也”。不少文人、士大夫的著作言论中也明显表现出崇商、护商的倾向，比如：明末南丰籍著名学者梁份和作为江右王学代表人物的吉水罗洪先，都发表过很多崇商护商的言论，态度非常鲜明，批评的对象是那些死守“经术经世”陈条的“恂恂者”。

以江西地区来看，观念上的转变则在成化、弘治时就已出现，至正德、嘉靖以后趋于明显。正德《建昌府志》以服饰饮食为例，描述了该府从正统到弘治数十年间社会风尚的变化，表明人们更加讲究服饰的富贵奢华和饮食的排场气派。

明朝江西金溪刻书商的兴起也是得益于时人对经商观念的转变。从明朝万历时起，江西金溪就有不少儒生从治经转为刻书、以开书坊为业。到崇祯时，这里已成为全国重要的刻书业中心之一，并涌现了一批颇具影响力的刻书世家，比如：著名的周氏家族和王氏家族（王安石后代）就是其中的代表，他们在经商求利的同时始终保有了不同于一般市民的文化品位和与之相匹配的社会地位，可谓是名利双收。他们从文人向商人的转型在促进明清时期江西乃至全国文化发展传播方面起到了非常重大的作用。

（二）江右商人诚信立世

江西儒家文化思想深厚，有“家孔孟而人阳明”之誉。两宋时期，江西被称为“文章节义之邦”，涌现了一大批文人雅士和刚正义士。

宋代江西为理学思想传播之地，理学思想中的积极成分，如注重品德气节、讲求发奋立志以及强调实践与社会责任感等，更助成了一种忠贞节烈、直行无畏的性格。周敦颐的《爱莲说》与文天祥的《正气歌》，就是这种性格的文学诠释。欧阳修开“疑经”风气，王安石被称为“拗相公”，胡铨上书请斩秦桧，这些人的共同点都是坚守大义、宁折不弯，为信念和原则而义无反顾、赴汤蹈火。朱熙称“江西人士好为奇论，耻与人同，每立异以求胜。”

江右商人深受儒家传统的哺育，深受人文气息的熏陶，深受先人事迹的启迪，在商业文化与商业理念方面，将仁、义、礼、智、信深深地镌刻在他们的脑海之中。可以说，他们是我国古代儒商的典型代表。江右商人为人质朴，注重诚信，不卖假冒伪劣，不搞欺行霸市，遵守儒家的道德规范，提出了“君子爱财，取之有道”，并由此形成了“以诚待客，以义制利”，“和气生财，公平守信”，“货真价实，童叟无欺”等一系列道德要求，为赣商们所共同遵守。浮梁商人朱文炽在经营茶叶时，每当出售的新茶过期后，他在与人交易的契约上均注明“陈茶”二字，以示不欺。清江商人杨俊之，“贸易吴越闽粤诸地二十余年，虽童叟不欺，遇急难不异捐赀排解。”许多江右商人家族也将商业道德作为家规、族规的重要内容，要求全家族的人员必须遵守。江右商人重信守义，使得他们行走江湖有着一副好口碑，足迹可以遍布大江南北。

参考文献

［1］方志远．明清江右商的社会构成与经营方式［J］．中国经济史研究，1992（1）．

［2］方志远．明清江右商的经营观念与投资方向［J］．中国史研究，1991（4）．

［3］白寿彝主编．中国通史·第九卷中古时代·明时期（上册）［M］．上海：上海人民出版社，1999.

［4］叶依能主编．中国历代盛世农政史［M］．南京：东南大学出版社，1991.

［5］白钢主编．中国政治制度通史·第9卷明代［M］．北京：人民出版社，1996.

［6］吴慧主编．中国商业通史（第三卷）［M］．北京：中国财政经济出版社，2005.

［7］《明史》卷77《食货志》．

［8］《明会典》卷19《户部》．

［9］《明史》卷205《朱纨传》．

［10］罗必良主编．新制度经济学［M］．太原：山西经济出版社，2006.

［11］贺卫．寻租经济学［M］．北京：中国发展出版社，1999.

［12］傅衣凌．明清农村社会经济；明清社会经济变迁论［M］．北京：中华书局，2007.

赣商精神之我见

崔玉霞

内容摘要 赣商精神是地方传统文化中值得发扬光大的宝贵财富，本文将赣商精神总结归纳为以下三点：赣商具有蒲公英种子的扎根精神；赣商具有蜜蜂采花成蜜的勤奋担当精神；赣商具有蚂蚁啃骨头的不服输精神。

江西历史上曾为富庶之地，被称为物华天宝、人杰地灵，素有鱼米之乡的称号。它得天独厚的地理条件带来商业手工业的兴盛和繁荣，从而滋养了江西经济的发展，繁衍出与晋商、徽商等十大商帮比肩的商帮——赣商，又称江右商帮。

从相关的史料上看，赣商兴盛的原因，一是由地域资源所决定。江西的自然资源（如景德镇的高岭土适合制瓷等）、历史文化资源等（樟树药都的形成与葛洪传说、道教传说等有关）是江右商帮壮大的关键土壤。二是发达的水路交通成为使江右商帮走出去和外来商品运进来的重要条件。三是由于赣商精神所支撑和引领。在长期的商业活动中，赣商形成了自己独特的精神内涵，这

［作者简介］崔玉霞，江西经济管理干部学院教授，研究方向为文化产业、中国传统文化。

［基金项目］本文是 2017 年度江西省赣商文化研究基地立项课题、江西省教育科学“十三五”规划 2017 年度立项课题“赣商文化在地方院校商科人才培养中的渗透研究”（编号：17YB334）研究成果之一。

些精神上的引领使赣商走南闯北而不惧，勤力维艰而不怠，千回百折而不悔。

总结赣商的精神内涵，可以归为以下几点：

一、赣商具有蒲公英种子的扎根精神

蒲公英在春天生长，不择环境，耐旱抗涝，到处可见；夏天开花，花儿简单、低调、朴素、顽强；秋天结出一大团种子，风一吹，散落到天涯海角，一旦有合适的环境，就会扎根发芽，开花结果。赣商精神里有着蒲公英一样的坚韧和生命力。

江西在明清时期由于人口增长过快，人地比例严重失调，再加上税负过重，产生了大量流民。江西人为了求生存，求发展，只好一个包袱一把伞，跑到福建、两湖、两广甚至北方各省谋生。同治《南昌府志》记载："编户之民，五方杂处，多以逐末为业。"传统时期，民众的地位以"士农工商"排序，商人排在最末，所以一般也称为"末业"。该府所辖下的南昌县、奉新县和义宁州等地，经商较为流行，经商四方成为民众之风。

江西商人无孔不入，操业灵活，什么赚钱就做什么，渗透性极强。出门在外，为了寻求安全和依靠，他们以地域宗族为核心，抱团取暖，自然形成了各种不同的商帮。其内部组成复杂，行中有帮，帮中有行。从地域上可以分本帮（如奉新帮、吉安帮等）、外帮（安徽帮、湖南帮等），此外还有郡帮、府帮、县帮；从行业上划分则更为多样，三百六十行几乎都有，影响力比较大的有药帮、瓷器帮、粮帮、茶叶、绸缎等；从经商方式上又可分为坐商、行商、手工业者、服务行业、码头工人等三教九流。明人徐世溥曾在《榆溪集选·楚游诗序》中对江西商人的活动范围进行了论述："豫章之为商者，其言适楚犹门庭也。北贾汝、宛、徐、邳、汾、鄠，东贾韶、夏、夔、巫，西南贾滇、僰、黔、沔，南贾苍梧、桂林、柳州，为盐、麦、竹箭、鲍木、旃罽、皮革所输会。"从中可看出，江西商人的活动范围已经到达今湖北、湖南、河南、河北、山东、江苏、山西、陕西、四川、重庆、云南、贵州、广西等十多个省、直辖市、自治区。明嘉靖《江西省大志》卷7《陶书》记载，景德镇瓷器"其所被自燕云而北、南交趾、东际海、西被蜀，无所不至"。总结江右商帮足迹所到之处，大致如下几个区域比较集中：湖广地区、云贵川地区、闽粤地区、中原地区、京师、江浙地区、边疆地区、海外等。

江右商人流散到各地，每到一处，就有一些大的商帮兴建江西会馆，兴建万寿宫，成为当地赣商聚集的中心和精神家园。江右商帮以这种抱团发展的方式，尽力创造生存的条件和土壤，就像蒲公英的种子一样，随风而飘，随遇而安，顽强地在各种土壤上扎根发芽，开花结果。

二、赣商具有蜜蜂采花成蜜的勤奋担当精神

唐代诗人罗隐在《咏蜜蜂》诗中说："采得百花成蜜后，为谁辛苦为谁甜。"蜜蜂采蜜，不是为自己，更多的是为族群，它们不辞辛苦，为了采集花蜜，每天甚至要飞行寻找十多公里。江右商人具有蜜蜂采蜜的勤奋担当精神。

江西古代有崇德重文之风，历史上通过科举考试成功步入政坛的江西文人不计其数。达则兼济天下的儒家思想影响在江西人心目中深厚而久远。江西商人虽为生活所迫走上了与从文完全不同的经商之路，但他们头脑中的儒家文化使他们非常注重修德敬业、诚实守信，以"净明忠孝道"为自己的价值观，遍布全国的江西会馆和江西万寿宫就是赣商家国情怀的外在表征。

江右商人有如蜜蜂一样，诚而有信，为富有仁，勤奋而有担当。采得百花成蜜后，不忘回报乡恩故里。很多赣商在致富后，非常乐于出资助族中子弟读书业儒，博取功名；还有些回乡建祠修谱、救灾赈灾、修桥修路、助学助贫。宋洪迈《夷坚三志》辛卷 7 载："阎大翁者，居鄱阳，以贩盐致富，家资巨亿。夫妇皆好布施，诸寺观无不沾其惠。"

明清江西商人对于桥梁、道路等公共交通设施的建设与资助，颇为用力，尤其是修桥方面则更为用心，很多地方志记载了江右商人修桥修路的事迹。如永新县的神江桥，曾由经商于云南等地的商人萧冬生"倾囊独修"；泰和县的早禾渡桥，曾在道光二十四年（1844 年）由本县商人孙明独修，"费万余缗"。永丰县的恩江桥、禾埠下郊桥都曾为商人郭汝揖所修，"汝揖慨然助三百金修筑，又修禾埠下郊桥费数百金。"庐陵县的大栋桥，在光绪八年（1882 年）由本县商人罗致中出资重修等。

关于江西商人捐资助学的情况，各地方志中也有许多记载，如永新县商人刘以佩"倡建崇正书院"。吉水县商人萧应灏"建祠宇、置祭产、立家塾，义

举甚多”，夏秉和“捐资倡建吉安府试馆”；夏鸣飚“立义学，族一子弟赴试，皆丰其助”。

三、赣商具有蚂蚁啃骨头的不服输精神

蚂蚁个头虽小，但无处不在。为生存不屈不挠，坚持不懈，从不因利小而不为。赣商精神就是蚂蚁啃骨头的精神。江西人经商，大多数为生活所迫，借贷起家。但江右商肯吃苦、擅勤力，兢兢业业，本小利薄，一点一滴地积累，脚踏实地，成就大事业。

古代的江右商帮为了赚取蝇头小利，“牵车者遍都大邑，远逾黔滇而不惮”，足迹踏遍南北，最远曾到达中亚东亚等地。宋洪迈《夷坚志》补卷20记载：江西“乐平向十郎者，为商，往来湖广诸郡。尝贩茜杯数十篚之桂林，值久雨，憩僧寺中。天乍晴，委曲如旧交。良久，率尔言曰：‘尊客此物能捐十之一见赠乎？’向笑曰：‘鄙人不远数千里来贸易，以觊锱铢之息，归养妻孥，不幸困于雨，进退无计，君何为出此言？且素昧平生，何缘之不已。’”这个故事侧面写出了当时江右商贩行商四方的艰难和辛酸。“唐宋八大家”之一的北宋著名文学家曾巩之叔、南丰人曾叔卿，也曾经多次前往饶州景德镇购瓷，销往淮北。

历元至明，江西继续保持着经济发达、物产丰富的优势地位。这就影响乃至决定了不仅明清时期流通领域内的大宗商品如粮食、食盐等必然成为江右商人经营的重要内容，而且举凡江西的一切土特产、手工业品和杂货，如茶叶、瓷器、纸张、苎麻、夏布、蓝靛、烟草、油料、木竹、药材，以及笔管、书丝、石炭、烧酒、柑橘、甘蔗等，只要有微利可图，江右商人都会不辞辛苦，行销天下。

江右商人资本较大者不多，大多为贫弱的中下小贾，“究之曾不得比于通都大邑之一小贩”，大多数是因家境所迫而弃农经商、弃儒经商者，他们携一点土产，小本经营，负贩往来，但他们赚钱不傲慢，失败不气馁，以蚂蚁啃骨头的精神，坚持不懈，孜孜以求，由小做大，以求养家活口。

同治《九江府志》载，瑞昌县（今瑞昌市）的董伯益初以打鱼采樵为业，积累起资本后，经商于湖北、江浙等；再有如玉山县的王允聪，成年后即负贩

营生，壮年后与兄长建立烟业行店，经营于江苏地区，获得巨大利润，“累资巨万”。清末徐珂《清稗类钞》中记载的一位商人的发家经过则更为典型：“南昌有布肆，号‘一文钱’。闻其创始之主至贫，惟余钱一文。乃以购面粉，拾破纸、鸡毛于市，范土为儿童所玩之鸡狗等售之。久之，积钱渐多，乃渐作小本经纪，勤苦贮蓄。遂设布肆，以资财雄于会城矣。”从中可以看出，店主原来仅余一文钱，但是通过在乡市间从事小贩小卖，勤俭致富，然后才在省城建立布肆店，走上较大经营之路。

当代赣商创业也继承了这种蚂蚁精神。今日大多数赣商也是为谋生而出外打工、做小生意，然后学会技术、积攒资本再进行投资，慢慢成长起来，最后把生意做到全国乃至世界各地。如进贤医疗器械、金溪面包、安义钢窗、文港制笔等，这些行业都是由一点一滴做起，最终渗透到了全国每个县市，延续了江右商人行商天下的传统。

参考文献

［1］江右集团，南昌大学．江右商帮［M］．宁波：宁波出版社，2013.

［2］贺三宝．江右商帮兴衰对区域经济社会影响研究［M］．北京：世界图书出版公司，2017.

［3］方志远．赣商与江西商业文化［J］．江西社会科学，2011（3）．

［4］刘树友．从《夷坚志》看宋代农民兼业工商业活动［J］．渭南师范学院学报，2014（13）．

许真君精神的当代意义

曹国平

内容摘要 许真君为人传播忠孝思想，践行忠孝思想；为官爱民如子，重教化转变人；为医技术高超，无病不医；治水更是功在千秋。其精神传播广泛，影响力强，在当代仍然具有非常重要的现实意义，值得学习。

许真君的故事在江西家喻户晓，是“一人得道，鸡犬升天”的主角，后世百姓尊其为“普天福主”，宋徽宗敕封其为“神功妙济真君”，是江西人民的地方神，是江西商人的精神领袖。真君为什么被神化？江右商为什么崇拜真君？本文通过相关研究和史料，从当代人的视角进行分析，试图给出一个合理的答案。

一、许真君传奇一生

许真君，俗名许逊。先世河南许昌人，东汉末年，因社会动荡不安，许逊的父亲许肃将全家迁至当时较安宁的洪州（今江西南昌）。公元 239 年，许逊出生于南昌县罗家乡慈母村，生性聪明，姿容俊秀，五岁启蒙读书，自幼知孝

［作者简介］曹国平，江西经济管理干部学院副处长，研究方向为人力资源管理、区域经济研究、赣商研究。

事父母。10 岁通经书大意，后发奋苦读，精研经史、天文、地理、阴阳五行学说，特别偏爱道家修炼学说。16 岁时，一心研读道家仙，师从吴猛。公元280 年，他 42 岁时，由于豫章太守多次推荐，朝廷屡加礼命，前去四川任旌阳县县令。公元 290 年，许逊任旌阳县令已十年。他痛感晋室腐败，国事日非，便挂冠东归，回到南昌。从四川辞官回来，适逢鄱阳湖水患，后面二十余年，不畏艰辛，足迹遍及长江流域、鄱阳湖流域、东南沿海等地，治水救人，终其一生。

二、学习许真君“忠孝为本”的精神

真君一生探究孝道，又用实际行动践行孝道。据史料记载：小时候就“知孝事父母”，“真君生而颖悟，姿容秀伟，器识通疏，性仁厚。尝从猎，射一麋鹿，中之，子坠，母麋鹿犹顾舔，未竟而毙，因感悟，即折弃弓矢。”说明真君受这一次打猎经历的影响，感悟到母爱伟大，做人要懂得感恩孝顺。

26 岁时，不顾山高路远，千里迢迢去西安拜吴猛为师。刻意为学，博通经史，明天文、地理、历律、五行、谶纬诸书，尤嗜神仙修炼之术。吴猛既是晋代著名道士，同时还是《二十四孝》中恣蚊饱血的主角。讲吴猛从小就非常孝顺父母。吴猛家里很贫穷，床榻上没有蚊帐。南方蚊子多，每到夏天，又大又黑的蚊子咬得一家人睡不好觉。8 岁的吴猛心疼劳累了一天的父母，为了让他们睡个踏实觉，他想了一个办法。每到晚上，吴猛就赤身睡在父母身旁。小孩子家细皮嫩肉的，蚊子都集聚在他身上，且越聚越多。吴猛却任蚊子叮咬吸血，一点也不驱赶。许逊刻苦修炼，不仅尽得道法秘传，而且深受忠孝思想影响。

36 岁时，许逊又与同乡郭璞结为好友。两人一边吟诗作赋，一边游览名山大川，寻找如意的风水宝地。最后，他们来到距南昌 60 里的逍遥山下，以桐园为自己的栖身之地。从此，每日以修炼为事，不求闻名显达，创立净明道，主张“以忠孝为本，敬天崇道、济生渡死为事”、“修忠孝净明之道，以改造人心，使不忠不孝之人，去妄存真，则四海归太平，君安民阜，成天下之宫”。许真君忠孝为本的思想迎合了封建王朝的需要，得到官方的认可和扶持，逐渐在江西人心中享有很高的声誉。从此，许逊在官方话语系统中由

"许逊"、"真人"变成了"许真君"，完成了从人到神的转变。

真君一生倡行"忠孝立本，忠孝建功"，提出"欲先修道，先修人道"，其教理继承和弘扬了中国传统文化的精髓。在全面建成小康社会的新时代，忠孝文化的内涵应该体现为，"忠"则指对祖国一片赤诚，而"孝"讲的是尊敬父母。忠是孝的放大，孝是忠的浓缩；忠是对祖国的孝道，孝是对父母的忠诚。中共十九大报告中指出，"激励人们向上向善，孝老爱亲，忠于祖国，忠于人民"，因此，真君忠孝为本的思想仍然值得我们学习，我们要牢记对祖国忠诚，对父母孝敬。

三、学习许真君爱民如子的精神

许真君是为官廉洁自律、执政为民的楷模。公元 280 年，真君被朝廷任命为旌阳县令，时年 42 岁。他到任之初，近贤人而远奸佞，居官清廉。"清正为民，去贪鄙，减刑罚，重教化，推行忠孝、仁慈、忍慎、勤俭，使人民得以休养生息，生产得以发展。"据王安石《重建族阳祠记》中记载真君教化群众的事例："许逊曾在菜园中悄悄埋下钱财，让欠租服役的群众于无意中挖到，免受坐牢之苦。"另据志籍记载：许逊善医术，每当大疫流行，他即以妙方拯救病人。当时旌阳县一带疫病流行，许逊为民治病，药到病除，救人无数。以此之故，当时的旌阳县民无不对许逊感恩戴德，爱之如父母。所以蜀民为谣曰："人无盗窃，吏无奸欺；我君活人，病无能为"。邻县人民仰慕许逊德政，纷纷迁入旌阳，全县人口大增。经过十年的精心施政，使得旌阳县从岁有饥馑，饿殍遍野的地方成为政良俗美，生产发展，社会安定，户口繁衍的地方。由于许逊治政廉俭，吏民悦服，时人感其德化，立生祠，传画像，敬事如神明焉。公元 290 年，许逊有感于晋室的腐败，料定天下必定大乱，于是弃官东归，《许太史真君图传》中记载"启行之日，赢粮而送者蔽野。有至千里始还者，有随至其宅，愿服役而不返者，乃于宅东之隙地，结茨以居，状如营垒，悉改氏族以从真君之姓，故号许家营焉。其遗爱及民，有如此者。"

许逊是当时一位罕见的清官，其德于民、利于国的事迹很多。在中共十九大报告中，习近平同志指出："我们党来自人民、根植人民、服务人民，一旦脱离群众，就会失去生命力。"因此，我们要学习许真君的爱民如子精神，时时处处摆正同人民群众的关系，以满腔热情和高度负责的精神对待人民群众，在任何时候、任何情况下，都要把实现人民群众的利益作为我们一切工作的出发点和归宿，为人民的根本利益尽职尽责，做老百姓满意、受老百姓拥戴的“清官”。

四、学习许真君治水救民的精神

真君为了更好地治理水患，经过挑选，他收下了陈勋、周广、黄仁览、彭抗、盱烈、钟离嘉、曾亨、时荷、甘战、施岭10位弟子。据传，洪州当时有一蛟璃，经常翻云覆雨，兴风作浪，扰害百姓。许逊虽年已六十，还是决心带领弟子为民除害，几经跟踪搏击，锁住蛟龙，把它关在井里。那口井，即现在万寿宫宫门侧的八角井。这就是广为流传的许真君锁蛟龙的故事原型。许逊治水20余年，足迹遍及浔阳、进贤、南昌、鄱阳、都昌、湖口、余干、奉新、丰城、高安、安义、长沙周围几千里，取得了显著业绩。从此洪州一带风平浪静，人民安居乐业。

明代唐寅在《铁柱记》的碑文中阐述：“设使特生蚩尤、巫支祁之与蛟精，而无黄帝、神禹、许真君，则天地之间阴阳偏滞，而人类亦几乎其或息矣。”将许真君治水，功比黄帝、大禹，都列为人类治水的大功臣！正是因为真君不遗余力地兴水利、除水害，才让长江、鄱阳湖的水患减少，让长江—赣江融入到全国的黄金水道之中，为明清时期江右商帮的繁荣奠定了坚实基础。

真君治水，不畏艰辛，20年如一日，足迹遍及长江流域、鄱阳湖流域，甚至东南沿海；真君教人植树护林，涵蓄水源，科学抗御洪涝干旱；留下许多治水书籍，提出既要治水，还要治心，不破坏自然生态环境，是我国乃至世界上人类生态文明的创始者。中共十九大报告中指出：“建设生态文明是中华民族永续发展的千年大计。必须树立和践行绿水青山就是金山银山的理念，坚持节约资源和保护环境的基本国策。”在雾霾严重的当下，在环境治理的关键时刻，我们要学习真君敬重自然，尊重自然，做生态文明的实践者，为建设美丽江西作出贡献。

真君一生，可谓“好人、好官、好医生、治水专家”，功勋卓著，还留下了诸多精神财富，经过传播，成为江西人、江西商人的精神领袖，已形成有江西人的地方就有真君崇拜，据学者考证近50个国家，1460余座万寿宫、真君祠，影响极其广泛，但限于篇幅，难以表达对真君精神的诠释。

参考文献

［1］金桂馨，漆逢源．万寿宫通志［M］．陈立立，邓声国整理．南昌：江西人民出版社，2008.

［2］魏元旷．西山志［M］．王咨臣校注．南昌：江西人民出版社，2002.

［3］张海鹏，张海瀛等．中国十大商帮［M］．安徽：黄山书社，1993.

［4］金桂馨，漆逢原．逍遥山万寿宫志（第22卷）［M］．北京：北京出版社，1988.

［5］江西省地方志编纂委员会．江西省志·江西省公安志［M］．北京：方志出版社，1996.

真君像

真君格言

存心不善，风水无益；
父母不孝，奉神无益；
兄弟不和，交友无益；
行止不端，读书无益；
心高气傲，博学无益；
做事乖张，聪明无益；
不惜元气，服药无益：
时运不通，妄求无益；
妄取人财，布施无益；
淫恶肆欲，阴骘无益。

浅论江右商帮精神财富对新赣商发展的启示

肖文胜

内容摘要 本文通过分析江右商帮的精神财富，研究其给新赣商发展带来什么启示，以及这些启示能为新赣商发展和江西经济腾飞提供哪些有效的智力支持，现实意义十分重要。

江右商人在长期的商贸实践中，形成了不少令人景仰的精神财富，如吃苦耐劳精神、团结协作精神、诚实守信精神、刻苦钻研精神、创业创新精神、勇于进取精神。江右商帮的精神财富带给新赣商发展诸多启示，这些启示能为新赣商发展和江西经济腾飞提供有效的智力支持。带给新赣商的启示主要有以下几个方面：

一、资源优势要成为发展优势

江西素有“物华天宝，人杰地灵”之美誉。良好的资源优势曾经是江右商帮兴起和发展的主要原因之一。现如今，江西省生态环境良好，资源优势明

［作者简介］肖文胜，江西经济管理干部学院教授，研究方向为赣商文化研究、教育学、经济学。

［基金项目］本文是2017年度江西省赣商文化研究基地立项课题“江右商帮精神财富问题研究”研究成果之一。

显。据统计，江西省森林覆盖率和森林蓄积位居全国前列。矿产资源丰富，铜、钨、铀、钽、稀土、金和银被誉为江西省的“七朵金花”，拥有亚洲最大的铜矿（德兴铜矿厂）和中国最大的铜冶炼基地（贵溪冶炼厂），有“世界钨都”、“稀土王国”、“中国铜都”、“有色金属之乡”的美誉。作为一个农业比重较大的省份，粮食、油料、蔬菜、生猪、蜜橘、淡水鱼类等农业品在全国占有重要地位。江西还拥有丰富的旅游资源，旅游业正日益成为江西经济新的增长点。庐山、井冈山、龙虎山、三清山以及被誉为江南三大名楼之一的滕王阁，已成为来赣客人必游之胜景。尤其是鄱阳湖生态经济区建设、支持赣南等原中央苏区建设、江西生态文明示范区建设、长江经济带建设、“一带一路”等国家战略的实施，更为江西经济腾飞带来了千载难逢的机会。江西省的资源丰富，主要在矿产资源、农业资源和劳动力资源方面表现较突出。江西省要实现经济社会的跨越式发展，就必须依靠自主创新激发产业活力，提高产品的科技含量和附加值，变资源优势为发展优势。今日之新赣商，只要抓住历史给现代商帮的特殊机遇，找准自己的定位，充分发挥自身优势和地域资源优势，塑造现代意义的兴盛商帮，一定能走出一条有自己特色的发展道路。

二、创新是新赣商崛起和壮大的根本

赣商历史文化源远流长，其中也包含着创新发展的积极内容，比如瓷都景德镇瓷帮、药都樟树药帮的创业史，记载的是富有地域特色的工商业文明，也反映了江西商人的创新精神和显著业绩。下面，仅以景德镇瓷帮创新发展带给世人的启示为例加以说明。

据史料记载，明时的景德镇官民竞市，“有明一代，至精至美之瓷，莫不出于景德镇”，“合并数郡，不敌江西饶郡产……若夫中华四裔，驰名猎取者，皆饶郡浮梁景德镇之产也”，景德镇真正成了“天下窑器之所聚”之地。除在继承前代技术并发扬光大的种类烧造方面外，明代景德镇还消化和吸收了各大日益没落的著名窑场的优秀技艺，并广采博收外来文化的精华，不拘一格，大胆创新，创造了许多新的品种、新的造型、新的装饰，真正地“开创了一代未有之奇”。21 世纪以来，景德镇市陶瓷产业发展战略有了根本性变化，在划小承包、分块经营、长期租赁之后，又实施了退城进郊、园区集聚、异地发展的战略。该市陶瓷产业集群在深厚历史积淀的基础上，通过不断的创新、发展，目前已形成了自己的六大特点，分别是：进一步凸显了陶瓷产业集聚效应；打造了一条较为成熟的产业链条；成为全国最大的陶瓷商品集散地及会展中心之一；成为全国最大的陶瓷生产基地之一；形成了一批龙头企业和著名品牌；造就了一支陶瓷产业人才队伍。创新让古老的陶瓷业不断焕发出勃勃生机。

赣商企业要创新，有几个方面需要进一步提升和改善。第一个是创新意识要进一步加强。现在讲知识经济，无论是做什么行业，如果在行业中没有一两个创新点“称霸”江湖的话，就难以立足与发展了。创新不仅包括技术上的创新，也包括管理创新、营销创新。第二个是要倡导包容。第三个是品牌意识要加强，品牌价值往往比产品的价值大。最后，赣商企业还应该提升全球意识，不仅仅是要把生意做到国外，而是全球化意识要强，能准确把握行业未来的发展方向。除此之外，赣商企业还应该积极进行：目标创新、技术创新、制度创新、组织机构和结构创新、环境创新。创新是新赣商崛起和壮大的根本。

三、发展要有自觉意识

江右商帮早期从商人和他们的后继者就是在带有很强宗法色彩的农业文化观念的支配下进入商业活动领域的。随着社会的进步，以及社会商品经济因素的增多，上述文化观念所具有的守旧性与落后性，必将对赣商的竞争力形成抑制，缺乏自觉发展的商业意识，在后来与徽商、晋商的交往与竞争中，江西商人迭遭失利，最终走向败落，其原因也就不难理解了。但纵观江右商帮发展史，也有自强不息，不断发展的江右商人，比如樟树药帮。

樟树商人的发展留给我们的启示也很多。樟树这块宝地，在医药方面之所以能从悬壶施诊，发展到药墟、药市、药码头，进而成为南北川广药材之总汇；从经营性到技术性，形成全国最大的药帮——樟树药帮，并以“药必到樟树方齐，药若过樟树则灵”，而誉满神州。这并非仅仅是“樟树老表”会做生意，更不是靠“奸商”的发迹，而是千万人的赤诚奉献，千百年的艰苦创业，千万次的反复实践，才建立起与人类生命息息相关的医药千秋大业，成为今日的药都——樟树。樟树成为今日的“药都”，为中药材交易、集散、加工炮制之地，奠基于唐宋。唐代“药圩”，宋代“药市”，为明清时期樟树中药业的鼎盛奠定了深厚的基础。樟树中药业，在明清时期的400余年中，已进入全面发展、鼎盛时期。其自觉发展的意识主要体现在经营体制独树一帜、以人才技术为基础构建樟树药帮组织、药医结合与药材集散及药材加工炮制同步发展几个方面。明清时期樟树药商，在经营体制和经营性质上进行创新，由单纯的药材交易、集散、经营性转变为和专业技术性同步发展，以“科技领先”，从而促进了经济大发展，迎来了樟树药业的鼎盛时期。

近年来，樟树市委、市政府秉承历史文脉，把推动药业特色产业作为振兴全市经济的战略举措，不断培育壮大医药产业集群，延长医药产业链条，形成药地、药企、药市齐头并进，科研、生产、加工、销售一体化的产业化发展格局。争用3～5年的时间，把樟树打造成具有中国药业发展特色的医药加工制造基地、医药流通信息中心、全国医药会展中心、医药研发中心、医药科技成果转化基地、中药材生产基地，真正成为极具竞争力并享有较高国际知名度的“中国药都”。

在改革开放之初，江西商人也及时把握消费的新趋向，生产出了国内第一辆摩托车；在全国第二个生产出方便面、洗衣机和羽绒服；电视机和电冰箱也算“起”得早。曾经，钱江摩托的人员来洪都摩托车厂观摩，长虹的老总来到赣新电视机厂取经，春兰的老总前往湾里制冷设备厂学习。这种自觉发展意识，非常值得我们当今新赣商学习和借鉴。

四、倡导企业文化，注重企业文化建设

在社会结构中，经济和文化是不可分割的，经济决定文化，文化反作用于经济。经济的成就体现就是文化的成果，特别是物质文化；而文化既包括存在典籍中的文化思想、理论和文学艺术的观念文化，也包括体现在民风民俗和老百姓精神心态、行为习惯中的行为文化。古代江西作为传统儒家文化的大基地，江右商帮的从业者自然而然地会受到儒家“诚信”、“修身、济民”文化的影响，敬仰那些为民除害、清正廉洁的英雄。而生性聪颖，医病救人，为官清廉的许真君，自然受到百姓的爱戴。从中可以看出一点，江右商帮从业者虽然身在商海，但骨子里还是存在着赣儒家文化的因子，许真君成为赣商文化偶

像实际正是当时的精神文化对经济的巨大影响的结果。

江右商帮属于“道商”，道以商传，商以道盛。遍布四方的江右商帮，只要具备了一定的财力，就会不约而同建造万寿宫。在省外，有江西人的地方就有万寿宫，万寿宫在四川建得最多，共有三百多座。清光绪年间，北京的万寿宫有五十一座居各省之首，而在新加坡、菲律宾、马来西亚等地也都有海外经商的江西人建的万寿宫。对于流布四方的江西商人来说，万寿宫并不只是道观，它是江西商人的会馆，是大家交流信息、调解、议事、集资的场所，更是江右商帮的精神家园。

我们要吸取传统赣商文化的优秀元素，吸收传统赣商文化的精华，弘扬传统赣商文化精神。新赣商文化应该包括有勤劳诚信、开拓性强、敢于创新、好学吃苦精神等内涵。新赣商应该是行业化、信息化、资本化、全球化的代表，应该是每个行业的精英，是江西人敢为人先的楷模。文化可以传承，文化也可以发展和引导。赣商要不断适应新环境，不断解决新问题。新的赣商文化必定是既有传统文化的合理内核，又注入了新的时代内涵，那一定是我们所期待的也一定是未来呈现在我们面前的赣商文化。

文化是跟经济联系在一起的，经济发展了，文化才能重振。在相当长的历史阶段，我们江西的经济相对落后，所以文化也相对落后。我们的时代也呼唤着新赣商和新赣商文化的诞生。赣商文化不是一蹴而就的，它有一个漫长的建设过程。我们一定要坚持下去，塑造诚实守信、吃苦耐劳、公平竞争、合作共赢、开拓创新、不畏风险的赣商新形象，形成共同追求、共同发展的良好氛围，相信江西在不远的将来一定会登上赣商文化的崭新境界。

五、“以德治商”文化精华与现代管理方式相结合

江右商人讲求“贾德”，以诚信为本。曾发生过这些故事：新城人吴大栋，父母死时生意上欠别人债务，十几年后他回家还债，债主已经去世，其家属拿不出借据，甚至从未听说此事，吴大栋却坚持偿还；浮梁有个茶商叫朱文炽，在经营茶叶时，每当出售的新茶过期后，他必在与人交易的契约上注明这是“陈茶”二字，以示诚实守信；九江商人张世达、张世远两兄弟，有一次张世远送纸到汉口卖，回家后发现不小心多收了客户100两银子，兄弟俩决定

绝不能得不义之财，于是过几天置办了100两银子的纸，把纸送到汉口客户手中，客户深受感动。“小孩子不要偷懒，长大了可以当老板”，这是一句至今流传在南昌地区的口头语。江右商人勤勉，不畏艰苦，从大漠孤烟直的塞外边陲到烟柳画桥的江南古镇，从茶马古道上的铃声阵阵到出海航船边的波涛声声。江右商人在长期的商贸实践中，形成了不少令人景仰的精神财富，比如，吃苦耐劳精神、团结协作精神、诚实守信精神、刻苦钻研精神、创业创新精神、勇于进取精神。

往日的江西商人生意曾经做到我国的西藏以及缅甸、孟加拉国，也都知道“无赣不成商”、“没有江西人不成码头”的说法。随着“一带一路”倡议，更多的江西商人走出国门，把生意做到全球，这些都是我们江西商业文化中非常优秀的东西。

将中国的人情味与现代西方管理模式相结合将产生最好的管理方法。江西商人讲究“贾德”，注重诚信是江西人质朴、做事认真的性格的一个外在反映。赣商的经营方式是柔性家长式的，西方的经营方式是强硬法制性的，西方的经营手段达到一定程度时反而不如水滴石穿的柔性经营方式有力量。所以，在经济全球化背景下，赣商企业一方面要认真学习汲取西方经营管理经验的精华，另一方面也应充分结合江右商帮的传统文化，创造出一种符合中国具体情况的最有效的企业管理方式。

六、政府应充分发挥应有作用

江右商帮最兴盛的时期是以官宦支撑为支柱，而那时的江右商人就像我们今天的某些国企，对政府的依赖性很重，一旦政府不予支持，很快就垮了下去。所以解决好国企的问题是一个“瓶颈”。目前我国国企改革虽然取得了很大成绩，但总的形势还是不容乐观。一些国企的问题说到底就是供给侧结构性改革和资本的问题。政府应充分发挥应有作用：制定与实施经济社会发展战略；维护公平竞争的市场秩序；理顺和建立良好的资本市场；管理国有资产；调节收入分配；提供公共产品和公共服务；创造良好的政策环境、法制环境、信息环境、交通环境；积极推进工业化、信息化、城镇化，打造国企改革江西样本。

赣商在过去，是指生于斯长于斯的商人。在今天，我们这个“赣商”的内涵要扩延，要与时俱进。用一句话来总结，就是：在赣的、出赣的、来赣的，统统都是我们心目当中的赣商，这有一个新称谓：新赣商。只有注入求新思变的新赣商理念，才能突破封闭保守的观念束缚；只有建立开放性的天下赣商理念，才能和现在这个人类命运共同体的“地球村”相适应；只有弘扬富有包容性的中国赣商理念，才能光大赣文化海纳百川、兼容并蓄的传统。我们弘扬优秀的赣商文化最重要的是政府要建立一种重商、敬商、爱商、兴商、荣商、护商的氛围。经济发展靠投资创业者，营造投资创业环境靠政府。我们各级政府将进一步提升观念、战略、诚信、效率、文化等方面的软实力，真正把江西打造成一个成本低、回报快、市场多、机会大、信誉好、效率高的理想投资创业之地。

七、努力造就新的一批赣商领军人物

说起古代的大商人，人们自然会想起徽商胡雪岩，晋商乔致庸，而在江右商帮中既没有出现像徽商那样坐拥巨资，堪与王侯相比的富商巨贾，也没有形成像晋商那样经营着垄断行业，也不能如浙商那样成为中国近代资本的源头，古代的江右商帮没有这样的代表人物，商业资本的积累也极为有限。当代著名作家沈从文在他的作品中，曾经就这样描述江西布商“一个包袱一把伞，跑到湖南当老板”。总之，在江右商帮中，未能产生出资本实力雄厚、影响极大的商业领袖级的代表性人物。

众所周知，一个地区企业家的数量多少，素质高低，在很大程度上决定着一个地区的创业水平和经济竞争力。赣商中缺少领军人物，缺少优秀的代表人物，这也是赣商在近代衰落的原因之一。如何形成新的赣商群体，如何造就新的一批赣商领军人物，这是时代的呼唤、形势的要求。应该说，现在的江西人和过去的江西人没有太大的变化，当年赣商所有的特点，现在的江西人仍然具备。现代的江西商人，有着比先辈们更开放的思想、更先进的理念、更开阔的眼界、更丰富的知识、更卓越的胆识、更无畏的气概，而先辈们的勤劳和节俭、诚信和务实将成为融入现代江西商人血液中的优秀基因。昔时江右商帮兴盛了几百年，当今的改革开放才几十年，赣商中有不少的先行者已成气候，江右精神已经展现，江右商人正在崛起。新中国第一个亿万富翁是江西人张果喜，还有全国著名的王文京、黄代放等都在大商之列，滴滴出行、煌上煌、科瑞集团等公司的老总都是江西人。江山代有人才出，新一代赣商群体及其领军人物的产生，新一代赣商的成功与辉煌将不会是一个遥不可及的梦。

今日之赣商非昔日之赣商，即新赣商；今日之江西非过去之江西，即崛起之江西。当前全省上下昂扬着一股创新引领的气势、绿色崛起的气势、担当实干的气势、兴赣富民的气势。昔日的江右商帮，在中华商贸史上有着极为重要的地位和影响；如今的新赣商，正合力打造“天下赣商敢为人先”的品格特征。在经济全球一体化的今天，江西商人面临的机遇和挑战并存。希望新一代赣商用更加深邃的目光、更为敏锐的判断，不断提高捕捉机遇、把握机遇的才能、素质和胆识，始终走在时代前列，增强自觉发展意识，牢牢把握发展的主动权；期盼新赣商能以更加博大的胸怀、更加强烈的责任感，贡献拳拳之心，为建设富裕、美丽、幸福现代化江西和创造赣商新辉煌而不懈奋斗。

参考文献

[1] 肖文胜，蔡玉文．江右商帮兴衰史带给新赣商的启示［J］．南昌高专学报，2011（1）．

[2] 陈玲芳．浅论江右商帮精神形成的原因［J］．文学界（理论版），2012（11）．

[3] 徐书生，栾桂灵．江右商帮创业文化浅谈——以丰城商帮、樟树药帮为例［J］．江西教育学院学报，2013（1）．

[4] 邱西颖．景德镇陶瓷产业以创新实现“大升级”［N］．江西日报，2016－10－17.

[5] 药文化［EB/OL］．樟树市信息网，2010－07－12.

[6] 贺三宝．江右商帮兴衰与赣商重塑［J］．江西社会科学，2012（4）．

大力弘扬新赣商精神重要意义探讨

肖文胜

内容摘要 本文通过对江右商帮精神财富与新赣商精神的比较分析，找到大力弘扬“厚德实干、义利天下”新赣商精神的重要意义是：既可以为新赣商赢得诚信经营的响亮名片，也可以与省委提出的“担当实干”相得益彰，还可以让新赣商更好融入“一带一路”倡议，更可以促进江西经济社会快速发展。

历史上，江西商人被称为“江右商帮”。江右商人在长期的商贸实践中，形成了不少令人景仰的精神财富，比如：吃苦耐劳精神、团结协作精神、诚实守信精神、刻苦钻研精神、创业创新精神、勇于进取精神。时光飞逝，斗转星移，江右商帮这些宝贵的精神财富，创造了中国商业史的奇迹，也影响着一代又一代赣商砥砺前行，创造荣光。新赣商精神也在不断发扬光大。2017 年 11 月在首届世界赣商大会上，把新赣商精神确定为“厚德实干，义利天下”八个字，意喻深远，催人奋进。当前我们已进入中国特色社会主义的新时代，全省上下按照“创新引领、绿色崛起、担当实干、兴赣富民”工作方针，凝心聚力加快建设富裕、美丽、幸福现代化江西，江西经济社会发生了翻天覆地的

［作者简介］肖文胜，江西经济管理干部学院教授，研究方向为赣商文化研究、教育学、经济学。
［基金项目］本文是2017 年度江西省赣商文化研究基地立项课题“江右商帮精神财富问题研究”研究成果之一。

变化。伟大的事业需要伟大的精神，伟大的精神包含新赣商精神，江西兴则赣商兴。“江西强，则赣商兴；赣商兴，则江西强。”大力弘扬“厚德实干，义利天下”的新赣商精神对我省经济社会发展有着极其重要的意义。

一、弘扬“厚德”精神可以为新赣商赢得诚信经营的响亮名片

古代江右商人讲求“贾德”，以诚信为本。曾发生过这些故事：新城人吴大栋，父母死时生意上欠别人债务，十几年后他回家还债，债主已经去世，其家属拿不出借据，甚至从未听说此事，吴大栋却坚持偿还；浮梁有个茶商叫朱文炽，在经营茶叶时，每当出售的新茶过期后，他必在交易契约上注明“陈茶”二字，以示诚信。江西作为传统儒家文化的大基地，江右商帮的从业者自然而然地会受到儒家“诚信”、“修身、济民”文化的影响。

新赣商的“厚德”精神与江右商帮的“贾德”一脉相承。新赣商“厚德”精神具体体现在三个方面：一是仁爱。赣商以亲友、爱国为怀。现代许多江西企业家以服务国家为理想，为民族工商业的发展做出了重大贡献。在新中国成立之初，许多赣商响应号召，积极公私合营，给新中国经济繁荣的复苏做出了重要贡献。二是守信。甘尚遵循“君子爱钱，取之有道，公平守信，公平贸易，童叟无欺”原则，遵守合同，讲究信用。三是诚实。江西商人历来低调，谦虚、诚实、勤劳、节俭是他们优良的品质。

郑跃文（全国工商联副主席、科瑞集团董事局主席），1992 年创办科瑞集团有限公司，一直以来，坚持把“诚信重义、合作共赢、创新卓越、坚韧执着”新赣商精神作为公司核心价值观。经过 20 多年的发展，科瑞已成为一家全国知名创新性产业投资集团公司。2016 年胡润百富榜，郑跃文以 260 亿元财富排名第 66 位；在 11 月 28 日召开的首届世界赣商大会上，郑跃文被江西省政府授予“江西省回乡投资优秀赣商”称号。

大力弘扬“厚德”精神，既可促进新赣商赢得事业的蓬勃发展，也可为新赣商赢得诚信经营的响亮名片。

二、弘扬“实干”精神与贯彻省委提出的“担当实干”相得益彰

古代江右商人家境贫寒，从小就养成了吃苦耐劳实干的习惯。在从商的过程中，他们吃苦耐劳，艰苦创业，踏实肯干，蔚然成风。面对外界的激烈竞争，江西商人只有稳扎稳打，才能赢得市场，逐步壮大自己。他们以各自成功的实例，生动地诠释了勤劳致富、实干兴邦的道理。湖南凤凰城是著名作家沈从文的家乡，在他的笔下“一个包袱一把伞，跑到湖南当老板”，描绘了江右布商在凤凰城创业的形象。

在当代，不少新赣商创业之初都是从出外打工、做小生意，到学会技术和管理经验，再到积攒资本扩大投资，靠着“走破鞋底，磨破嘴皮”的勤奋去开拓市场，逐渐成长起来的。徐桂芬（江西煌上煌集团董事局主席、全国工商联执委、江西省工商联女企业家商会会长），1993 年，由于所在的南昌市食品公司经营不景气，徐桂芬被通知下岗。短暂的失落过后，凭借多年艰苦生活磨炼出的坚强意志，她决定从头再来。由此，徐桂芬迈出了创业的第一步。为了减轻生活压力，她自己筹集了 12000 元，在南昌绳金塔附近建立了一个面积为 8 平方米的烤禽店。1994 年，煌上煌就完成了品牌注册，紧接着就开始连锁经营。如今煌上煌在全国已经有 3000 多家连锁店，2012 年还在深交所挂牌上市，成为中国酱卤的第一只股票。2016 年全年营收 12 亿元，2017 年第一季度就实现营收 3.36 亿元，较上一季度增长 13%。公司市值高达 120 亿元。从下岗工人到公司的 CEO，徐桂芬白手起家的创业经历正是新一代赣商勇立潮头、当担实干的真实写照。

实干，是赣商迈向成功的聚力法宝。大力弘扬新赣商“实干”精神，既贯彻了社会主义核心价值观，又与江西省委提出的“担当实干”不谋而合，相得益彰。

三、弘扬“义利”精神可以促进江西经济社会快速发展

在古代，各地经商的江右商帮，只要具备了一定的财力，就会不约而同建

造万寿宫（别名江西会馆）。万寿宫供奉的神灵是许真君（也称许逊），以许逊净明道规范江右商行为，树立义贾形象。对于流布四方的江西商人来说，万寿宫不仅是一座祈福、保平安的道观，还是一座交流信息、调解议事、集资互助的会馆，更是一座寄托他们商魂的家园。在江右商帮繁荣之时，很多江右商人赚了钱，就会把赚来的钱用于回乡修谱建祠、购买田地、资助科举、兴办学堂、赈济族众以及捐纳功名、光宗耀祖等，对当地公益事业发展和人才培养起了很大的作用，江西人才辈出，文化兴盛，与此不无关系。

当前，江西正在大力发展新能源、新材料等战略性新兴产业和绿色金融、工业设计、现代物流等新经济产业，迫切需要人才和资本的支持。综观胡润富豪排行榜公布数据，江西籍富豪资产大幅提升，富豪人数也逐年增加。2017年公布的胡润全球富豪榜中，赣商富豪有50名入选；2017年中国企业500强中，赣商企业有6家；2017年财富中国“40位40岁以下的商界精英榜”赣籍占有3名。一大批新赣商在新制造、智慧经济、绿色经济、共享经济、新服务经济等领域，崭露头角，叱咤风云，蓄势创新。近年来，许多新赣商积极响应省委、省政府号召，弘扬“义利”精神，纷纷回乡投资兴业，为家乡发展作出了重要贡献，成为我省经济社会发展的一支生力军。

“天下”，体现了赣商的家国情怀。大力弘扬新赣商“天下”精神，让海内外新赣商密切关注江西发展态势，聚焦电子信息、航空制造、新能源及智能汽车、新型电子、智能装备、新材料、工业设计、现代物流、现代金融等新经济、新业态，加大投资合作力度，可以为促进江西战略性新兴产业和新经济发展提供广泛智力和资本支持，促进我省经济社会跨越式发展。

四、弘扬“天下”精神可以让新赣商更好融入“一带一路”倡议

古代江右先辈一直靠着勇于进取精神，不断发展壮大。元朝南昌人汪大渊写的《岛夷志略》，记叙了两次乘船下西洋的经商的历程，比明初郑和第一次下西洋都要早了75年；江西庐陵欧阳修后裔欧阳云台多年在日经商成为豪富；江西丰城人筱塘裁缝杨永清带领丰城南昌大批商人手工业者随荷船万福士号渡海到印尼、马来西亚、新加坡从事各种手工业，种植橡胶、金鸡纳霜，在马来西亚建三江会馆，在新加坡和菲律宾建万寿宫。

近年来，在“一带一路”倡议的引领下，江西企业迎来了新一轮海外投资热潮，也迅速走向了世界经济的大舞台，在国际竞争中强筋健骨、发展壮大。非洲的肯尼亚、南美的智利……触角伸至世界五大洲；承包工程、劳务合作、机电和光伏、农业开发……业务范围进一步拓宽。江西的陶瓷、茶叶、农产品、眼镜、箱包、建筑材料等产品，基本覆盖了“一带一路”沿线主要市场。

广大侨商侨智常年旅居海外，人脉熟、联系广，具有国际视野和经验，在促进江西对外经贸文化合作中发挥了重要作用。通过弘扬新赣商精神，广大侨商侨智可以更好地发挥桥梁纽带作用，大力宣传江西、推介江西，支持更多“江西制造”、“江西品牌”沿着“一带一路”走出去，介绍更多外商侨商和专家学者、创新团队来江西合作兴业，实现互利共赢、共同发展。

大力弘扬“义利”精神可以让赣商普遍具有兼济天下的情怀，致力于推动经济社会发展，敢闯、敢拼、敢为天下先，可以让新赣商更好融入“一带一路”倡议。

“厚德实干”，表达了赣商的真诚、诚信、德才兼重的品质，同时也反映了赣商务实创新、锐意进取的精神追求；“义利天下”，鼓励新赣商情系家国、兼济天下。“厚德实干、义利天下”新赣商精神，不仅与贯彻省委提出的“担当实干”相得益彰，更是社会主义核心价值观的生动体现；既承载江右商帮之历史，也立足赣商之现实，更展望赣商之未来，融历史现实未来为一体。大力弘扬“厚德实干、义利天下”新赣商精神，可以为新赣商赢得诚信经营的响亮名片，可以贯彻省委提出的“当担实干”，可以让新赣商更好融入“一带一路”倡议，更可以促进江西经济社会快速发展，意义重大而深远。

参考文献

［1］发扬新时期赣商精神［EB/OL］. http：//www. cssn. cn/ 2017－12.

［2］张丽. 江西省首次发布“赣商精神”表述语：厚德实干 义利天下［N］. 江西日报，2017－11－29.

［3］陈玲芳. 浅论江右商帮精神形成的原因［J］. 文学界（理论版），2012（11）：282－282.

［4］肖文胜，蔡玉文. 江右商帮兴衰史带给新赣商的启示［J］. 南昌高专学报，2011（1）：33－35.

论新赣商企业对工匠精神的继承和培养

束 欣

内容摘要 “工匠精神”是一种全心全意投入工作，在工作中力争做到最好，不放过每一个细节的追求完美的精神。明清时期闻名于天下的“江右商帮”就以其“精益求精、终身磨砺”的“工匠精神”深获消费者的信赖，曾在我国经济发展的历史中发挥着重要作用。当今中国已经成为制造业大国，但中国人疯狂抢购海外商品的新闻屡见不鲜，这说明缺乏品质和特色的产品已无法满足国人对精品的需求，品质至上的时代即将来临。新赣商们要抢占市场，就必须提升产品竞争力，重拾江右商帮的“工匠精神”。

一、江右商帮“工匠精神”的内涵

所谓“工匠精神”，是指工匠对自己的产品精雕细琢，精益求精、更完美的精神理念。工匠们喜欢不断雕琢自己的产品，不断改善自己的工艺，享受着产品在双手中升华的过程。概括起来，“工匠精神”就是追求卓越的创造精

［作者简介］束欣，江西经济管理干部学院讲师，研究方向为经济管理、人力资源。

神、精益求精的品质精神、用户至上的服务精神。2016 年，李克强总理在政府工作报告中提出："鼓励企业开展个性化定制、柔性化生产，培育精益求精的'工匠精神'，增品种、提品质、创品牌。"

（一）精益求精、一丝不苟的精神

"江右商帮"是历史上对赣商的统称。"一个包袱一把伞，跑遍天下当老板"，体现了江右商帮敢为人先、实干敬业的精神。对产品精益求精，注重细节，追求完美和极致，不投机取巧，对产品严谨，一丝不苟，不断提升产品和服务。江右商帮百年老店黄庆仁栈药店是南昌中药业的首富。为确保质量，黄庆仁栈将地道药材遵照古法炮制，把大块、大片、大段的原材料，通过手工操作，进行刨、铡、炒、蒸而制成饮片；进行碾、搓、探、熬而制成丸散膏丹。这其中都具有严谨的传统技巧。如不慎进了变质霉烂的药材，则在公众面前毁掉，保证药材地道、药品质量上乘。同时，黄庆仁栈十分重视服务质量，店员统一服装，问清客人病情，对症下药，保证药品足秤够量。同时，黄庆仁栈还在包装上下功夫，药品的包扎按大小区分，且标明药性，方便顾客使用。

（二）专注坚守、不断完善的精神

真正的工匠在专业领域上绝对不会停止追求进步，耐心、专注、坚持、专业、敬业。无论是使用的材料、设计还是生产流程，都在不断完善。景德镇的瓷器享誉海内外，通过精心打磨，一件件惊羡世人的艺术品从工匠们的手中诞生。这些美轮美奂的作品是从毫不起眼的高岭土经过了 72 道工序一步步形成的。这其中每一道工序都有细致的分工，每种分工形成的群体之间不相干扰，各自将工艺磨炼至极致。渐渐形成了景德镇制瓷行业当中的一种行业规范。练泥、拉坯、印坯、干燥、施釉、烧制……细致的分工使造瓷效率高，各匠人技艺高超。这样的专业精神正是江右商帮工匠精神的体现。

（三）敬业奉献、追求极致的精神

江右商帮的"工匠精神"还体现在打造本行业最优质的产品，其他同行无法匹敌的卓越产品。作为江右商帮中著名家族之一的江西永修县雷氏家族在建筑历史上是一段传奇。"样式雷"是对他们的誉称。雷氏家族早在明初从事木工建筑行当，七代子孙都从事木匠行当，到了清代成为著名的建筑世家。雷氏共有八代人主持皇家建筑设计，这是每一代继承者夜以继日、孜孜不倦追求的结果。“样式雷”对建筑充满了热爱，在每项工作中全心付出。那些美轮美奂的古建筑建造之初，为了供皇帝御览、裁夺，“样式雷”发明创新了“烫样”——一种按照建筑比例，利用纸板等材料，制作表现三维空间设计的建筑模型样本。烫样将建筑的每个细节完整地展现出来，就连屋内的结构、色彩、材料样式都能一览无余，具有极高的艺术价值。“样式雷”家族坚守了皇家建筑几个世纪，用心把一件事情做到极致。这种行为来自内心的热爱，源于灵魂的本真，靠的就是这种将建筑工艺不断精益求精，敬业奉献、鞠躬尽瘁的工匠精神。

新赣商企业如果能够沉潜下来，也把企业视作一件产品或艺术品，投入足够的时间和精力去精雕细琢，着重培育员工的“工匠精神”，通过耐心研究，仔细琢磨，一定会将企业打造成“精品”，振兴新赣商便不是空谈。

二、江右商帮“工匠精神”对新赣商企业发展的重要性

（一）发展的重要基础

赣商自古就有“工匠精神”，历史上江右商帮的能工巧匠不在少数，凭借对技术的刻苦钻研，对社会经济发展做出了巨大的贡献，有些技术甚至让现代人都望尘莫及。而当今的一些企业，在生产制造上思维陈旧，制造的商品价值低廉，缺乏特色；还有些企业不懂得创新，产品工艺和质量无法提高。由于忽视了对产品质量的把控，导致了比较严重的后果。其一是企业生命周期较短，能做大做强的企业更是寥寥无几；其二是产品在市场上也存在一定的诟病，导致国内很多消费者对国产的商品信心不足。

（二）发展的目标动力

过去的三十多年，中国经历了令全世界瞩目的高速发展，已经积累了充足的生产供给。然而，在注重速度与效率的时代，面对大量的机会，人们变得心浮气躁、急功近利，不少企业丢掉了对供给质量的重视和保障。

如今，社会消费水平大幅提高，尤其是中产阶层快速崛起，开始拥有购买更优质产品和服务的能力，越来越注重生活的品质和细节。这种追求的结果，就是更加美好精致的用户体验，只要用上这种饱含“工匠精神”的产品，消费者就容易成为它的忠诚粉丝。因此，新赣商企业要获得发展，必须要以培养“工匠精神”为目标。

（三）发展的有力保障

“工匠精神”是支撑企业从“合格制造”走向“优质制造”、“精品制造”的精神动力，专注坚守，精益求精。新赣商企业需要通过研发与技术创新、质量管理等不断提升产品品质，更好地满足客户需求，打造品牌影响力，而这一切需要“工匠精神”的引领。新赣商要抢占市场，就必须回归“工匠精神”。

三、新赣商继承和培养“工匠精神”的途径

（一）将“工匠精神”与激励机制结合起来

新赣商企业在实施管理阶段，要着重培育广大员工的“工匠精神”，突出团队协作能力建设，对各类关键骨干人员更要识人善任，坚持以取得“实”效为既定目标、以管理质量不断提高为标准，力求精益求精，做到没有最好，只有更好。另外，在普通员工中间不可忽视激励机制的作用，要通过有效激励机制，激励员工立足平凡岗位钻研业务，培养各个专业领域、各个岗位的凝聚力战斗力，秉持群策群力理念，形成推进企业发展的强大合力，促进企业健康发展。

（二）将“工匠精神”融入企业文化建设当中

新赣商企业需要将“工匠精神”融入企业文化建设，将其纳入企业文化核心理念，并通过多种方式，对员工进行宣传教育。通过企业文化，让员工树立“工匠意识”，把“工匠精神”内化为全体员工的精神品质，让员工有严谨、细致、专注、负责的工作态度以及对职业的认同感、责任感、荣誉感和使命感，让敬业执着、脚踏实地、精益求精成为企业价值追求，为“工匠精神”

厚植土壤。

（三）将“工匠精神”转化为员工实际行为

新赣商企业要将“工匠精神”落到员工个人行为，外化于行。要通过文化的引导和制度的保障，最终将“工匠精神”的践行落实到每个员工的行动上。每个员工要深刻领悟工匠精神的要求，要不浮躁、不妥协、静心做事、踏实做人，每人都秉持这样的精神。如果每一位员工都能以“工匠精神”对待自己的工作，严格要求自己，对产品和服务精益求精，肯多花时间去钻研，艰苦奋斗，主动学习，及时更新知识，勇于创新，把自己的工作当成是雕琢一种艺术品，追求完美，乐在其中，那么每个员工都将成为自己工作上的专家型人才。

（四）将“工匠精神”与“创新精神”相结合

“工匠精神”具体落实在员工个人层面，就是认真、敬业、钻研的精神。没有对职业的敬畏、对工作的执着、对品牌文化的负责态度，没有精益求精、追求完美的创新活力，就不可能在工作上有所突破，在创新领域推陈出新。

“工匠精神”是制造的基础，制造是创造的基础；使新赣商企业更多走向“优质制造”、“精品制造”，就要让企业在新产品开发、技术研发和管理中不断创新。它需要将创新“润物细无声”地融入新赣商企业的日常经营活动中。企业是由许多人所组成的组织群体，创新的导入需要一个渐进的过程，人们对创新的接受更需要一个心理调适的过程。通过这种渐进式创新让人们的行为潜移默化成一种本能，工匠精神就得以固化。

参考文献

［1］王丽杰．“工匠精神”与价值型企业［J］．印刷经理人，2015（4）．

［2］秦夏明．赣商研究［M］．北京：经济管理出版社，2014.

［3］王文明．从《道德经》中寻找企业基业长青之路［J］．文化管理，2012（10）．

［4］胡长荣．弘扬中国传统“工匠精神”为企业铸魂［J］．企业文明，

2016（3）.

［5］金碚. 企业对创新应有更全面认识要有“工匠精神”［J］. 中国集体经济，2015（17）.

［6］郑渝川. 向日本“国宝”企业学“工匠精神”［J］. 销售与市场（评论版），2015（11）.

［7］重莲. 中联重科：唤起“工匠精神”强健中国制造业［J］. 中国品牌，2015（4）.

［8］亚力克福奇. 工匠精神缔造伟大传奇的重要力量［M］. 杭州：浙江人民出版社，2014.

［9］龚屏. 黄庆仁栈药业之魁——洪都旧闻录之四［J］. 赣江经济，1985（4）.

［10］崔勇，易晴. 清代建筑世家样式雷族谱校释［M］. 北京：中国建筑工业出版社，2015.

［11］萧惑之. 新时代“工匠精神”应赋有更丰富的内涵［J］. 中关村，2016（5）.

［12］朱辉球，吴旭东.“景漂”现象中探析“工匠精神”的现代价值［J］. 景德镇陶瓷，2016（12）.

第二篇

赣商与其他商帮的比较研究

徽商兴起繁荣的经营模式及启示探讨

黄小平　范树青

内容摘要　本文分析了徽商的经营模式及对政府相关部门、企业和创业者的启示和借鉴意义，徽商在400年的经营中采取了正确的经营模式，主要包括灵活多变的资本组织形式、商牙结合、操纵市场、坚持以儒道经商、将“儒术”与“贾事”相结合，这种经营模式对现今社会也有积极的借鉴意义。

前言

徽商是中国历史上有名的“贾”商、“儒”商，“贾而好儒”是徽商的主要特色。徽商产生于明朝中期。当时的徽商经商人数多、经营地域广、资本实力雄厚，成为明清有重大影响力的商帮，被人称为“足迹遍天下”、“无徽不成镇”、“南有徽商，北有晋商”。总结和研究徽商经营模式，探寻其成功经验，对政府、企业家和创业者有较强的借鉴意义。

［作者简介］黄小平，江西经济管理干部学院副教授，北京理工大学博士研究生，研究方向为区域经济。范树青，江西经济管理干部学院副教授，研究方向为市场营销、赣商研究。

［基金项目］本文是2017年度江西省赣商文化研究基地立项课题“赣商与其他商帮的比较研究”研究成果之一。

一、徽商主要的经营模式

徽商有悠久的经商历史，并且成为有实力的商帮集团，其成功的重要原因在于有一个恰当的经营模式。

（一）灵活多变的资本组织形式

徽商的发源地在安徽徽州，当时的徽州人多地少，仅有的土地难以养活那么多的民众，面对“山区地瘠民贫”，徽州人不得不出去经商谋生，因而出现“十室九商”。但是徽州人到外地去经商，首先面临的一个问题是缺乏经商资本，因为在那个年代，只要是有土地还可以在本地谋生的徽州人是不会去经商的，去经商的绝大部分是在当地无法很好谋生的、生活贫困的百姓，因此，徽商不得不利用各种途径去筹措经商所需要的资本，并运用各种组合形式，使其资本得到较好的运用。主要有以下三种组织形式：

1. 自本经营与贷本经营

明清时期，徽商自本经营者和贷本经营都比较常见。徽商自本经营主要有三种形式：一是依靠自本经营者的初始资本或是通过出售祖上遗留的少量田地、房屋，如明代婺源人李魁将祖上遗留的“卧室一间”，以十两银子卖与族人，作为“转输之资”。二是出卖妻子的嫁妆，如歙县人江才是由妻子出卖嫁妆为其作经商之本。三是通过艰苦劳动积累而得。例如，清代婺源人江应萃做生意缺乏资本，就先在景德镇做佣工，“积累有赀”即有资本后才“自开磁窑”经商。徽商在贷本经营上分两种情况：第一种是出身贫寒，没有祖宗遗产，也没有积累，不得不借贷作为经商的启动资金。如清代婺源人李士葆，家境贫寒，“中年贷本经商，家道隆起”。第二种是因为要贩运大宗商品缺乏资金或资金不足，而不得不需要借贷资本。例如，乾隆年间的婺源人为了经营大宗茶叶，由于缺乏资金，而与当时的晋商洪任辉交结，借贷10380两白银。

2. 独资经营与合资经营

徽商做生意有一个由小到大、由弱到强的过程，当初始经商，由于规模较小，所需资金不多，这时徽商通常会采取独资经营。但是，当徽商生产规模做大后，所需的资金越来越多，这时，单靠个人力量可能难以支撑规模的继续扩大，这时徽商就需要借助外来力量，与人合资经营，以解决资本不足问题。事实上，徽商已普遍认识到合资经营对于扩大经营规模带来更多利润的好处，“财从伴生”和“合本求利”已经成为徽商的共识和重要理论。例如，明代弘治年间（1488～1500年）的歙县人程锁在资金实力不雄厚时就曾与同宗10人合资经商，每人出本银300两。

3. 委托经营

委托经营可以分为两种：一是“附本经商”，委托人将其拥有的少量资金委托给有经营实力者，以获得利润。例如，明代后期有一个祁门人程神保在外经商，其宗亲将拥有的部分资金交给程神保经营，希望能够带来部分利润，实现增值，即“宗人扬与从兄贵通各以百金附神保行贾”。二是徽商可能从事其他活动或者没有经营能力，就将自己的资金委托给他人代为经营，如清代的休宁人汪栋就因“因习举业不暇经商”，将他家的典当铺子“择贤能者委之”，即委托给有经营能力的人去经营。

因此，徽商通过灵活多变的资本运作方式，将商业资本与金融资本相结合，较好地解决了经商资金不足问题，为徽商外出经商提供了充足的资本来源。

（二）商牙结合，操纵市场

牙人是联系买卖双方开展商品交易并从中获得交易佣金的中间商，这是明清时期的一种特有称呼。明清时期，商品经济得到较大发展，牙人数量增加较快，形成了专门的牙行。清代的广东十三行，就是由清政府指定专门从事进出口贸易的牙商。徽商之所以热衷于经营牙行，主要原因有两个：一是牙商几乎不用资本经营，“不费资本，赤手而得商用”，这就为众多小商贩积累资本和做生意经验提供了良好的机会。例如，歙县人阮弼早年家穷，“积逋数年”，后来在芜湖充当牙侩，成为有名的大富商。二是清朝政府当时规定，大宗商品交易必须通过牙行才能进行，而当时的徽商主要经营茶、盐等大宗商品，只有通过牙行才能从小生产者手中买到物美价廉的商品，然后高价转卖出去，获得厚利。因此，徽商为了经营商业的需要，就必然需要千方百计培植自己的牙商势力，实现商牙结合，谋取暴利。

（三）坚持以儒道经商

中国封建社会遵从孔孟之道，是典型的儒家社会。当时的徽州是南宋大儒朱熹的故里。因此，徽商长期受到“儒风独茂”的影响，徽商被后人称为“儒商”，徽商将“贾而好儒”作为自己经商立身之本。主要表现在以下几个方面：

1. 诚信经商

徽商主张在经营活动中“以诚待人”，摒弃“智”、“巧”、“机”、“诈”等非法聚财手段。徽商深知，商人只有做到诚信经营，才能得到顾客信任。因此，徽商无论是在经商中亏损还是在与人合伙经营中，都能够做到“诚信”经商。我们可以通过两个例子来证明：一个例子是清代婺源商人朱文炽在广东经营茶叶贸易，他会主动将到期的茶叶告诉客户这是“陈茶”，即使亏损了数万银圆也坚持诚信原则，实现“宁奉法而折阅，不饰智以求赢”，“卒无怨悔”。另一个例子是婺源人詹谷在上海崇明为江湾某业主主持商务活动，当时业主年老回家，东南又发生了战乱，这时的詹谷艰苦经营，不存半点私心，获厚利后将历年出入账簿交还业主儿子，实现了“涓滴无私”。

2. 重视商品质量，不售伪劣商品

徽商在经营活动中将儒家思想贯穿其中，“蹈道守礼”，十分重视自己的声誉，童叟无欺，重视商品质量，不售伪劣商品。一是重视声誉，童叟不欺。例如，歙县商人吴南坡以信接物，始终做到“终不以五尺童子而饰价为欺”的原则，从而赢得了顾客的信任，人们竞相去购买他的产品。二是重视商品质量，不售伪劣商品。例如，清代休宁商人吴鹏翔曾经有一次与人做胡椒生意，在发现对方胡椒有毒后，面临对方要求退货退还货款，不要声张之时，吴鹏翔担心这批有毒胡椒退回去后，卖方又会把这批有毒胡椒“他售而害人”，因此，果断地不退回，将这批有毒胡椒付之一炬，自己承担损失。

3. 重承诺，守信用

徽商重承诺、守信用，为此得到了市场的认可，客户愿意与徽商打交道，做生意。徽商答应的事情，例如在收取存款、借贷资金时，能够做到“一言既出，驷马难追”。例如，清代歙商有一位叫唐祁的徽商，他的父亲因为经商的需要，曾经找某人借贷过银钱，并且打好了债券，约定了还款期限和利息，当这笔借贷快到期时，债权人前来催要这笔贷款，诡称债券丢失。唐祁知道父亲有贷款这件事，就对讨债人说，“债券虽无，但家父借贷的事是有的”，并如数还清欠款。但是不久后，有一个人拿着所谓丢失的债券来讨债，唐祁看到债券后说，“事情虽假但债券却是真的”，为此又付了一次债款。

4. “以义获利”、“义中取利”

徽商主张“义中取利”、“以义获利”，“宁可舍利取义，也不舍义取利”，只有这样才能“因义而用财”，使财源滚滚而来，真正达到赚大钱、发大财的目的。例如，清朝道光间有一位黟县商人舒遵刚在经商过程中始终能够做到“生财有大道，以义为利，不以利为利”。还有一位徽商名叫凌晋，如果碰到狡诈的商贩多取他的钱财时，他也不会“斤斤计较”，但如果发现自己少给了对方，他马上会补足。由于徽商坚持“义中取利”、“以义获利”，使徽商获得了好名声，客户纷纷与徽商做生意，因此，徽商生意规模越做越大。

5. 仁心为质

徽商以“儒道”经商，“儒道”要求有仁爱之心。因此，徽商在经营中有仁爱之心，不会乘人之危去牟利，这正是徽商经商和做人成功的奥妙所在。例如明朝正德年间，安徽安庆潜山、桐城发生灾荒，百姓流离失所，几乎颗粒无收，生活困苦，挣扎在死亡与生存线上，有部分商人趁机囤积粮食，大发国难财，但是休宁粮商汪平山将自己储蓄的谷粟“悉贷诸贫，不责其息，远近德之”，全部按照平价卖给贫困百姓，并不牟取暴利。清代歙县商人吴也是经常告诫儿子要存好心、办好事、说好话、亲好人。

徽商的“诚”、“信”、“仁”、“义”经商道德，给徽商赢得了好名声，在当时的历史环境下，对于规范市场行为、维护市场秩序具有积极的作用，对今天的赣商也具有积极的借鉴意义。

（四）将“儒术”与“贾事”相结合

徽商富商大贾，大多是“以儒术饰贾事”，即会通“儒术”与“贾事”。中国有5000年的文明史，拥有诸子百家、四书五经等丰富的文化典籍，在这些文化典籍中，拥有丰富的政治、经济、文化、运筹、谋略等思想精髓，徽商将其动用到经商中，实现了“以儒术饰贾事”，造就了徽商400年的辉煌。

1. 徽商从“儒术”中学到致富的经验和商业决策的方法论

明清时期，我国商品经济得到较大发展，经商人员越来越多，市场竞争激烈起来，特别是出现了有较强实力的晋商、江右商帮，这几大商帮在经营行业、地域和产品品种方面存在类似，因而竞争较激烈，为此，徽商“通权变、讲智谋”，采取“人弃我取”经营策略，当其他商人碰到某种商品价格大跌而纷纷抛售时，这时的徽商不仅不跟风，反而想方设法去筹集资金将这种价格大跌的商品买进来，待市场稳定，价格上涨时出售，从而获取巨大的价差和利润。例如，清代歙县盐商鲍直润开始做生意亏本，但他并不气馁，当食盐价格大跌大家纷纷抛售退出时，他反而尽卖家产筹集资金购买食盐，采取“人弃我取”之术，当竞争对手少了后，食盐价格上涨，从而获得巨大利润，到道光末年，他终于成了腰缠万贯的大盐商，并被清政府授予“直大夫”。因此，徽商的这种“人弃我取”经营策略，到今天仍然值得我们去学习。例如，股神巴菲特和中国的李嘉诚就是采用“人弃我取”经营策略而成就了经商传奇。

2. 徽商从“儒术”中领悟到选人、用人、待人之道

徽商经商时一般也是从小本经营起家，独立经营，当营业规模和经营范围扩大后，由于精力有限，多会选择有用之人为自己所用。徽商善于从“儒术”中学会选人、用人、待人之道。徽商选人的标准是“德才兼备”，首先要求是“有德之人”，因为有德的人才会“铢两不私”，能够处理好上下级及同事之间的关系。其次要求是“有才之人”，光有“德”没有“才”是不行的，光有“才”没有“德”也是不行的。徽商往往不惜重金将能工巧匠招聘过来。例如，清末徽州胡开文墨业的创始人胡天注在继承岳父濒临倒闭的“汪启茂墨室”的时候，并没有急着去将有限的资金去扩大生产规模，而是将资金去购买上等原料、聘请能工巧匠制模做墨，创制名牌产品，从而打开了市场销路。

因此，“以儒术饰贾事”，会通“儒术”与“贾事”是徽商成功的重要原因之一，也是徽商被誉为“儒商”之所在。

二、徽商经营模式的借鉴和启示

（一）政府应充分发挥其主导作用，发展资本市场

徽商之所以能够经营盐、茶等当时的支柱产业，是以大规模的资本实力作为后盾。我国国有企业在发展中面临产权不清晰、竞争活力不足问题，为此，我国开展了国企混合所有制改革。因此，混合所有制改革的核心问题是资本问题，我们应借鉴徽商资本组合形式的合理方面，采取多种渠道去筹集资金，而要筹集资金，发展资本市场并使其充分活跃有序发展，国有企业就能够获得筹集低成本资金的主要渠道。

（二）坚持选人“德才兼备”的原则

徽商经商过程中善于选人、用人、待人，使掌柜、伙计和普通员工愿意跟随财东一起做生意，把生意规模越做越大。这种“德才兼备”无论是对选拔党政领导干部，还是企业提拔员工到重要岗位上来都具有现实的意义。因此，单位和企业在提拔干部时，一是要正确把握好用人标准，将道德境界高、有能力、会办事、能办成事的干部提拔到重要的岗位；二是要严格遵守选拔程序，按规矩办事；三是要建立公开、平等、有竞争的选人用人环境；四是完善考核标准，构建善于发挥人才能力的待人环境。

（三）培育具有敏锐创业眼光和进取精神的创业家

“贾而好儒”是徽商帮的主要特色，徽商是中国封建社会典型儒商。徽商受到的教育程度普遍比其他商帮要高，因而在捕捉市场机遇上比其他商帮要高，同时又能够吃苦，有进取精神。《江南通志》记载徽商人“善识低昂时取予”。因此，我们应该着重培养学生创业意识，特别是培养大学生敏锐的创业眼光和进取精神，实现“大众创业、万众创新”的“双创”目标，发扬徽商开拓进取、矢志不渝、百折不回的勇气和“徽骆驼”精神。

三、结论

徽商的经营模式灵活，注重采取多种资本运作方式，诚信经营，善于开拓市场和名牌产品，注重产品质量，重视教育，贾而好儒。徽商的这些经营模式促进了徽商的兴起，对政府、企业家和创业者有较强的借鉴意义。

参考文献

［1］安徽大学徽学研究中心．徽学（2000 年卷）［M］．合肥：安徽大学出版社，2001.

［2］方利山．徽州学散论［M］．香港：中国香港天马图书有限公司，2000.

［3］中国人民政治协商会议安徽省黄山市委员会文史资料委员会．徽商系列丛书．近代商人［M］．合肥：黄山书社，1996.

［4］范金民．明代徽州盐商盛于两淮的时间与原因［J］．安徽史学，2004（5）．

［5］王振忠．明清时代南京的徽商及其经营文化［J］．浙江社会科学，2002（4）．

江右商帮兴衰对江西区域经济的影响分析

黄小平　范树青

内容摘要　商帮是中国经济发展到特定阶段的产物，江右商帮在明清时期得到较大的发展，与同时期的晋商、徽商三足鼎立，但在繁荣了500年后，由于多方面原因，江右商帮衰落。本文首先介绍了江右商帮兴衰发展情况，其次介绍了江右商帮兴盛促进了江西区域经济的繁荣，再次介绍了江右商帮的衰落使江西区域经济发展造成不利的影响，最后由江右商帮兴衰对经济社会的影响，提出对今天重振赣商的借鉴作用。

前言

商帮是中国封建经济发展的亮点，在历史上中国曾经出现十大有影响力的商帮，江右商帮是其之一。明清时期，江西人充分发挥物产丰富和吃苦耐劳的

［作者简介］黄小平，江西经济管理干部学院副教授，北京理工大学博士研究生，研究方向为区域经济。范树青，江西经济管理干部学院副教授，研究方向为市场营销、赣商研究。

［基金项目］本文是2017年度江西省赣商文化研究基地立项课题“赣商与其他商帮的比较研究”研究成果之一。

江右精神，到外地经商，出现“一个包袱一把伞，跑到湖南当老板”、“江右商贾负贩遍天下”、“无江（西）不成市”的壮观景象。江右商帮的兴起，对推动当时的江西区域经济发展产生了积极的作用，奠定了明清时期江西在全国经济中的重要地位。

一、江右商帮兴衰发展情况

明朝建立后，百废待兴，迫切需要医治战争创伤，明朝统治者为了迅速稳定社会，需要大力发展经济，解决民不聊生的状况。江西由于江湖相接，水运发达，水运成本低，再加上江西“物华天宝，人杰地灵”，盛产当时急需的各种民生物品，例如大米、瓷器、药材、茶叶、夏布、纸张等。明清时期，江右商帮占有天时地利人和的优势，从而在全国范围内迅速发展，当时江西的景德镇陶瓷、德兴的冶金、樟树的药材、进贤的制笔、铅山的造纸、宜黄的夏布织造等，在全国市场占有率都极高，这时的江西商人从经商人数、经商地域、经营规模等方面都大大超过了前代，形成了繁华的四大名镇，如景德镇、樟树镇、河口镇、吴城镇。

（一）江右商帮在江西省不同地域的发展情况

按地域划分，江右商帮可以划分为不同的地方商帮，主要分为南昌帮、抚建帮（抚州、建昌）、吉安帮、樟树帮、奉靖帮（奉新、靖安）、清江帮、丰城帮等地方本地帮。

1. 南昌商帮

唐代以后，随着全国经济重心的南移，江西成为全国经济的重心，南昌作为江西的省会，成为当时中国的繁华都会之一。当时南昌的十字街异常繁荣，街道上有各种大型茶楼、食品杂货铺，还有各种小商贩沿街兜售自家土特产，随着这些小商贩经济实力增强，他们开始走出去，凭借“一个包袱一把伞，跑到湖南当老板”的吃苦耐劳和艰苦创业的赣商精神，逐渐成长为日后影响世界的江右商帮。

2. 抚州商帮

抚州商帮是江右商帮的一支。抚商是对古抚州府、建昌府府籍的商人或商人集团的总称。抚州商帮历史源远流长，早在东晋时期就产生了，在唐宋时期兴起，在明清时期繁荣，鼎盛时期抚州商帮实力曾经占有江西总资产的4/7，曾经在江右商帮中实力最为雄厚。抚州商帮聪明好学，勤奋上进，享有“江西犹太人”声誉。抚州商帮走南串北，活动范围遍及国内各地和城乡范围，甚至到达日本、朝鲜、东南亚各国。东乡人艾南英（1583～1646年）记叙“吾乡富商大贾皆在滇云”，金溪县也有“为商贾三之一”的记载。在经营行业上，抚州商帮主要经营瓷器、粮食、夏布、茶叶、木竹、纸张、毛笔、兰靛、苎麻、灯芯草、鞭炮、油料、西瓜等，几乎囊括了江右商帮的所有经营项目。

3. 吉安商帮

吉安商帮也是江右商帮中的重要组成部分，明清时期，吉安府“土瘠民稠，所资身多业邻郡”。吉安人为了生存和发展，外出经商者特别多，明清时期吉安商人在全国各地经商的估计有数十万人，有“吉安老表一把伞，走出家门当老板”的说法。吉安商人经营行业比较广泛，其中有较大影响的行业主要有棉花、布匹、烟叶、纸张、高利贷、木材等。经营的主要产品包括绸缎布匹、南北杂货、典当钱庄。吉安商人发家后，不忘家乡，出钱支持家乡的公共事业。例如，清朝初年，吉安商人刘尔凯在武汉、长沙同时拥有数百商号和工厂，乾隆皇帝封他为大夫，同时，也非常支持在家乡的公共事业，在家乡建造民房60幢、大祠堂5座。清末庐陵人周扶九是上海的大富商，团结在外经商的庐陵人，带头出资帮助家乡修通一条从吉安通往湖广的青石板路。

4. 樟树药帮

樟树市自古以来就有“药不到樟树不齐，药不过樟树不灵”之誉，有“八省通衢之要冲，赣中工商之闹市”之称，在历史上是最大的药材集散地。樟树人有采集、炮制中药材的传统，在药材的晒、切、藏、泡、炒、浸、炙、烘等方面掌握了许多秘传妙法。樟树的药材质量好，效果佳，特别是色、香、味、形、效俱佳。“薄如纸、吹得起、断面齐、造型美”。樟树的药材品种丰富，樟树的药商、药师、药工从全国购买药材，国内各药材商也乐意将本地的药材运到樟树来销售，因此，樟树成为全国的药材生产、加工、炮制和经营中心。

江右商帮除了在江西活动外，还跑到全国甚至国外去经商，形成了向西南、向东南、向东、向北的几条重要的商路商业辐射网。葡萄牙传教士鲁德昭曾在《大中国志》中记载：“（江西）该省的人遍布全国，像蜂群一样，拥到各地从事各种行业。”正是由于江右商帮经商人数众多、经商地域广大，形成了明清时期有较大影响力的商帮。

（二）江右商帮在不同领域的发展情况

江右商人大多以本地的土特产品为依托，因行业的不同，形成了许多行帮，如制瓷业、钱盐业、米粮业、绸布业、国药业、南货业、建筑业、船运业等行帮，有“九佬”、“十八帮”说法。

1. 江右茶商

江西地域气候温和，适合茶叶的生产，因此自古以来就是产茶大省，在今天，油茶产业正成为江西农民脱贫致富的“绿色银行”。江右茶商经历了由个体到商帮的发展过程。个体形式主要有“茶号”、“茶行”、“茶庄”、“茶栈”。“茶号”即从茶农手中收购毛茶后进行精加工；“茶行”即从事茶号买卖，以提佣为生；“茶庄”主要经营内销茶；“茶栈”主要是向茶号发放贷款，介绍茶叶交易，从中收取利息和手续费用。江西人经营茶叶的数量不断增加，据《九江县志》记载，光绪七年（1881 年）九江有茶行 252 家，到了第二年增至 344 家。光绪年间，上饶市铅山县河口镇茶叶生意繁忙，据记载“河口镇开设茶庄四十八家”，有“买不尽的汉口，装不尽的河口”称号。明中期以后，茶叶商品流通范围和茶商队伍进一步扩大，形成了茶叶“商帮”。

2. 江右瓷商

景德镇是中国也是世界陶瓷之都，景德镇的陶瓷源远流长。早在唐代，江西浮梁的瓷器就有“假玉器”之称。宋真宗时，宋朝在饶州浮梁县设景德镇，到宋真宗时，命景德镇进御瓷器，在陶瓷底书“景德年制”四字，由于景德镇陶瓷“光致茂美”，景德镇瓷器由此名震天下，畅销海内外。到了元代，景德镇制作瓷器工艺得到进一步改进，烧制出来的陶瓷洁白无瑕。到了明代，景德镇瓷业进一步发展，逐渐超过了全国其他的产瓷地区，成为我国和世界的制瓷业中心，并且设立专门的官员负责陶瓷生产。据《明史》记载，“弘治三十七年（1524）遣官之江西，造内殿醮坛瓷器三万，后添设饶州通判，专管御器厂烧造”。到了清代，景德镇瓷业在明代的基础上得到继续发展，“陶至今日，器则美备，工则良巧，色则精全，仿古法先，花样品式，咸月异岁不同矣，而御窜监造，尤为超越前古”。景德镇瓷器销往全国各地和世界各地。

3. 江右药商

樟树药帮是江右商帮的重要分支，是中国的“药都”，是与京帮、川帮并列的全国闻名的三大药帮。明清以来樟树药商汇集，药业兴旺。樟树药业源远流长，从道教葛玄阁皂山采药行医，修道炼丹算起，距今有1700多年的历史，大体可分为兴起、发展、鼎盛三个历史时期：第一阶段是兴起时期：出现悬壶施诊的药摊。樟树阁皂山盛产药材，如茯苓、葛根、沙参、乌药等200余种药材，阁皂山民将采集来的中药开展巡诊或摆摊于淦阳，悬壶施诊，开创了樟树医药业之先河。到了南北朝时，樟树镇从事医药业的人逐渐增多，并出现了初步分工，不仅有药摊，而且出现了贩卖药材的商人。第二阶段是发展时期：药圩和药市形成。主要为唐宋时期，唐代樟树出现“药圩”，宋代出现“药市”、“货栈”、“药行”和医药兼备的“药店”，这时的药商在药圩修建店面，前柜看病、卖药，后柜制药，谓之“前店后坊”。第三阶段是繁荣时期：主要是明清时期，出现了繁华的药码头。这时国内各地出产的中药材运到樟树销售，甚至国外药材也拿到樟树来交易，樟树经营药业的人大量增加，外地药商云集樟树。明崇祯《清江县志》记载：“樟滨故商贾凑沓之地也”，“（药）有自粤、蜀来者，集于樟镇，遂有‘药码头’之号”。樟树称为“南北川广药材之总汇”。

二、江右商帮兴盛对江西区域经济发展的积极影响

明清江右商帮的兴盛繁荣，促进了江西区域经济的发展，对社会稳定起了重要作用，在应对饥、冻、疫、水、雷、风、雹、旱、蝗等灾害产生了积极效果。

1. 推动了江西手工业技术的发展

明清时期，江西手工业得到较大的发展，这主要是得益于当时江西在制

瓷、造纸和茶叶等大宗商品方面的领先地位。明清时期，景德镇制瓷规模最大、技术水平最高、产品数量最大。明清皇宫所需的御器，朝廷对内、对外的赐赏和交换所需的瓷器，全都是景德镇所烧制，国际国内市场所需的瓷器也大都由景德镇所烧造。明清时期，江西的造纸业以铅山县河口镇的连四纸为代表，而且规模大、品种多。因此，在明清时期江西的陶瓷制造和造纸技术在全国都是一流的，从而推动了江西手工业技术的发展。

2. 奠定了江西在全国重要的经济地位

江西在两宋时期就已经是全国人口较多的省份，物产丰富，产粮食居于前列，成为全国经济文化重要省份。元明时期，由于北方战乱，北方人口进一步向南方尤其是向江西转移，江西人口和粮食产量进一步增加，例如，明代江西人口排名在浙江之后，但江西每年所纳税粮，却超过浙江而居首。除产粮之富外，江西生产的茶叶、油料、木竹、苎麻、兰靛等经济作物也在全国占有重要地位，制瓷、造纸、夏布、木竹加工、冶铁等手工业也取得了较大发展，从而奠定了江西在全国重要的经济地位。

3. 促进了就业

江右商帮发展促进了就业。一是商人自身的就业人数广。历史上有“江右商贾负贩遍天下”和“无赣不成商”，说明了江西人经商人数特别多。二是带动了工人就业，江西制瓷业、制纸业和制烟业发达，需要雇用成千上万的工人。例如，明朝万历年间，“景德镇镇上佣工每日不下数万”，铅山县的“纸厂槽户不下三十余槽，各槽帮工不下一二千人”。清中期，玉山县制烟的雇工有“日佣数千人”之多。

4. 产生了一批有影响力的集镇

明清时期，江西经济繁荣，随着江右商帮的兴起，江西出现了一批繁荣城镇，如九江、樟树、河口、玉山等。产生了一批在当时全国闻名的特色城镇，如景德镇，以陶瓷闻名；樟树镇，以药材加工和贸易闻名；河口镇，以产纸和转运贸易闻名；吴城镇，以转运贸易繁荣。景德镇、河口镇、吴城镇、樟树镇当时的人口已经达到数万人，成为当时江南的四大名镇。

5. 乐善好施、支持家乡公共事业发展

江右商帮发家致富后，不忘家乡事业，乐善好施，捐款捐物支持家乡发展，如救灾赈荒、建桥修路、建祠修谱、办学助读以及捐粮助饷等。而且，这种义务承担得越多，江右商人在家族中的地位就越高，但是，由于江右商帮将经营资本过多地用于非生产性投资，也是后来江右商帮衰落的重要原因之一。

三、江右商帮衰落对江西区域经济发展的不利影响

鸦片战争以后，江右商帮在面临战败赔款，税收加剧，国外商品输入，国内战争创伤等多种外部原因影响下，加上江右商帮小资本经营及其他内部原因，江右商帮逐渐衰落下来，江右商帮的衰落对江西区域经济的发展产生了不利的影响。

1. 产业衰退

受国外资本和列强产品输出的影响，江西的重要支柱性产业，如茶业、瓷业、纸业、纺织业、运输业等均受到较大影响，产出和产值明显下降。

一是茶叶。茶叶受影响较大，赣茶出口数量锐减（见表1），价格也下跌，直接影响到茶叶生产、销售等环节的利益，导致茶农生活贫困、茶商破产。

表1 民国十八年至二十二年江西茶叶销量

年次	箱茶	篓茶	袋茶
民国十八年	一万八千余箱	九千四百余件	七千五百余件
民国十九年	一万四千箱	六千余件	六千余件
民国二十年	九千一百余箱	五千五百余件	六千九百八十件
民国二十一年	三千六百余箱	六千三百余件	一万一千余件
民国二十二年	一千七百余箱	九千五百余件	一万三千余件

二是纸业。明清时期，江西是全国的造纸业中心，造纸业主要集中在江西古代四大名镇之一的铅山河口古镇，铅山河口古镇拥有“九弄十三街”，号称“八省码头”，铅山产的连四纸全国有名，鸦片战争后，中国战败，不得不开放口岸，允许外国产品输入，由于国外生产的纸物美价廉，迅速占领国内市场，使铅山纸市场占有率快速下降，生产纸张的手工业者日益破产，生活艰难。

三是纺织业。明清时期，江西是全国以布为主的纺织业中心，江西各地普遍种植棉花、苎麻等，棉麻纺织业发达，出现“棉布寸土皆有，织机十室必有”现象，其中夏布是江西出产的大宗商品，销往全国各地，甚至国外，如宜黄、万载、宁都、石城、瑞金、宜春等地，都是有名的夏布产地。鸦片战争后，外国列强纺织品大量输入中国市场，加上清末后连年战争，天灾人祸，江西纺织业日渐败落。

2. 商业资本萎缩

江右商帮以小商小贾为主，资本实力不能和同时期的晋商和徽商相比，即“江右多贫者”。特别是江右商帮在赚到钱后，并没有将大部分资金继续投入到生产扩大规模上，而是将更多资金投入到生活和社会性项目上，导致江右商帮不能继续扩大商业投资。据江西师范大学的方志远教授对临川、东乡、崇仁、金溪、丰城、新城六县的江右商人的统计，在109项投资中，真正用于产业性投资的只占1.8%，生活性投资占21.1%，社会性投资占77.1%。而社会性投资主要是用来建祠修谱、救灾赈灾、办学助读，建桥修路及捐粮助饱等公益性支出，导致商业资本不断萎缩。

3. 贸易赤字扩大

当时九江口岸为清政府指定的对外出口进口口岸，江西的进出口货物，大多经九江口岸，鸦片战争后，由于国外商品大量输入，导致贸易赤字扩大，大量白银流出，钱庄破产，产业凋敝。据《九江经济调查（四）贸易》《经济旬刊》可以看出进出口变化和贸易赤字情况，见表2。

表2　九江海关进出口主要变化

年度	进口（海关两）	指数	出口（海关两）	指数
光绪三十年	12045395	71.54	12302165	79.30
民国二年	16836936	100.00	15514494	100.00
民国八年			32484682	156.53
民国十年	24835968	147.51		
民国十七年			39410562	254.02
民国二十年	40584892	241.04		
民国二十一年			1342955H9	86.56

四、结论

江右商帮作为历史上曾经辉煌的10大商帮之一，在历史上发挥了重要作用，促进了江西及全国经济社会的发展。但鸦片战争后，江右商帮在西方列强和腐败政府双重压迫下，加上自身小本经营，开放性和创新性不够而走向衰落。在经历了阵痛和嬗变之后，江右商帮转变成现在的新赣商，新赣商要想重新实现江右商帮在历史上的繁荣，就必须充分利用我国发展经济的大好环境及经济全球化的机遇，求新思变，开拓进取，新赣商就能重振雄风，重新屹立于强大的新商帮之林。

参考文献

［1］许怀林．江西史稿［Z］．南昌：江西高校出版社，1993.

［2］江西省社科院，江西省图书馆．江西近代贸易史资料［Z］．南昌：江西人民出版社，1988.

［3］龙登高．江南市场史：十一至十九世纪的变迁［M］．北京：清华大学出版社，2003.

［4］史志宏，王业键．1638～1935年间江南米价变动趋势述要［J］．中国经济史研究，1993（3）．

［5］方志远，黄瑞卿．明清时期两南地区的江右商［J］．中国社会经济史研究，1993（4）．

晋商的经营机制及其对现代企业的启示

黄小平　范树青

内容摘要　明清时期，晋商是中国十大商帮之首，拥有最为雄厚的资本。晋商在500年的商业经营过程中，形成了经理负责制、学徒制、顶身股制、标期制和联号经营制等特色的商业经营制度，晋商的这种商业经营机制造就了晋商的兴盛繁荣，对现代企业发展也有积极的借鉴意义。

前言

企业经营机制是指影响企业经营行为的各种内在因素和关系的总和，主要包括：决策机制、激励机制、发展机制和约束机制。晋商在500年的经商生涯中的成功，很大程度上是采用了正确的经营机制，这种经营机制可以概括为经理负责制、学徒制、顶身股制、标期制和联号经营制5个方面，本文将对这5

[作者简介] 黄小平，江西经济管理干部学院副教授，北京理工大学博士研究生，研究方向为区域经济。范树青，江西经济管理干部学院副教授，研究方向为市场营销、赣商研究。

[基金项目] 本文是2017年度江西省赣商文化研究基地立项课题“赣商与其他商帮的比较研究”研究成果之一。

个方面的经营机制进行深入分析，并探讨这种经营机制对晋商兴盛繁荣的影响及对现代企业的借鉴意义。

一、晋商经营机制

（一）经理负责制

所有权与经营权的分离是现代企业普遍的做法，但其实这种做法早在明清时期的晋商就已经采用了。当时是叫“财东”（所有者，代表企业出资者利益）与“掌柜”（经营者，负责企业的经营）的关系。在晋商经商初期，由于经营规模和范围不大，这时的晋商经商往往是亲力亲为。随着晋商经营产品种类和经营地域的扩大，加上当时的交通通信条件不发达，来回往往上千公里，当时的晋商为了更好地管理票号或商铺，就需要找一个懂管理、会经营的经理（旧时称“掌柜”），于是出现了经理负责制。但是并不是任何人都可以担当晋商的经理，晋商选择理想掌柜条件较高，一般要求是德才兼备、有胆有识、有所作为、能守能攻、多谋善变之人，并且受过良好教育，有较高的文化知识水平。晋商选好了企业经理（掌柜）后，通常会与掌柜签订一个权利义务协议，明确双方的权力和责任，财东一般负责出资，掌柜负责经营，企业的所有权归财东，掌柜负有使企业资产保值增值的责任，财东每隔一定时期就会对掌柜进行考核，考核的主要方面是看掌柜为财东获取了多少利润，经营范围有没有扩大，并依据业绩考核结果对掌柜进行奖惩。因此，晋商对经理的考核注重结果考核。财东只负责掌柜最后的考核，考核主要依据是看掌柜为财东新增加了多少财富。

（二）学徒制

晋商除了从社会上直接选聘人才外，还特别注重从学徒中培养人才。晋商招收学徒首先要对学徒的身份、教育、相貌、身高、口才等条件进行考核，并且还需要有身份的人作担保。这是招收学徒的第一步，也叫入号。当挑选完毕入号后，晋商还要对学徒有一个试用期，试用期的时间长短根据所在行业而有所差异，三年的学徒期比较普遍。在学徒期间，学徒工一般都是从最苦最累最脏的活干起，目的是培养学徒的耐劳能力。经过三年的艰苦锻炼后，最后才能出徒，如果学徒悟性差或者师傅不满意，可能还要延长出徒期限。在这长时间的培养学徒中，晋商得到了最廉价的劳动力，学徒则得到了最好的锻炼，学到了真本领，商号培养了好的人才，并在出徒后派往重要地区或重要岗位担任实职，成为晋商的骨干力量。正是因为晋商善于培养自己的专门人才，其生意规模才会越做越大，越做越远。

（三）顶身股制

顶身股制在明清时期又称“身股”、“劳股”、“人力股”。它是晋商商业经营模式的一种创新，相当于今天的股份制，只不过获得顶身股的人并不需要花钱去买顶身股。在晋商票号或商号中，企业的股份可以分成两种：一种是东家所出的资本，被称为“银股”或“财股”，其承担的收益和风险是，东家承担商号经营的全部风险，拥有企业剩余财产的索取权，聘请或解聘大掌柜的权力。另一种是企业的经营者（可以是大掌柜、掌柜或伙计），根据他们在企业工作年限、做出的贡献、担任的职务大小等给予一定的股份，这种股份不需要经营者出资购买。因此，这种“顶身股制”相当于今天企业管理层持股（MBO）以及员工持股（ESOP），即现在有的企业员工不出资只分红，按职务与业绩决定的干股。顶身股制可以有效地解决委托—代理问题，它将企业中的相关利益方，主要是财东、掌柜及员工利益捆绑在一起，激励他们努力工作，增强了商号人员的稳定性和积极性。

（四）标期制

标期制是一种定期结算制度，是晋商商业经营模式的独创。它可以根据不同的标准去划分。根据结算时间的不同，可以分为春标、夏标、秋标和冬标；根据结算的地域不同，可以分为东口、西口、太原、太谷、太汾五个标口。标期制的优点是可以避免每次交易都用现金，可以互相赊账，到期互相抵扣，结余的部分才需要去结账。标期制的缺点是，由于这种结算制度是建立在高度的信用基础上的，一旦某个商号违约或者在对外贸易中外国人不去履约，那么这种结算制度就很难维持。例如，清朝末年，晋商以“诚信”原则对俄国商人赊账，但后来，俄国商人借助本国政府威望，公然拒付欠款，同时，许多分号经理携款潜逃，使晋商无法再采用标期制。因此，标期制很像今天的征信系统，它要求各商号之间按双方约定的日期进行赊购结算，如果有某商号不能在规定的时间内结清账务，这家商号就会对不能履行义务的商号名称和经理姓名进行登记，各商号就会和这家商号断绝来往。因此，标期制是对商号信誉的考验。

（五）联号经营制

联号经营制也是晋商商业模式的首创，它是由东家对自己创业经营分布在不同地域、不同行业的子公司实施有效管理的一种模式，类似于现在集团公司中的母公司与子公司的关系。在明清时期，由于晋商生意经营规模扩大，晋商的生意分布在不同的地域或者跨不同的行业，而在当时没有电话等通信系统，只能靠人工的传送方式，而人工的传送方式太慢，因此，为了方便管理，晋商就采取了联号经营制度。东家可能由一人组成，也可能由数人组成，主要是看这个商号的合伙情况，大掌柜一般只有一个，是真正“管事的人”，掌柜可能有数个，分号可能也有数个、数十个甚至数百个。

二、晋商经营机制对晋商兴盛的影响

晋商商业经营机制相比其他商帮具有明显优势，对繁荣兴盛了500年的晋商产生了深远的影响。

（一）有利于企业间建立良好的信用体系，降低企业交易费用

晋商作为10大商帮之首，要想源源不断地发展，在当时没有良好通信条件和明确商法保障财东利益的条件下，就必须要建立一个良好的信用制度，才能保证晋商经营规模不断延续和扩大。因此，晋商通过采取经理负责制、学徒制、顶身股制、标期制和联号制，并且对相关利益方进行严格的信誉考核，从而取得良好的信誉，降低了交易费用。

（二）较好地解决了所有权与经营权关系以及对经理人的激励问题

当企业发展到一定规模后，企业所有者不可能事事亲力亲为，就必然会产

生所有权与经营权分离的问题，企业所有者这时就要考虑如何加强经理人的激励，使职业经理人在获得较高收益的同时能够为企业发展尽心尽力。在当时交通通信落后的条件下，晋商采用经理负责制和顶身股制度，较好地实现了所有权与经营权分离和对职业经理人的激励。

（三）较好地解决了企业所需的人力资源的问题

明清时期，中国百姓受的教育程度普遍较低，并且受教育的人数太少。随着晋商经商行业和经商范围的扩大，迫切需要一批忠诚、有能力即“德才兼备”的人才加入到企业中来，为此，晋商采取了“学徒制”和“联号经营制”，有效地培养了自己所需要的人才，为企业发展打下了良好的人力资源基础。

三、对现代企业的借鉴

晋商取得了举世瞩目的商业成就，晋商的经营机制有许多值得现代企业借鉴。

（一）对我国国企聘请经理人员具有较大的借鉴

我国国有企业兼有维持国家性质和发展经济的双重任务，一方面，国家还是要掌握国有企业控股权，另一方面，国有企业经营者要担负起国有企业资产保值增值的责任。因此，如何在维护国有企业性质和促进国有企业发展上找到平衡就是一个值得深思的问题，即如何保证国有企业职业经理人在维护国有企业性质的同时，尽自己的最大努力去实现国有企业保值增值，这本质上还是委托—代理问题。找到解决问题的方法可以借鉴晋商“财东—掌柜”关系的解决办法，一方面，在选择职业经理人时，对职业经理人在德才两方面全力考察，尽可能选择“德才兼备”的职业经理人。挑选出“德才兼备”的职业经理人后，就应赋予其充分的自主经营权，明确双方的权力和责任，对职业经理人注重结果考核而不是过程考核。另一方面，为了解决对职业经理人激励的问题，可以参照晋商的办法，在为企业做出一定成绩后，送其干股，职业经理人做出的成绩越大，送的干股也就越多，但是当职业经理人离开企业时，干股收回。

（二）对经营者的长期激励具有较大的借鉴

目前我国国有企业对职业经理人的激励方式比较单一，激励水平还有待提高，导致国有企业职业经理人存在滥用权力、中饱私囊、侵吞公款等违法行为，甚至人在国企，实际干的是自己事。同时，由于国家对国企经营者的考核是年度考核或在一个较短任期内进行考核，使国企经营者更愿意将资金投在能够给企业带来短期利益的短、平、快项目上，对能够促进企业长远发展的长期投资和研发投资却容易忽略。因此，我们可以借鉴晋商的经理负责制、标期制和顶身股制中的合理做法，授予企业经营者在为企业做出什么业绩条件下允许授予企业股票的权利，从而将职业经理人的收益与企业的成长利益捆绑在一起，使职业经理人关心企业的长远发展，尽心尽力为企业发展做出自己的贡献。

（三）对现代民营家族企业的借鉴

家族企业在我国民营企业中常见，在这些家族式民营企业中，民营企业投资者是该家族的某个或少数几个有实力的成员，在民营企业董事长、总经理、财务总监、采购、人事等关键职位上也由该家族中的少数几个人担任，他们的关系往往是夫妻、父母、父子（女）、母子（女）、七大姑八大姨等亲人关系，其优点是使企业在交易成本和管理成本上得到优势，但难以吸引到优秀的人才，不符合现代企业管理的要求。因此，家族式民营企业可以借鉴晋商选人、用人、待人上的合理做法，一旦选中合适人选，就应给予充分放权，这时对职业经理的考核应重点放在结果的考核而不是过程的考核上。

四、结论

经理负责制、学徒制、顶身股制、标期制和联号经营制等特色的商业经营制度是晋商兴起繁盛的重要原因，这些特色的商业经营制度结合了中国传统的优秀文化，我们应借鉴其合理的方面，并不断创新我们的制度，使企业得到更好的发展。

参考文献

［1］张正明．中国晋商研究［M］．北京：人民出版社，2006.

［2］（清）李宏龄．同舟忠告［M］．太原：山西人民出版社，1989.

［3］孔祥毅．近代史上的山西商人和商业资本［M］．太原：山西人民出版社，1988.

［4］景占魁，冯素梅．晋商衰落原因的历史反思［J］．晋阳学刊，2001（4）．

［5］信德俭．浅议明清时期晋商管理思想［J］．山西农业大学学报（社会科学版），2003（3）．

［6］付双双．晋商资本经营分析［J］．山西档案，2007（12）．

［7］丰若非．晋商股份制中的“内部人控制”现象探析［J］．山西大学学报（社会科学版），2007（7）．

江右商帮流派的发展留给后人的启示

张　军

内容摘要　本文从江右商帮流派的形成、发展、壮大过程，提炼出了一系列启示，对新赣商的发展有极大的借鉴意义。

江右商自唐宋发源，至明清时期达到鼎盛成帮成派，驰骋工商界九百多年。江右商帮在发展壮大的过程中留给后人的启示，是一笔取之不尽、用之不竭的精神财富。

一、江右商帮流派的发展壮大

江右商人以负贩经营本地土特产为主要内容，衣、食、住、用、教育等均在其经营范围之列，经营足迹遍布海内外。徐珂《清稗类钞》说："客商之携货远行者，咸以同乡或同业之关系，结成团体，俗称客帮"。江右商人外出谋生也常常是以血缘、乡谊或以行业关系为纽带结伴同行共闯天下。在同一个行业里，由于经营地域、技艺或特色等的不同而形成的帮派，后人称之为"江右商帮流派"。

江右商帮各个流派形成的时间因行业发展进程不同而早晚各异：有些形成

［作者简介］张军，江西经济管理干部学院教授，研究方向为商业经营管理、物流管理、赣商研究。

于明清之前，如瓷器帮、樟树药帮、九江茶帮、浮梁茶帮、婺源茶帮、粮帮、纸帮、夏布帮等；有些在明清逐渐形成，如宁红茶帮、河红茶帮、建昌药帮等。各行业流派在形成之初皆以某地的生产为中心，形成或长或短的产业链。还有些商帮流派的发展历经家族中几代人的传承，如刻版印书帮、药帮等。

明朝江西地图

二、部分江右行业商帮流派

行业类别	行业流派					
瓷器商	景德镇窑 都帮、杂帮	吉州窑	洪州窑	赣州七里镇窑	高安窑	
茶叶商	九江茶帮	婺源茶帮	河红茶帮	宁红茶帮	浮红茶帮	遂庚茶帮
粮商	九江粮帮	南昌粮帮	赣州粮帮			
药商	樟树药帮	建昌药帮				
盐商	潮盐帮	淮盐帮				
夏布商	万载夏布帮	宜黄夏布帮	宜丰夏布帮	瑞金夏布帮	宁都夏布帮	
纸商	广信府纸帮	吉安府纸帮	袁州府纸帮	南昌府纸帮		
刻板印书商	金溪帮	吉州帮	饶州帮	河口帮		

三、江右商帮流派的发展留给后人的启示

（一）学会借势

“势”即“优势”，凭借着自身的优势发展主导产业，以产业集群的方式成区成片发展，带动当地经济的发展，在众多行业领域占有举足轻重的地位，同时拥有了“瓷都”景德镇、“药都”樟树、“粮仓”九江等美誉。

江右商帮的优势主要表现为物产的丰富和水上交通的发达，借此发展起瓷业、药业、粮业、夏布业、造纸业、刻书业等土生土长的产业。明清时汉口的药材市场几乎都被江西清江人垄断了；赣南客家商人大多通过大庾岭到广东沿海开辟市场，岭南地区水路不便，他们很多是用马帮和挑夫作为运载工具；明代中期，铅山县石塘镇就因为手工造纸和武夷岩茶的转运贸易而富甲一方，各地商贾云集于此，营造众多的商铺、豪宅。

景德镇瓷器的魅力更是光芒四射，不仅解决了大量的劳动力就业，而且创造了巨额的经济价值，不仅为国人所喜好，更被外国人所追捧从而成为中国的

代名词：瓷都景德镇“为天窑器所聚，其民繁富，甲于一省。”清朝陶督官唐英在《陶冶图说》里说：“景德镇袤延仅十余里……以陶来四方商贩，民窑二三百区，工匠人夫不下数十万，籍此食者甚众。”所谓“九域瓷商上镇来，牙行花色照单开。要知至实通洋外，国使安南答贡回”，就是景德镇瓷器“行于九域，施及外洋”的真实写照。郑和七次下西洋，主要就是将中国的瓷器介绍到了海外。

（二）学会造势

“造”即“制造、炮制”。有些产业可能不是江右商某地原产的优势，但通过优势互补，人为制造出某种后天的优势。如历史上江西不产食盐，江西盐帮的发展主要依赖“以米易盐”的交易方式，根据盐帮的进货渠道不同主要分为两个流派，一个是在浙江和南京一带进盐的淮盐帮，另一个是在福建和广东进盐的潮盐帮。清代，江浙地区人口数量出现了空前的历史性增长，地薄人稠，粮食自给日益困难，最终形成了仰食他省客米的局面，江西地区逐渐代替浙江地区，成为我国粮食供应的基地。江西及时补给江浙地区粮源的不足就更为便利，这种以米粮换盐的方式为江西淮盐帮的形成提供了契机。另外，江西南面的广东省历来是有名的盐产区，大庾岭隧道凿修之后，广盐大量运入江西境内，赣省与广东仅一山之隔，因此运盐周期短且费用低，靠近大庾岭商道的“南赣吉三府俱食粤盐”。

江右商帮留下了遥远的绝响和高大的背影，不仅仅是为了让今人凭吊和怀想，更多的是让我们学习。依然是农业省份的江西，发展旅游业是非常不错的出路，但是如果能将农业深加工，嫁接上现代物流业和电子商务业，那将又是一个不错的出路。

（三）学会顺势

“顺势”即“顺应形势”。明清时期，商品经济的发展和社会财富的积累引发了人们思想观念及社会价值观念的一系列变化：“富贵不必诗书，而蓄资可致”，科举已非“天下第一生业”。越来越多的家庭、家族将“行商作贾”列为子弟及族人“食力资身”的常业之一，临江府清江黄氏宗族祠规规定，族人“谋生各有其道，习艺俱无害理，除读书力学务农外，凡一切技艺之事，何莫非治生之法，安而行之可也”。会昌萧敏纪，治家“尤严庭训，谓人患不立志，士农商贾皆可有成”。

建昌府南城县是“建昌药帮”的发祥地，其药业的生产经营源于东晋，兴于宋元，于明清鼎盛时期成帮。南城县药业的发展既顺应了当时商品经济的大潮，又带动了当地经济的发展，建昌与外地药界的交易遍及海内外。成化时新城县籍著名学者罗玘的《送太守舒君之任建昌序》里记载了该县商品经济发展的变化：成、弘以前，建昌府属南丰、新城、广昌三县之民，“不出封疆、向食其土之人，以傲乎南城之遂逐于外者。虽然，南城之商亦傲之曰‘吾缠数镪，倾囷倒禀无后已’”。然而，到嘉、万以后，南丰三县也已是“行商渐多，不复重离乡井如昔时矣”。特别是新城县，居民“见小逐末，长幼竞乐刀锥”，已与南城无异。

（四）学会抱团

江右商帮流派是由众多经营同一商品的一大批商人按照某种契约组成的。他们经营的商品虽然一致，但不会出现相互欺诈、恶性竞争的商业行为，而是相互支持，相互提携，抱团发展，共同做大做强。这也是江右商帮能够迅速崛起、占领市场的重要因素。江右商帮抱团共发展的理念，对于当前地方经济的发展和企业抱团发展具有很大的启发性，值得我们学习借鉴。

昔日之江右商帮已渐行渐远，今日之民众正赶上了“大众创业、万众创新”的绝佳机遇，国家正加快体制创新步伐，以维护公平竞争的市场环境。通过激发市场和社会活力，让每个有创业意愿的人都拥有创业空间，在中国大地上掀起“大众创业”、“草根创业”的热潮。这会是“江右商帮”新的轮回，可歌可泣的故事待吾辈去书写。

参考文献

［1］方志远．明清江右商的社会构成与经营方式［J］．中国经济史研究，1992（1）．

［2］方志远．明清江右商的经营观念与投资方向［J］．中国经济史研究，1991（4）．

［3］白寿彝．中国通史·第九卷中古时代·明时期（上册）［M］．上海：

上海人民出版社，1999.

[4] 吴慧. 中国商业通史（第三卷）[M]. 北京：中国财政经济出版社，2005.

[5] 傅衣凌. 明清农村社会经济；明清社会经济变迁论 [M]. 北京：中华书局，2007.

第三篇

新赣商国际化与赣商回归研究

新赣商融入“一带一路”的思考

肖学农　宋春梅

内容摘要　本文从梳理国内外关于赣商的研究及区域融入“一带一路”倡议举措入手，分析了新赣商积极融入“一带一路”倡议构想的重大意义，明确提出了新赣商融入“一带一路”需要关注的重点问题，即国际化进程中的战略布局问题、国际化进程中的战略定位问题、国际化进程中的约束条件问题、国际化进程中的竞争方式问题。

“一带一路”倡议由国家领导人在2013年9～10月提出，全称为丝绸之路经济带和21世纪海上丝绸之路经济带，覆盖了亚洲、欧洲、非洲等大洲，并能辐射全球，是惠及全球的重大战略。本文所指的“新赣商”是相对于过去的赣籍企业及企业家而言，专指新时代的赣籍企业及企业家。正是因为江西处在“一带一路”倡议的内陆腹地，其功能是战略支撑，所以更需要江西籍企业及企业家主动对接“一带一路”倡议规划，立足自身，深挖潜，广开路，在发挥传统产品优势的同时，以创新思维引领市场高地，增强区域竞争力，实

［作者简介］肖学农，江西经济管理干部学院教授，研究方向为赣商文化研究。宋春梅，江西经济管理干部学院副教授，研究方向为赣商文化研究。

［基金项目］本文是2017年度江西省赣商文化研究基地立项课题“‘新赣商’国际化研究”、2017年度江西省社科规划项目“新赣商融入‘一带一路’的战略研究”（项目编号：17GL03）研究成果之一。

现赣商及江西企业的战略目标。

一、关于赣商研究的学术梳理

商帮是中国封建社会经济发展的一大亮点，中国历史上曾出现了包括赣商在内的十大商帮，他们都对我国古代经济社会发展起到了重要的作用。历史上的江右商帮实指赣商，曾与晋商、徽商并称为全国三大商帮。对后二者的研究国内外成果较多，但专门研究赣商的学者及成果却显得异常单薄。

赣商的兴起，一是得益于明朝的海禁政策；二是受益于政治重心的东移；三是江西流民运动的影响；四是江西传统农业和手工业对商品经济发展的推动作用；五是赣江成为南北贸易的重要通道等。并依托江西资源优势，陆续形成了瓷器、茶叶、药业、酒业、纸业、食品等享誉全国的老字号。到了清末，赣商急剧衰落。直接原因表现为太平天国战争中破坏，其时湘军的基础主要是湖南出丁、江西出资，赣商资本遭遇毁灭性打击和掠夺，迫使大批商人弃商返农，改变投资方向。学界通过对赣商与粤商、徽商、晋商、闽商等的对比分析，特别是经营观念与文化、经营方向与侧重点、资本经营方式等的分析发现，赣商的经营观念未能随着社会的发展而发生转变、经营方式和经营行业固守不变等是赣商衰落的根本因素。

在经营过程中，赣商逐渐形成了极具地方特色的品质。方志远将江右商帮长期以来所形成的精神归结为：从小买卖到大开张的创业精神、“一个包袱一把伞，走遍天下当老板”的闯荡精神、“以众帮众”包团发展的互助精神、“使予而商，身劬母康”的担当精神。肖文胜、曾祥慈总结江右商帮的精神为：流芳百世、令人景仰的人格精神；艰苦奋斗的创业精神、和合共赢的协作精神；以义制利的儒商精神、童叟无欺的和谐精神；潜心学艺的钻研精神、勇于排难的战斗精神；稳扎稳打的务实精神、胸怀大志的进取精神。

二、对接“一带一路”倡议的举措梳理

山东社科院唐洲雁（2015）研究了山东面临“一带一路”倡议的机遇与挑战，提出了山东融入“一带一路”倡议的总体战略构想，包括科学思路、

战略定位、发展目标和战略布局，并提出了相应的支撑体系以及政策举措。

曹晓蕾、张远鹏、张莉（2015）认为江苏主动融入“一带一路”，突出互联互通建设优势，提升立体通道功能；确立重点合作对象，促进对外开放合作；突出制造业优势，提升产业合作水平；突出金融创新优势，加强金融合作；突出文化教育优势，深化人文交流；深化改革扩大开放，做好对内对外政策对接。

周叶、唐恩斌、游建忠（2016）从第一产业、第二产业和第三产业角度，分析“一带一路”倡议给江西区域产业带来的发展机遇，指明了“一带一路”倡议对江西省物流业发展的推动作用和对市场的需求拉动；阐述江西物流业目前面临的问题，认为江西融入“一带一路”倡议首先应在物流渠道上加大建设力度，提出了江西物流发展战略。

全国大多省份均有相应的总体架构及政策建议。各位专家学者的研究，均有独特的见解，对指导企业经营行为也有一定的借鉴意义。但是，有的区域背景与江西不符，有的局限于某一特定行业研究，大量关于赣商的研究集中于对传统老赣商领域，各家均无法解决新常态下江西企业融入“一带一路”的现实问题。

三、新赣商融入“一带一路”的意义

（一）新赣商融入“一带一路”是顺应全球化发展趋势

改革开放以来，江西经济有了长足进步，企业界有了大量积累，管理经验日趋国际接轨，技术水平有了极大提升，产业格局日渐丰富，日益不满足于现有的国内市场，伴随着大国的崛起，随之而来的必然是资本的输出，“一带一路”倡议的实施，给赣商及企业带来了空前的机遇。庞大的海外市场空间为赣商在沿线国家发现商机提供了无限的可能。“一带一路”沿线国家经济潜力无穷，人口基数庞大，达50亿，经济总量巨大，接近40万亿美元。沿线各国经济发展水平不平衡，制造业水平总体落后，基础设施建设严重不足，服务业发展与世界相比仍有较大距离，江西不同企业在沿线不同国家均有巨大商机，满足赣商及企业走出去的多元化需要。2016年，江西省实现对外直接投资

12.4亿美元（“一带一路”沿线国家达3.14亿美元），企业650余家。每年中国与“一带一路”沿线国家的贸易额已超过1万亿美元，江西在其中占比是比较不足的，2014年江西省在此领域的贸易额仅为120亿美元，差距甚大，对赣商及企业而言，挑战与机遇同存。

（二）新赣商融入“一带一路”是走出去的必然选择

作为内陆省份，江西积极参与“一带一路”倡议，有利于提升参与国际市场合作竞争力，帮助企业家及企业开拓新兴市场，增强江西省经济发展支撑能力，更好地参与沿线地区资源能源开发。江西在国家“一带一路”倡议中不具备先天优势，既无出海口，也无通商口，内陆腹地战略支撑地位是大战略中江西的定位。因此，赣商及江西企业要科学分析“一带一路”沿线国家与地区市场，精准把握当地需求，变不利因素为有利条件，实现江西企业在走出去战略上的“弯道超车”。“一带一路”倡议为赣商及江西企业转型升级获得了难得的空间机遇。随着省内劳动力成本的不断上升，域内企业在省内的成本竞争优势已丧失殆尽，“一带一路”沿线部分国家劳动力丰富，资源丰富，当地人民对于获得更多的就业机会、提高生活水平的需求日益增长，这一方面符合赣商及江西企业实行产业国际间转移的基本条件，另一方面也为赣商及企业集中资金、科研投入，进而引导相关产业的转型发展及产业的升级换代，保持在相关行业的领袖地位，意义重大。

“一带一路”倡议为赣商及江西企业创新能力的提升获得了广阔的市场机遇。“一带一路”倡议的实施，必然产生不同国度、不同文化之间的碰撞，进而引发产业、合作模式的创新，这对于解决刚走出去的赣商及江西企业克服“水土不服”现象、适应当地风俗习惯、学习借鉴海外成功企业（包括本土企业）成功经验，选择合适的发展路径、技术水平、商业模式的创新，意义重大。企业家应从区位战略、联合战略、技术培育战略、标准化战略、人脉战略等方面关注企业国际化发展战略思路。

四、新赣商融入“一带一路”倡议的思考

作为内陆省份，江西企业及企业家应充分借鉴“一带一路”倡议契机，

以打造人类命运共同体为目的，互通有无，实现合作共赢共享发展，参与沿线国家资源开发，开拓新兴市场，展示江西文化与生态资源优势，促进江西省开放型经济跨越发展。

（一）国际化进程中的战略布局

赣商在实施走出去战略时要深入分析企业现状，大中型国有企业要发挥龙头作用，民营企业家要充分利用机制灵活的特性，稳妥开展境外投资布局，加大政策沟通力度，提高战略实施效果；优先建设设施联通项目，确保物流渠道畅通；发现经济互补产业，促进沿线国家贸易畅通；以资金融通作为支撑，促进民心相通实现民心共振，打造社会根基，从中寻找、发现商机，力争使企业发展战略契合当地发展思路，最终引领经济发展。

（二）国际化进程中的战略定位

当代江西处于工业化发展的中期，对国际化发展有了强烈的现实需求，新赣商及企业要以相关国际经营理论为依据，从区位战略、联合战略、技术培育战略、标准化战略、人脉战略等方面探索江西国际化战略定位。通过对企业战略目的的分析，帮助企业适应了市场趋势和变化。在战略路径方面，明确三大战略走向，以西北、西南、东南三个方向为突破口；继续巩固与东盟贸易伙伴关系，积极开拓新兴市场；打好特色文化旅游品牌，打好绿色生态品牌。

（三）国际化进程中的约束条件

丝绸之路经济带沿线国家及区域为促进经济发展，先后形成了若干合作机制，如欧亚经济联盟、东盟互联互通总体规划、哈萨克斯坦光明之路、土耳其中间走廊、蒙古国发展之路、越南两廊一圈、英国英格兰北方经济中心、波兰琥珀之路、沙特阿拉伯 2030 愿景、欧洲容克计划等，“一带一路”倡议的顺利实现，势必存在一一对接问题。赣商与江西企业借助“一带一路”倡议下走出去要慎重研究各区域现有合作协议。通过对“一带一路”国家有关主权、世界贸易组织、区域性贸易组织、非减税壁垒、政治风险、伙伴风险、国际文化差异、国际知识产权、国际运营结构、国际商务的聚合性发展以及国际争端解决机制等问题的研究，帮助企业适应国际化发展，确定自己的国际化发展战略以培育企业核心竞争力。

（四）国际化进程中的贸易方式

结合供给侧改革，转变对外贸易发展方式。走出去企业要从需求角度分析“一带一路”沿线国家市场，针对当地所需提供适销对路产品与服务，更重要的是要从供给方入手，分析企业优势，针对当地消费习惯与潜在市场，创造需求，从而实现引领市场目的。以综合竞争优势取代传统的成本和价格优势，稳定劳动力密集型产品等优势产品的出口，扩大自主知识产权产品和高附加值、高技术产品出口；完善国际营销网络，鼓励企业在沿线节点和交通枢纽建立仓储及物流基地。研究“一带一路”国家社会经济发展现状与市场格局，帮助江西企业进入相应市场减少障碍，提升企业开展国际化经营的发展空间。

参考文献

［1］孙楚仁等．“一带一路”倡议与中国对沿线国家的贸易增长［J］．国际贸易问题，2017（2）．

［2］许家云．制度距离、相邻效应与双边贸易——基于“一带一路”国家空间面板模型的实证分析［J］．财经研究，2017（1）．

［3］张会清．中国与“一带一路”沿线地区的贸易联系问题研究——基于贸易强度指数模型的分析［J］．国际经贸探索，2017（3）．

［4］于津平．“一带一路”建设的利益、风险与策略［J］．南开大学学报，2016（1）．

［5］谭晶荣．“一带一路”背景下中国与中亚五国主要农产品贸易潜力研究［J］．商业经济与管理，2016（1）．

［6］秦夏明．赣商研究［M］．北京：经济管理出版社，2014.

［7］方志远．明清江右商帮［M］．香港：中华书局，台湾：万象书局，1995.

“一带一路”背景下新赣商国际化的战略研究

肖学农　林　芸

内容摘要　本文从赣商的历史发展入手，分析了新赣商在国家“一带一路”倡议框架下的历史机遇，提出了相应的战略举措，即发挥商会作用，加强公共信息平台建设；加强人文交流，促进丝绸之路友好合作；引导优势企业“走出去”，创新国际分工合作模式；结合供给侧改革，转变对外贸易发展方式；重视履行社会责任，实施差异化竞争。

作为通衢要地，自古以来江西就是海陆丝绸之路重要的商品货源基地，瓷器、绿茶、戏剧、书法等远销海外，对促进东西方文化、经济交流作用巨大。江西水域发达，通过运河与全国水系大多联通，成为海上丝绸之路和万里茶路的重要枢纽。在这一过程中，江右商帮（赣商）发挥了重要作用，也得到了长足发展，并曾跻身为中国历史的十大商帮之一，对促进我国封建经济社会发展和江西地域经济起到了重要的作用。到了明清时期，江右商帮发展到与晋

［作者简介］肖学农，江西经济管理干部学院教授，研究方向为赣商文化研究。林芸，江西经济管理干部学院教授，研究方向为赣商文化研究。

［基金项目］本文是2017年度江西省赣商文化研究基地立项课题“‘新赣商’国际化研究”、2017年度江西省社科规划项目“新赣商融入‘一带一路’的战略研究”（项目编号：17GL03）研究成果之一。

商、徽商并驾齐驱的三大商帮之一。清末以来赣商逐渐没落，21 世纪，“一带一路”倡议作为国家重大举措，赣商又迎来新的战略机遇。

一、“一带一路”概述

“一带一路”由国家领导人在 2013 年 9 ~ 10 月提出，全称为丝绸之路经济带和 21 世纪海上丝绸之路经济带，2015 年 3 月，国家发布了《推动共建丝绸之路经济带和 21 世纪海上丝绸之路的愿景与行动》，覆盖了亚洲、欧洲、非洲等大洲，并能辐射全球，是惠及全球的重大战略。

二、赣商的历史发展

赣商的兴起，一是得益于明朝的海禁政策，二是受益于政治重心的东移，三是受江西流民运动的影响，四是江西传统农业和手工业对商品经济发展的推动作用，五是赣江成为南北贸易的重要通道等。结合江西的特产，陆续形成了瓷器、茶叶、药业、酒业、纸业、食品等享誉全国的老字号，并在漫长的经营过程中，逐渐形成了独具特色的“赣商精神”，即从小买卖到大开张的创业精神；“一个包袱一把伞，走遍天下当老板”的闯荡精神；以众帮众、抱团发展的互助精神；“使予而商，身劬母康”的担当精神。

到了清末，赣商急剧衰落。直接原因表现为太平天国战争中破坏，当时湘军的基础主要是湖南出丁、江西出资，赣商资本遭遇毁灭性打击和掠夺，迫使大批商人弃商返农，改变投资方向。学界通过对赣商与粤商、徽商、晋商、闽商等的对比分析，特别是经营观念与文化、经营方向与侧重点、资本经营方式等的分析发现，赣商的经营观念未能随着社会的发展而发生转变、经营方式和经营行业固守不变等是赣商衰落的根本因素。

三、新赣商的历史机遇

（一）“一带一路”背景下江西经济发展的环境分析

内陆腹地战略支撑区域是“一带一路”倡议中江西省的定位，南昌是节点城市。从江西的实际情况来看，有利因素包括区位优势和历史文化优势，江西与珠三角、长三角相毗邻，而且江西又处在长江经济带，江西瓷器、茶叶等产品在国际具有较高的知名度和历史底蕴，是古丝绸之路的主要货源地和起点。不利因素也较大，江西不处于《推动共建丝绸之路经济带和21世纪海上丝绸之路的愿景与行动》的核心区，能够获得的政策、资金支持相对较少，基础设施不全，与沿海发达区域有较大的差异。但是，“一带一路”建设能够带动大量的需求，促进江西矿产业发展，帮助江西产业结构升级和转型，消化过剩产能。江西具有比较优势的产业，比如农业产业、劳动密集型产业等产业能依托“一带一路”，进一步优化产业结构，实现全省经济的健康和可持续发展。

（二）新赣商国际化发展顺应全球化的趋势

自改革开放以来，江西经济有了长足进步，企业界有了大量积累，管理经验日趋接轨国际，技术水平有了极大提升，产业格局日渐丰富，日益不满足于现有的国内市场，伴随着大国的崛起，随之而来的必然是资本的输出，“一带一路”倡议的实施，给赣商及企业带来了空前的机遇。

一是庞大的海外市场空间为赣商在沿线国家发现商机提供了无限的可能。“一带一路”沿线国家经济潜力无穷，人口基数庞大，达50亿，经济总量巨大，接近40万亿美元，2016年，江西省实现对外直接投资12.4亿美元（“一带一路”沿线国家达3.14亿美元），企业达650余家。同时，沿线各国经济发展水平不平衡，制造业水平总体落后，基础设施建设严重不足，服务业发展与世界相比仍有较大距离，江西不同企业在沿线不同国家均有巨大商机，满足赣商及企业走出去的多元化需要。

二是企业转型升级获得了难得的空间机遇。随着省内劳动力成本的不断上升，域内企业在省内的成本竞争优势已丧失殆尽，“一带一路”沿线部分国家劳动力充足，资源丰富，当地人民对于获得更多的就业机会、提高生活水平的需求日益增长，这一方面符合赣商及江西企业实行产业国际间转移的基本条件，另一方面也为赣商及企业集中资金、科研投入，进而引导相关产业的转型发展及产业的升级换代，保持在相关行业的领袖地位，意义重大。

三是企业创新能力的提升获得了广阔的市场机遇。“一带一路”倡议的实施，必然产生不同国度、不同文化之间的碰撞，进而引发产业、合作模式的创新，这对于解决刚走出去的赣商及江西企业克服“水土不服”现象、适应当地风俗习惯、学习借鉴海外成功企业（包括本土企业）成功经验，选择合适的发展路径、技术水平、商业模式的创新，意义重大。企业家应从区位战略、联合战略、技术培育战略、标准化战略、人脉战略等方面关注企业国际化发展战略思路。

（三）国家“一带一路”倡议是再铸赣商辉煌的历史机遇

明清时期“江右商帮”兴起受益于运河、长江、赣江联运，赣江成为贯通南北水运交通大动脉，从而带动江西经济发展，促使形成影响全国的赣商现象。当前，“一带一路”倡议的实施在宏观上重现了历史上对江西的机遇。

江西地处国家腹部，在倡议上属于支撑地位，对“一带一路”而言，恰似“一肩担两头”，其地位体现为“货源地”和“枢纽地”，构建东西双向对外开放新格局，加快打通连接“一带一路”倡议通道，帮助江西产品及物流设施融入“一带一路”倡议，是新赣商的历史机遇。

（四）积极对接“一带一路”倡议规划是新赣商走出去的必然选择

江西在“一带一路”倡议中缺乏先天优势，既不靠海，也不靠边，因此，科学分析，精准把握，变不利为有利是江西经济实现“弯道超车”的有利契机，也是新赣商重现荣光的历史机遇。

作为内陆省份，江西积极参与“一带一路”倡议，有利于提升参与国际市场合作竞争力，帮助企业家及企业开拓新兴市场；有利于增强江西省经济发展支撑能力，更好地参与沿线地区资源能源开发；有利于促进江西省开放型经济跨越发展，展示江西省丰富的历史文化及生态资源优势。

四、新赣商融入“一带一路”的战略选择

目前，江西省已经制定本省对接“一带一路”倡议相关举措，赣籍企业家及企业要适应国际化发展，必须确定好自己的国际化发展战略，以培育企业核心竞争力为中心，打好特色产业品牌、特色文化旅游品牌、绿色生态品牌，

采取循序渐进的市场进入方式，灵活运用企业实践战略措施，帮助企业适应市场趋势和变化。

（一）发挥商会作用，加强公共信息平台建设

“综观东西各国，交通互市，殆莫不以商战胜……商会者，所以保商情，通商利……今日当务之急，非设立商会不为功”（《光绪东华录》）。在赣商走出去的过程中，商会的作用更加凸显。商会成员之间比较熟悉，对于企业运行出现或可能出现的制约因素评估准确，所提供的解决方案更有可操作性，更有可能产生企业之间的化学反应，进而形成一股大势，从而达到一家企业或政府行为所无法实现的目的。赣商要走出去，走得远，需要有专门的机构提供全面、准确、及时的对外投资信息，因此，有必要成立相应的赣商协会及“一带一路”沿线国家相应的分会，为江西商人及企业搭建平台，交流信息、互通有无、咨询服务，甚至是融资平台。

（二）加强教育人文交流，促进丝绸之路友好合作

统计资料表明，江西迄今已有超过650余家企业家在“一带一路”沿线国家布局，经济效益明显，但是，教育与人文交流方面略显不足。对于“一带一路”建设而言，经济合作、教育人文交流犹如鸟之两翼，缺一不可。高等院校之间的国际合作开展了些，但是，明显的不足是与企业的融合不够，能满足当地居民职业教育与技能提升需要、适应江西布点企业用工需要的合作几乎没有。加强教育人文交流需要解决的是以江西走出去企业产业背景、产业布局、合作项目等为导向，深度进行“校企合作、产教融合”，这样，才能培养出“一带一路”倡议所需、沿线国家所求的特殊人才。这类人才，针对性极强，排他性明显，对于提升江西籍企业在当地的影响意义深远。当然，文化交流方面，将江西特有的品牌如景德镇当代陶瓷艺术精品、新干剪纸、中国佛教禅宗文化、赣剧、江西书法艺术、歌舞剧院民乐等优秀传统文化不断融入当地人民的生活，也是赣商抢占市场的合适选择。

（三）引导优势企业“走出去”，创新国际分工合作模式

“一带一路”注重共同发展，产业园区的建设是共同发展的重要基础。凡

有条件、有意愿的沿线国家，企业都应通过合作、合资等一切可能方式，共建加工制造型等境外产业园区。按照市场导向和企业自主决策原则，江西省具有比较优势的企业应积极到境外投资设厂，扩大对外承包工程业务，积极参与沿线国家基础设施建设，带动江西装备、技术、劳务出口，把园区建设、劳动力密集型产业转移等有机地结合起来，建立国际分工合作机制。

（四）结合供给侧改革，转变对外贸易发展方式

走出去企业要从需求角度分析“一带一路”沿线国家市场，针对当地所需提供适销对路产品与服务，更重要的是要从供给方入手，分析企业优势，针对当地消费习惯与潜在市场，创造需求，从而实现引领市场目的。以综合竞争优势取代传统的成本和价格优势，稳定劳动力密集型产品等优势产品的出口，扩大自主知识产权产品和高附加值、高技术产品出口；完善国际营销网络，鼓励企业在沿线节点和交通枢纽建立仓储及物流基地。

（五）重视履行社会责任，实施差异化竞争

企业家的社会责任包括对消费者权益的保护以及经营活动的诚信原则等，也包括绿色生态，尽可能地保护当地环境，减少有害物质的排放，当然，企业本土化战略中雇用更多的当地员工、尽可能提高资源的使用效率等也是负责任企业应有的态度，尊重当地文化习俗、慈善捐赠公益等对于企业融入当地社会、获得国民认可，意义重大。更重要的是在产业布局、链条延伸、区域选择上不能跟风凑热闹，应把精力投向研究当地政府及民众的关切点，特别是与国计民生有关项目，与其他企业错位发展，差异化竞争。

参考文献

［1］毛小明，尹继东，王玉帅．“一带一路”背景下江西出口贸易增长分析［J］．江西社会科学，2015（3）．

［2］王谢勇，柴激扬，孙毅．“一带一路”战略下大连发展策略研究［J］．经济研究参考，2015（3）．

［3］唐德祥，周雪晴，孙权．“一带一路”战略背景下我国金融发展、对外经济开放与区域市场整合［J］．商业经济研究，2015（6）．

[4] 秦夏明. 赣商研究［M］. 北京：经济管理出版社，2014.

[5] 黄剑辉，李洪侠. “一带一路”战略视阈下我国区域经济的协调发展［J］. 税务研究，2015（6）.

[6] 马玉成，尹传忠，徐启文等. “一带一路”战略背景下我国港口物流发展的策略研究［J］. 中国水运，2015（7）.

[7] 方志远. 明清江右商帮［M］. 香港：中华书局，台湾：万象书局，1995.

[8] 高程. 从中国经济外交转型的视角看“一带一路”的战略性［J］. 国际观察，2015（4）.

“一带一路”倡议背景下老字号品牌升级分析

林　芸　肖学农

内容摘要　本文从品牌升级战略、品牌升级路径两方面对“一带一路”倡议背景下老字号品牌如何升级进行了探讨，为老字号品牌紧随市场，勇闯新路，创新发展提供了一定的启示。

国家“一带一路”倡议为各行各业提供了难得的发展机遇。面对国家这一重大战略，很多老字号品牌达成共识，利用大数据、云计算、物联网等优化企业管理、拓宽销售渠道、整合资源平台、延展产品触角。项目组从品牌升级战略及品牌升级路径两方面对“一带一路”倡议背景下老字号品牌升级开展了研究。

一、老字号品牌升级战略分析

为了跟上社会迅猛发展步伐，老字号品牌需要进行一定的升级，从而实现

［作者简介］林芸，江西经济管理干部学院教授，研究方向为赣商文化研究。肖学农，江西经济管理干部学院教授，研究方向为赣商文化研究。

［基金项目］本文是2017年度江西省赣商文化研究基地立项课题“‘新赣商’国际化研究”、2017年度江西省社科规划项目“新赣商融入‘一带一路’的战略研究”（项目编号：17GL03）研究成果之一。

自身发展。老字号品牌在升级过程中主要采取以下战略：新型产品研发、品牌价值保护、品牌形象提升、人才招揽加强、管理模式创新、产业联盟搭台、企业合作密切等。

（一）新型产品研发　产品种类多样

虽然老字号品牌颇具特色，但大多品牌资金短缺、生产技术薄弱、规模较小，无法满足当代人需求。部分老字号品牌将资源集中于优势领域，通过工艺创新和技术开发，研发出更能符合现代消费者个性化、多样化、体验式消费等需求的新型产品，并通过细分市场的方式，使企业在特定领域保持竞争优势。

以山东平阴阿胶厂为例。该厂（现今生产“福牌阿胶”的福胶集团）1950 年成立，集多家阿胶作坊于一体，是全国第一家由政府指定建成的国营阿胶生产厂。1995 年，该厂与平阴医药公司联合成立了山东福胶集团。作为一家老字号企业，该集团并没有因为过往光环而止步不前，而是不断扩展领域开发新产品，在主打产品阿胶以外，又推出了即食阿胶糕、福姜茶、阿胶枣、阿胶三宝膏等多个品种。事实证明，这一策略非常成功，新产品销量每年以 50% 以上的速度增长。如今，该集团已发展为全国医药行业中不可忽视的重要角色。2016 年，福牌阿胶闪耀博鳌，荣登补益养生类用药 2016 健康中国品牌榜，福牌 1856、福牌阿胶补血口服液等系列产品得到了消费者的一致认可。

（二）品牌价值保护　品牌形象提升

部分老字号企业由于品牌价值保护意识淡漠，品牌形象提升观念不强，面对某些恶意竞争失去了战斗力。

首先，老字号品牌需要加强对自身价值的保护。有些老字号知名度高，但是轻视甚至忽略对商标的注册和专利的申请，导致乱象频生：有的假冒伪劣产品在消费市场猖獗；有的被模仿、攀附而混淆是非；有的甚至在国外被抢注并不知晓。这一方面加大了品牌进入世界市场的阻力，另一方面也在消费者脑海中产生了欠佳印象，从而使好品牌的价值无法正确估量。因此，如有必要，可拿起法律的武器进行维权。

其次，老字号品牌应打造传递阳光正能量的品牌形象。品牌形象的提升，可通过对品牌进行包装设计，如商标、产品外观等来实现；也可通过加强宣传手段，挖掘特有文化资源，形成新卖点。还可与旅游部门合作，进行“体验式”消费。这样不仅可增加消费者对品牌的信赖，还可给消费者留下深刻印象，发挥良好的宣传作用。作为中国历史的见证者，老字号品牌拥有显著的文化优势，如果将悠久厚重的品牌文化融入品牌形象，势必能够增加品牌的吸引力。

（三）人才招揽加强　管理模式创新

部分老字号品牌在管理方面存在许多诟病，如因循守旧、体制僵化、缺乏活力等。老字号品牌要升级发展，亟待灵活多样管理模式，从原有固有企业制度向现代企业制度转型，达成“管理科学，政企分离，产权明确，权责清晰”的目标。人才资源是品牌最重要的资源。除创新管理模式外，品牌还需注重对创新型人才的培养和招揽。如优秀专业的管理人才，技艺精湛的技能人才，以掌握品牌的大政方针和发展方向，推动产品的工艺延续及持续发展。老字号品牌还应该重视营销、策划、信息等方面人才的引进，精准利用大数据平台，提供优质售前售后服务；实时动态分析市场变化，准确定位消费者需求。通过不同人才的强强合作，不断取得竞争优势，从而胸有成竹地迎接市场变化和需求。比如中华老字号“同仁堂”。2014 年底，该品牌积极响应转型号召，引进创新型管理模式，进行了组织结构调整，在原有传统组织管理思想中融入互联网思维。调整后的组织架构焕然一新，原来条框清晰的组织框架转变为了围绕管理核心的组织族群，如战略与管控、业务运营、职能共享、生产基地等，各组织单位责权明确，特色鲜明。

（四）产业联盟搭台　企业合作密切

虽然处于起步阶段，但是我国创意经济发展大体框架已基本构架，初步形成了六大集聚区。这些集聚区不仅具有各自鲜明的区域特色，在一定程度上又能进行优势互补。老字号品牌可借鉴创意经济，构建企业园区、形成集群产业。集群产业一方面有利于品牌间的协同，形成前后向关联和产业链，促进上下游品牌进一步合作，从而实现资源的优化配置；另一方面还有利于拓宽原有销售渠道，提升自身销售量，提高品牌知名度。对于同行企业之间，可考虑在生产方面进行集群，这样有利于建立行业标准，节约生产成本、提高产品质量。

中华老字号“恒源祥”是个较为成功的案例。该品牌善于与其他品牌联盟，相互借势，优势互补，取得了骄人成绩。1927 年，恒源祥于中国上海创立，经过近一个世纪的发展，现有“恒源祥”、“彩羊”两大消费者熟知的品牌。产品包括绒线、针织、服饰、家纺等大类。品牌价值达到 94.58 亿元，是全国最负盛名的企业之一。截至 2016 年，恒源祥拥有 40 多家核心加盟工厂，600 多家加盟经销商、分销商以及 8000 多个加盟销售网点。在 2016 年的“双十一”活动中，恒源祥各产业表现优异。截止到 2016 年 11 月 11 日，恒源祥集团全产业销售额已达 25834.1 万元，与 2015 年同时间点的 19552.9 万元相比，增长了 32.1%，进一步增强了恒源祥的影响力。

二、老字号品牌升级路径分析

老字号品牌升级路径通常分为三个阶段。阶段一：普通企业升级为当地“老字号”。阶段二：当地“老字号”升级为中华“老字号”。阶段三：中华“老字号”升级为国际强势品牌。

（一）升级阶段一：普通品牌升级为当地“老字号”

普通品牌升级为当地“老字号”需要具备以下因素：

1. 老字号品牌应具有一定历史

如茶业可以代表茶文化，药业能够代表中医文化等。诚然，有些品牌由于时间原因，目前可能不够资格成为“老字号”，但年复一年，行业历史感也终将其发展为“老字号”。

2. 老字号品牌产品应本土化

产品本土化是企业开发本土化的全新产品或进行适应性调整以适应当地需求的过程。它的依据常常是当地消费者的购买倾向、产品适应性要求或者本国原材料状况等各类信息。这一过程一方面可以节约交通成本，另一方面还能带动本地经济，培养消费者本土品牌情感，树立消费者消费信心，扩大本土品牌消费。

3. 老字号品牌运作企业化

作为老字号品牌，首先应当建立和形成的，即为完整的企业制度以及和谐的企业文化，这要求企业脱离传统的运作模式，设置较为宏大的目标和长远的战略。

4. 老字号产品品牌化

老字号品牌对当地同种行业的优势资源进行整合，从而更好地凸显出企业品牌。以茶业为例，人们耳熟能详的名茶如西湖龙井、洞庭碧螺春、黄山毛峰、庐山云雾、六安瓜片，它们的相同点之一即为突出产品品牌而非产品企业品牌。

（二）升级阶段二：当地“老字号”升级为中华“老字号”

当地“老字号”品牌升级为影响力更大的中华“老字号”品牌，需注意以下三点：

1. 老字号品牌文化应广受欢迎和广泛流传

如九寨沟、万里长城这些举世闻名的内地景点，它们应具有让大众接受和欢迎的优秀特质，而不能只是局限于当地小众，更不可具有排他性，这是当地老字号升级的先决条件。

2. 生产和经营模式应具有可借鉴性

在生产层面，需要保证原材料在长时间运输后仍能保持原有的优秀品质；在经营层面，在原本直销的基础上，可以加入新型的“特许经营”招商加盟形式，从各路增加销售途径和销售强度。

3. 老字号品牌注重营销

不同于省内“一家独大”的情况，全国市场竞争激烈，环境极为复杂，老字号企业品牌需要更加着重于营销手段策略，以防潜在的竞争对手抢占市场份额。因此，在营销渠道方面，企业应努力铺开营销网络、采取多种渠道同时销售的模式，如特许经营专卖店、百货商场销售和线上销售等。在外观设计、广告宣传方面，摒弃老字号惯有的“老式”风格，加入能吸引年轻人的青春元素，拉大消费者的年龄跨度。在产品定价方面，对于刚刚进入市场的新产品，可优先选择渗透定价策略，使用廉价销售、大批生产方式来获取市场，迅速扩展市场占有率。

（三）升级阶段三：中华“老字号”转型升级为国际强势品牌

作为民族品牌的种子选手，中华“老字号”品牌想要走出国门，拓展全球化市场，进一步升级为国际强势品牌，需在以下三点下功夫：

1. 工艺、配方或技术可复制、可移植

品牌进军国际市场后，产品的需求变大，在生产线拓展到海外的同时，一方面应加强工艺、配方或技术的保密性；另一方面应积极探索、不断开拓，使工艺、配方或技术在当地可复制、可移植。

2. 品牌层面具有可延伸性

品牌应围绕核心产品努力开发出新产品，使产品变得丰富化、多元化。在国内，中华“老字号”由于厚重的历史感和悠久的年代感，备受内地消费者的青睐；然而，不同于内地，海外消费者大多对中国历史和文明遗产缺乏充分的认知，老字号企业只有不断加强宣传力度，独辟蹊径，才有机会增加海外销售量，持续占领市场份额。

3. 品牌营销做到“入乡随俗”

老字号品牌应在利用老字号特有自身优点的基础上，深入了解当地市场消费者的需求、习惯和风俗，以便采用恰当的销售方式，以符合当地人的礼仪、习惯和文化的方式来和当地人打交道、推广品牌，也就是销售本地化。“入乡随俗”的核心要点是了解文化差异，尤其是交易文化差异。

三、结语

老字号品牌升级发展的影响因素很多，项目组仅从品牌升级战略、品牌升级路径两方面进行了分析和探讨，以激发老字号品牌的创新创造活力，提高老字号品牌的综合竞争力，使老字号品牌健康发展、再展光彩，为繁荣经济、发展社会发挥更大的作用。

参考文献

［1］尚晓彤．我国老字号企业发展现状及转型策略研究——以创意经济为借鉴［J］．经济师，2015（6）．

［2］袁瑞英．河南省老字号发展研究［J］．黄河水利职业技术学院学报，2013（3）．

［3］官为天．关于中国“老字号”升级路径的思考［J］．河北经贸大学学报（综合版），2014（3）．

［4］林芸，吴泓颖．基于品牌文化的江西老字号创新发展研究——以江西老字号“浮梁县浮瑶仙芝茶业有限公司”为个案［J］．老区建设，2016（2）．

基于非金融类对外直接投资分析的赣商国际化战略研究

肖学农

内容摘要 本文从介绍非金融对外直接投资概念入手，从不同角度对赣商对外非金融类直接投资进行了分析，简要介绍了国际市场变化情况，归纳了问题，有针对性地提出了提升对外投资合作层次、进一步优化贸易出口结构、均衡发展不同所有制企业等战略建议。

中国政府积极推动“一带一路”建设，国际产能合作不断得到提升，“走出去”战略成效显著，惠及赣商及企业，庞大的海外市场空间为赣商在沿线国家发现商机提供了无限的可能。

一、概念

对外直接投资（Outbound Direct Investment，ODI）是指我国企业、团体在国外及我国港澳台地区以现金、实物、无形资产等方式投资，并以控制国（境）外企业的经营管理权为核心的经济活动。在我国《对外直接投资统计公

［作者简介］肖学农，江西经济管理干部学院教授，研究方向为赣商文化研究。

［基金项目］本文是2017年江西省社科课题“‘新赣商’融入‘一带一路’的战略研究”（项目编号：17GL03）研究成果之一。

报》中一般将对外直接投资分为金融类投资和非金融类投资，非金融类对外直接投资指的是境内投资者向境外非金融类企业的投资（商务部主管），金融类对外直接投资指的是境内投资者直接向境外金融企业的投资（外汇局监管）。由于两个部门在具体实施监管和进行信息统计时存在差异，为便于分析，本文致力于非金融类企业直接投资分析。

二、赣商对外非金融类直接投资比重分析

2016 年末，江西非金融对外直接投资为 96962 万美元，对外非金融类直接投资存量为 356964 万美元。

（一）历史数据变化趋势

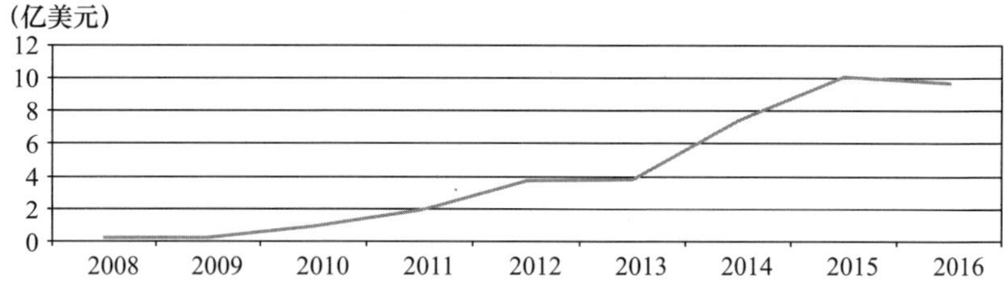

图 1　江西省 2008 ~ 2016 年非金融对外投资当年流量变化趋势

资料来源：《2016 年中国对外直接投资统计公报》。

如图 2 所示，赣商及企业 2008 ~ 2016 年非金融对外直接投资当年流量和累积存量总体呈现上扬态势，2013 ~ 2015 年进步显著，2016 年略显疲势。

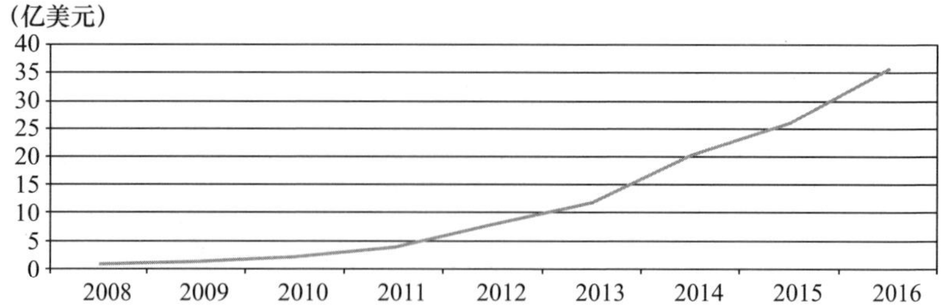

图 2　江西省 2008 ~ 2016 年非金融对外投资存量变化趋势

资料来源：《2016 年中国对外直接投资统计公报》。

（二）在全国所占比重

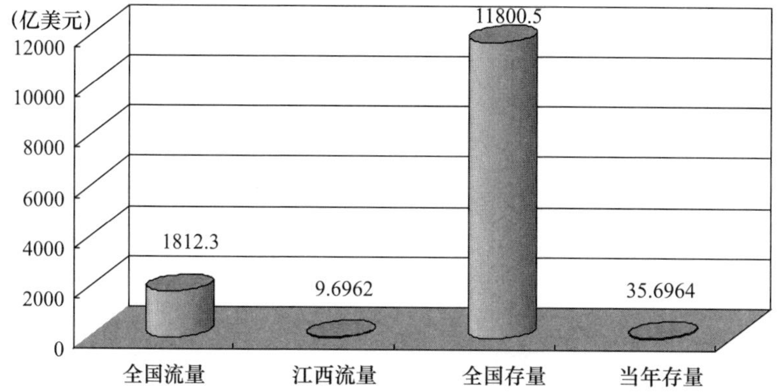

图 3　江西省与全国 2016 年非金融对外直接投资当年流量及存量对比

资料来源：全国数据来源于《2016 年中国对外直接投资统计公报》，江西数据来源于《2016 年江西省商务经济运行综合报告》。

2016 年末，全国对外非金融类直接投资为 1812. 3 亿美元，对外非金融类直接投资存量为 11800. 5 亿美元。江西与之同口径对比，差异巨大。

（三）与各省份对比

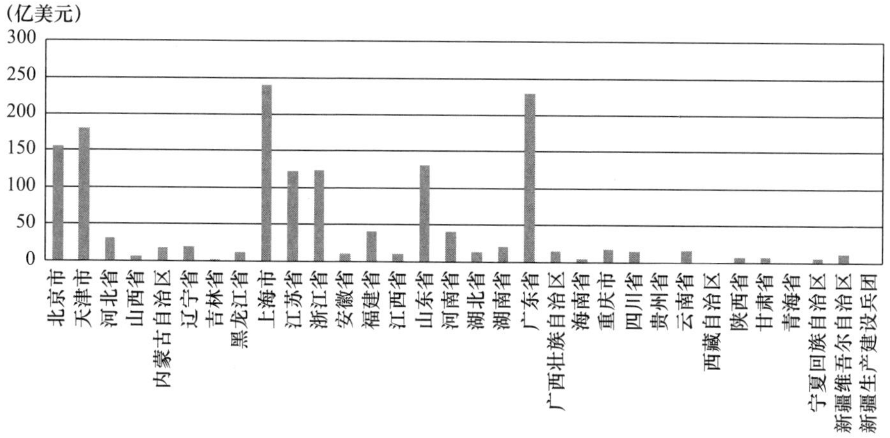

图 4　2016 年各省份非金额对外投资额度对比

资料来源：《2016 年中国对外直接投资统计公报》。

如图5所示，2016年各省份非金融对外直接投资排序中，江西省位列第22名，2016年各省非金融对外直接投资存量排序中，江西省位列第24名。排序表明，江西省非金融对外直接投资在全国地位靠后。

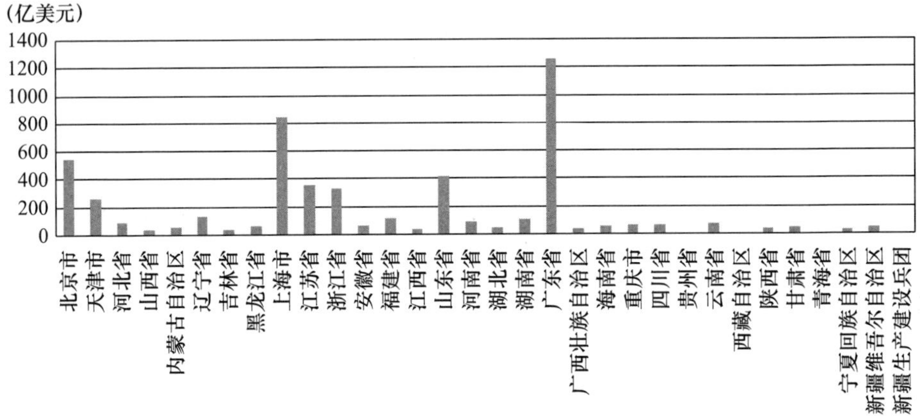

图5　2016年各省份对外非金额直接投资存量比对

资料来源：《2016年中国对外直接投资统计公报》。

（四）对“一带一路”非金融直接投资对比

2016年中国企业对“一带一路”沿线国家地区投资当年流量为1533968万美元，2016年末存量为12941390万美元，占中国对外直接投资存量的9.5%。2016年中国企业对“一带一路”沿线国家并购项目115起，并购金额66.4亿美元，占并购总额的4.9%。其中，马来西亚、柬埔寨、捷克等国家吸引中国企业并购投资超过5亿美元。[①]

2016年江西全省对外承包工程累计完成营业额39.4亿美元，增长2.3%。对外直接投资额12.4亿美元，增长18.0%。[②]

① 《2016年中国对外直接投资统计公报》。

② 《2016年江西省商务经济运行综合报告》。

三、国际市场变化情况

（一）对部分“一带一路”沿线主要国家出口快速增长

2016 年，赣商及企业与全世界 223 个国家和地区发生贸易往来，其中出口总值超过 1 亿美元的国家和地区达 44 个，进口总值超 5000 万美元的国家和地区达 23 个。对“一带一路”沿线主要国家合计出口 100.9 亿美元，占全省出口总值的 33.8%，其中对伊拉克、巴基斯坦、捷克和斯洛伐克等中东欧国家出口快速增长，增幅分别达 27.4%、19%、26.2% 和 24.5%。

（二）江西省利用外资情况

表 1　2016 年 12 月江西省利用外资分国别（地区）比重（按实际进资排名前 10 位）

国别（地区）	新批外商投资企业数		合同外资金额		实际使用外资金额	
	金额（万美元）	比重（%）	金额（万美元）	比重（%）	金额（万美元）	比重（%）
全省合计	568	100	748776	100	1044056	100
中国香港	433	76.23	520798	69.55	862506	82.61
中国台湾	73	12.85	57458	7.67	50190	4.81
英属维尔京群岛	5	0.88	39024	5.21	30085	2.88
英国	2	0.35	7716	1.03	20340	1.95
中国澳门	16	2.82	12947	1.73	12051	1.15
美国	8	1.41	-10386		11230	1.08
新加坡	2	0.35	6417	0.86	10235	0.98
萨摩亚			1793	0.24	6705	0.64
法国					6146	0.59
荷兰			-337		5279	0.51
其他	29	5.11	113346	15.14	29289	2.81

资料来源：《2016 年江西省商务经济运行综合报告》。

（三）对主要经济体投资情况

表 2　2016 年中国对主要经济体投资情况

经济体名称	流量		存量	
	金额（亿美元）	比重（%）	金额（亿美元）	比重（%）
中国香港	1142.33	58.2	7807.45	57.5
欧 盟	99.94	5.1	698.37	5.1
东 盟	102.79	5.2	715.54	5.3
美 国	169.81	8.7	605.8	4.5
澳大利亚	41.87	2.1	333.51	2.4
俄罗斯联邦	12.93	0.7	129.8	1.0
合 计	1569.67	80.0	10290.47	75.8

资料来源：《2016 年中国对外直接投资统计公报》。

四、问题分析

第一，非金融对外直接投资规模过小，力度不大，显示赣商对接“走出去”战略认识程度与全国及兄弟省份特别是中部相邻省份相对差距过大，与江西中部崛起目标特别是历史上“江右商帮”荣光不相匹配。

第二，与国家“一带一路”倡议对江西承东启西战略目标不匹配。尽管近年赣商在“一带一路”沿线国家有所作为，但是在全国所占比重过低，显示赣商在“一带一路”沿线国家产业对接等方面动作缓慢。

第三，利用外资压力大，引进的欧美项目少，特别是先进制造业项目少，重大活动签约项目落地推进还需进一步加强，特别是签约金额大、实际进资少的问题普遍存在。

第四，对外贸易面临扩规模和调结构双重任务，压力较大，大型出口企业少，目前还没有出口 10 亿美元以上的企业。生产型企业自营出口、高新技术产品出口占全省出口的比重下降。

五、发展战略建议

（一）提升对外投资合作层次

从“走出去”国别看：我省对外承包工程市场主要在非洲、“一带一路”沿线国家。建议在投资国别选择上要继续巩固传统亚非国家市场，重点将新增市场开拓领域聚焦欧美等国，特别是要结合美国贸易保护政策环境下提升对目标市场国政策变化趋势的研究。

从“走出去”行业看：对外承包工程建筑类项目、交通运输类项目、水利和电力工程分别占32.68%、32.5%和18.52%，对外直接投资商务服务业、工程建筑业、矿业、制造业分别占42.16%、27.9%、18.65%和10%。建议在投资行业方面，制造业、信息传输/软件和信息技术服务业、交通运输/仓储和邮政业、电力/热力/燃气及水的生产和供应业等领域是我国具有国际比较优势较为明显的行业，应充分发挥国家优势做重点突破。

（二）进一步优化贸易出口结构

赣商及企业近年一般贸易方式出口增长高出全省平均水平，加工贸易方式出口降幅持续收窄。一般贸易为江西主要出口方式，占全省比重保持在90%左右，加工贸易方式出口增速低于全省平均水平，但降幅逐步缩小。江西是人口大省，资源禀赋占有比较优势，但小微企业技术方面存在一定不足，建议重点研究小微企业产业实际，提升加工技术技能水平，增加加工贸易出口产品附加值。

巩固传统出口市场，促进对欧美国家出口。2017年前三季度江西省前3大出口市场分别为美国、东盟、欧盟，出口126.8亿美元，占全省的比重达到47%。对“一带一路”沿线国家出口84亿美元，占全省比重为31.3%。建议加大对墨西哥、加拿大、越南、印度尼西亚、英国、德国、俄罗斯、乌兹别克斯坦等国重点研究。

重视文化产品、玩具等出口新增长力量，提升机电、高新技术产品出口比重。2017年前三季度，文化产品、玩具、圣诞用品达39亿美元，机电、高新技术产品出口 129.7 亿美元（同比下降 3.8 个、3.1 个百分点）。建议针对“一带一路”沿线国家开展系列文化交流，重点研究当地主干产业、支撑产业与江西机电、高新技术产业的吻合度。

（三）均衡发展不同所有制企业

在赣企业出口状况差异明显，民营企业引领全省外贸出口增长，2017 年前三季度全省民营企业出口 212 亿美元，增幅一直高出全省平均水平，外资企业出口 48 亿美元，国有企业出口 8.2 亿美元。建议继续放开搞活民营企业，研究税费政策及开放领域加大利用外资力度，针对国有企业颓势，加快融合力度，集中力量做大做强江西固有优势领域。

参考文献

［1］孙楚仁等．“一带一路”倡议与中国对沿线国家的贸易增长［J］．国际贸易问题，2017（2）．

［2］许家云．制度距离、相邻效应与双边贸易——基于“一带一路”国家空间面板模型的实证分析［J］．财经研究，2017（1）．

［3］张会清．中国与“一带一路”沿线地区的贸易联系问题研究——基于贸易强度指数模型的分析［J］．国际经贸探索，2017（3）．

［4］商务部，国家统计局，国家外汇管理局．2016 年中国对外直接投资统计公报［R］．

［5］江西省商务厅．2016 年江西省商务经济运行综合报告［R］．

赣商回归现状分析

曹国平

内容摘要 当前，江西依托良好的生态优势、日益优化的区位优势以及有关政策红利，迎来了转型发展、跨越发展的“窗口期”和机遇期。赣商们关注家乡、走进家乡、融入家乡的意愿越来越强烈，政府通过政策支持他们通过项目合作、技术入股等方式回乡创业，带动资金回归、技术回归、人才回归、产业回归，主动为江西经济社会发展贡献力量。赣商回归投资已经成为江西省引进投资的重要组成部分，全省上下必须充分认识推进赣商回归的重要性、紧迫性，扎扎实实做好赣商回归工作。

赣商回归既泛指国内外赣商回到江西投资，是精准投资的新举措，是推动新兴产业和高端产业转型升级的重要途径，全省上下必须充分认识推进赣商回归的重要性、紧迫性。目前，赣商回归投资已经成为江西省引进投资的重要组成部分，赣商回归实践已经取得巨大成就，但相关研究严重落后于实践。因此，本文试图从公共管理的角度，分析赣商回归的重要性、可行性，研究赣商回归现状及回归过程中存在的主要问题，为进一步研究奠定基础。

[作者简介] 曹国平，江西经济管理干部学院培训处副处长，研究方向为人力资源管理、区域经济、赣商研究等。

[基金项目] 本文是2017年度江西省赣商文化研究基地立项课题“赣商回归研究”研究成果之一。

一、新任务迫切需要赣商回归

（一）江西综合实力迈上新台阶

党的十八大以来，习近平总书记系列重要讲话和治国理政新理念、新思想、新战略，特别是2016年在江西考察时的“一个新希望、三个着力、四个坚持”重要讲话，为江西在新的历史起点上破解发展难题、增强发展动力、厚植发展优势提供了基本遵循。5年来，江西主要经济指标增幅保持在全国“第一方阵”，规模以上工业增加值、固定资产投资实现翻番，千亿产业由5个增加到11个。2017年11月，高新技术产业增加值占规模以上工业增加值比重达31.7%，服务业占生产总值比重达42.3%，发展的质量和效益进一步提升，综合实力迈上新台阶。

（二）新时代赋予江西新任务

习近平总书记强调：“必须坚持质量第一、效益优先，以供给侧结构性改革为主线，推动经济发展质量变革、效率变革、动力变革，提高全要素生产率，着力加快建设实体经济、科技创新、现代金融、人力资源协同发展的产业体系，着力构建市场机制有效、微观主体有活力、宏观调控有度的经济体制，不断增强我国经济创新力和竞争力。”新时代赋予江西的使命就是要始终把提高供给体系质量作为主攻方向，加快构建具有江西特点的产业体系，加强企业家队伍、科技创新队伍建设，建设知识型、技能型、创新型劳动者大军，吸引更多满足产业需要的高层次人才聚集江西，吸引更多赣商回归，不断增强经济创新力和竞争力。

二、新时代赣商回归是时代的呼唤

在市场经济初期，大批赣商响应省委、省政府号召，纷纷“走出去”是历史的必然；进入新时代，赣商取得巨大成就，在乡情带动下回归也是时代的呼唤。

（一）赣商资本雄厚已为回归奠定了物质基础

1. 从赣商总体情况来看

广大海内外赣商秉承“厚德实干、义利天下”新时代赣商精神，在世界各地艰苦创业，取得了瞩目成就，创造了骄人业绩。据我们初步统计，目前全国各地及海外境外赣商赣才超过300万人，创办了超过20万家企业，较大规模的有6000多家，在境内外上市赣商企业超过100家。江西籍海外侨胞约有42万人，分布在全球的72个国家和地区。

2. 从赣商财富来看

近年来，胡润富豪排行榜公布数据，江西籍富豪资产大幅提升，富豪人数也逐年增加。2017年胡润全球富豪榜中，赣商富豪10人（见表1）。2017年中国企业500强中，赣商企业6家。

表1　胡润榜单

名称	胡润中国富豪榜（资产过20亿元）		胡润全球富豪榜	
年份	2013	2017	2015	2017
富豪人数	17人	44人	8人	10人

3. 赣商是江西人民的骄傲，是推动江西经济社会发展的重要力量

近年来，一大批赣商积极响应省委、省政府号召，纷纷回乡投资兴业，为家乡发展做出了重要大贡献，成为江西省经济社会发展的一支生力军。近期召开的首届世界赣商大会取得丰硕的成果，大会签约项目226个，签约的合同项目资金达3085.55亿元。其中，内资项目218个、签约的合同项目资金达3037.32亿元，外资项目8个、签约的合同项目资金达7.42亿美元。呈现出以下明显特征：一是投资规模大。单个项目平均投资达13.65亿元，其中10亿元以上项目112个、50亿元以上项目14个、100亿元以上项目4个。二是投资项目多。赣商回乡投资项目194个占85.84%，投资额2533.76亿元占82.12%。三是投资层次高。世界500强企业投资项目3个、中国企业500强投资项目3个、央企投资项目2个、上市公司投资项目21个。四是资金投向

好。签约项目集中投资在江西省主攻的绿色低碳、新经济等产业，投资额较多是：现代服务业项目 49 个，投资金额 814.48 亿元；汽车及零部件产业项目 8 个，投资额 400.5 亿元；电子信息项目 42 个，投资金额 603.4 亿元；智能装备项目 28 个，投资金额 277.3 亿元。

这些投资呈现的特征，既说明赣商取得的成就及雄厚的财力，为回归奠定了物质基础，又说明回归投资的项目符合江西省产业转型升级的现实需要。

（二）赣商回归是“情系江西、共谋发展”的精神纽带

创造更加美好、更加灿烂的江西，也需要赣商戮力同心、奋力前行。因此，赣商回归发展既是企业投资的理性选择，也是在外赣商的乡情、亲情、友情的体现。江西地处长江经济带，区位优势明显，市场机制相对成熟，产业配套较为完善，有利于高新技术和新型服务业的发展，对赣商回归创业具有较强的吸引力。在外赣商积累了一定的资本，具备了产业扩张的能力。赣商回归助推江西加快发展、转型发展，积极投身江西产业发展、重大项目和重点工程建设。全方位宣传推介江西，吸引更多海内外客商来江西投资兴业。进一步抱团发展，大力开展战略合作、投资合作、研发合作、上中下游产业合作，打造企业联合体，共谋发展，共铸辉煌。鼓励省外赣商回乡投资创业，能促进江西经济和江西人经济的融合发展，形成“走出去”和“引进来”双向互动、良性发展的新格局。

（三）赣商回归为江西省新兴产业和高端产业转型升级提供了难得机遇

广大省外赣商已经成为江西省扩大对内开放的主体力量。实力壮大后回乡的赣商无疑有利于江西产业结构的升级与优化，给江西提升产业层次带来一次不可错失的良机。回归赣商参与江西产业结构调整，可以进一步发展现代服务业，提升制造业发展水平，提升江西经济竞争力。前面赣商投资呈现的特征，表明回归投资的项目符合江西省产业转型升级的现实需要。另据统计，2016 年有 1600 余名赣商企业家以不同形式回家乡考察投资创业，新增赣商回乡投资项目 472 个，实际进资 843 亿元。这些回归项目，普遍带有技术含量和附加值高、投入大、外向度高等特点，符合江西产业转型升级的需要。

2017 年财富中国“40 位 40 岁以下的商界精英榜”赣籍占 3 名，一大批赣

商在新制造、智慧经济、绿色经济、共享经济、新服务经济等领域崭露头角，叱咤风云，蓄势创新。为江西省高端产业和新兴产业升级积蓄力量，并且这些商界精英已带头在江西投资，而且产业集中在战略新兴产业和现代服务业。

表 2　部分赣商从事的行业产业

序号	姓名	公司名称及职务	外界评价
1	郭　平	华为轮值 CEO	外界普遍看好为华为未来的接班人
2	傅　盛	猎豹移动 CEO	360 安全卫士之父，2016 年全球青年领袖
3	程　维	滴滴出行创始人及 CEO	2017 年《时代周刊》评为“科技领域最有影响的 20 人”之一
4	王国彬	土巴兔董事会主席兼 CEO	互联网新贵，2017 年 9 月《财富》公布的“中国 40 位 40 岁以下商界精英”
5	刘自鸿	柔宇科技缔造者	中组部千人计划专家、中国青年五四奖章获得者、福布斯中美十大创新人物、2017 年全球青年领袖
6	李日学	奢侈品服务平台寺库 SECOO 创始人	2014 年《财富》提名中国十大创业先锋
7	姚晓光	腾讯公司副总裁	王者荣耀之父、中国网游行业“十大领军人物”
8	段永平	步步高集团董事长	小霸王、步步高创始人，OPPO、VIVO 手机的幕后老板
9	王文京	用友软件创始人	亚太本土最大管理软件供应商
10	罗　敏	趣店集团创始人	金融科技公司

三、赣商回归新征程亟须解决的几个问题

为了了解回归赣商在发展过程中存在的问题，我们设计了赣商回归现状调查问卷，并通过与省商务厅对外投资处合作，对 30 名有代表性回归赣商进行了访谈、发放问卷等形式调查，现将主要问题分类归纳如下：

（一）配套政策与投资环境

当前，一些赣商回归工程在具体项目实施过程中并不顺利。回归企业家对家乡的投资环境还有点“水土不服”，感到投资软环境、办事效率、服务水平

有待提高。

政策优势不够明显。许多回归赣商反映，还未形成全省统一性创业创新政策体系，还只有一些共享性、普惠政策，削弱了赣商回归政策的吸引力和号召力。同时，相对于北京、上海、广东、浙江等省市，江西省企业税负较高、享受的税收优惠偏低。

审批提速仍有空间。据问卷调查统计，约有52%的企业认为当前的审批效率还可以再提速，63%的政府部门认为当地的行政审批事项还有较大削减空间。调研发现，中介服务时间约占项目全部审批服务时间的70%，其中，环评报告、消防审核、施工图设计、项目申请报告、施工图审查、能评报告等事项是最耗时费力的事项。而收费条目中，一些大项目的建设保证金动辄上千万元，增加了企业负担。

（二）金融环境与人才制约

在资金方面，一些回归赣商长期在外打拼，在省内缺乏人脉资源，缺乏抵押物、缺乏担保者、缺乏金融机构对其在外企业的深度了解，不为省内金融机构熟知，融资难、融资贵，后续投资乏力。

在人才方面，一些回归赣商在调查问卷中反映当地专业人才少、技术工人少，同时房价太高，很难留住人才。例如，在南昌，一直以来，当地难以留住人才，这成了制约南昌经济发展的一个重要因素。留不住人才的一个重要原因是高房价，政府应该在这方面推出更多举措，把人才素质提升纳入人才引进整体规划，部门与企业间加强沟通协调。

（三）社会资本与家庭环境

回乡投资对于不少企业家而言，意味着重新开始，除了经济环境之外，社会环境对企业家的影响不容小觑。回归投资的大多是土生土长的本地企业家，虽然他们在外打拼、事业有成，但一些职能部门仍然以过去的“老眼光”看待他们，对他们缺乏理解，不够信任；有的因为是本土企业的缘故，不愿多接触，对他们关心重视不足，服务欠缺。

家庭因素是让不少赣商为之纠结、迟迟不能决定返乡的重要原因。对于一部分少小离乡古稀才归的第一代赣商家庭而言，很多人的子女对于江西并没有归属感。对于他们而言，立业之地才是“家乡”。在这些老一代赣商的回归问题上，子女态度往往并不热情。

（四）赣商回归与本土赣商

赣商是江西最宝贵的资源和财富，是江西经济发展最倚重的力量。改革开放以来，以企业为主体，江西积极实施“走出去”战略，鼓励更多赣商充分利用国际国内两个市场、两种资源，正是有了省委、省政府“有形之手”的鼓励扶持和推动，一批批江西商人带着资本、品牌、理念，跳出江西，走南闯北，取得了辉煌成就。进入新时代，省委、省政府已经准备启动赣商回归工程，期待赣商充分发挥自身优势，积极引领产业回归、资本回归、技术回归、总部回归，大力发展新技术、新业态、新商业模式，努力在家乡创造新的辉煌。这样大举重视回归赣商，那么一直在本土的赣商怎么办？如何让回归赣商与本土赣商和谐共赢？

尽管“赣商回归”工作形成了声势，取得了实效，但因为这项工作实施时间短，政策举措还不够完善，在许多方面还存在这样那样的问题，特别是与要求大见成效的期望相比，还有一定距离。

参考文献

［1］刘兴．“赣商回归”为老区发展注入新活力——618 家赣商企业结对帮扶贫困村［J］．经济日报，2017-02-12.

［2］http：//jx. sina. com. cn/news/b/2017-08-23/detail-ifykcppy0567916. shtml.

［3］http：//news. jxntv. cn/2017/1128/8743382. shtml.

启动赣商回归工程
打造新时代赣商创业创新发展战略平台

曹国平

内容摘要 赣商回归投资已经成为江西省引进投资的重要组成部分，适时启动赣商回归工程，打造新时代赣商创业创新发展战略平台，作为“情系江西、共谋发展”的长效机制，出台《关于支持赣商创业创新促进江西发展的实施意见》、《引导赣商总部回归和资本回归的实施意见》等相关鼓励政策，进一步吸引在外发展并壮大的赣商回乡投资创业，发展省内新兴产业和高端产业，在更高水平上实现江西经济与赣商经济，互促共进，融合发展。

赣商回归既泛指国内外的赣商回到江西投资，是精准投资的新举措，是推动新兴产业和高端产业转型升级的重要途径。为了建立有针对性的、系统的赣商回归引导机制，促使在外赣商和外迁赣商更加积极地反哺江西经济，本文试图在赣商回归现状研究分析的基础上，从公共管理的角度，呼吁政府响应时代的号召，适时启动赣商回归工程，并为打造新时代赣商创业创新发展战略平台提出对策和建议。

［作者简介］曹国平，江西经济管理干部学院培训处副处长，研究方向为人力资源管理、区域经济、赣商研究等。

［基金项目］本文是2017年度江西省赣商文化研究基地立项课题“赣商回归研究”研究成果之一。

一、做好统筹规划，尽快出台《关于支持赣商创业创新促进江西发展的实施意见》政策

要使“赣商回归”这一庞大而复杂的系统工程运行有序，达到预期目标，首先要统揽国内外大势、综观江西省发展全局、凝聚各方智慧，做好统筹规划工作，建议在现有工作机制的基础上，出台《关于支持赣商创业创新促进江西发展的实施意见》政策。

在工作推进上，省市县三级全部建立了相应领导机构，普遍实行目标责任制考核和季度督察制度排名通报制度，全省开展互看互促活动，形成取长补短、你追我赶、奋勇争先的局面。

在政策支持上，省级部门和地方政府纷纷出台了一系列配套政策措施。

在招引方式上，采取了展会招商、敲门招商、联合招商等多种方式。

在服务保障上，省级和有关地区成立了赣商服务中心，为赣商提供政策咨询、信息服务、项目代办、投诉处理等“一条龙”服务。

在项目落地上，建立项目协调推进机制、重大项目领导承包制、项目问题抄告限期办理制、挂图作战竞赛制。

在平台搭建上，省市县三级可联动建立赣商创业创新信息库。

二、打精准服务牌，营造“引得来、留得下、发展得好”的商务环境

市场经济被形容为“候鸟经济”，哪里的环境好、服务到位，投资商就“飞”到哪里，要引来“好鸟”、“俊鸟”、“大鸟”，就要当好店小二。

1. 服务态度要好、要富有感情

对赣商的呼声、心声、叹息声，不厌其烦、声声入耳；赣商的大事、小事、烦心事，不厌其细、事事关心。服务要与时俱进，努力寻找市场变化、环境变化、政策变化和回归赣商服务需求变化的最大公约数，使企业更准确地做出符合实际的决策、更快速地适应政策的调整、更从容地克服各种艰难险阻。

服务要周到细致，按照一个项目、一名领导、一套班子、一抓到底的项目服务协调机制，对赣商回归项目实行“签约—落地—投产—达效”“一条龙”服务，扎实开展全天候保姆式、专家式服务，形成盯人、盯事、盯项目的良好局面。同时，服务要依法依规，既要招商引商，又要留商安商。

2. 政府要减少审批立项，简化程序

目前，企业反映比较普遍的问题是审批立项多，程序复杂。政府要在加强监管的同时，建立健全行业协会自律机制，要进一步简化有关行政审批手续，为重大项目和高新技术项目实施全程服务，推进赣商回归项目早落地、早开工、早投产。

3. 政府部门要主动上门服务

为了优化发展环境，相关部门必须从服务上下功夫，切实转变作风，从被动等待上门审批，到主动上门服务，设身处地为企业考虑，想方设法替企业解忧。

4. 政府要营造环境帮助企业

政府要营造优越、适宜的社会环境，帮助企业留住人才、留住职工。帮助回归赣商解决子女教育、社会保障等方面的不便，加强对回归赣商的权益保障。

三、打造回归载体，开展一场以赣商回归为主题的集中宣传活动

各地在推进“赣商回归”工作中涌现出了一批值得宣传、值得褒奖、值得推广的先进人物、先进单位、先进经验。可以宣传典型、学习典型、推广典型，把对“赣商回归”工作的新要求、新思路、新部署广而告之，确保赣商回归工作沿着招大商、留好商的方向发展。可以选择若干赣商回归工作先进地区或重大回归项目所在地，召开现场会或项目督办会，树立典型、表彰典型、推广典型。

1. 要编好招商引资重点项目共享库

在对赣商进行深入调查摸清投资意愿的基础上，编制一批符合产业政策和

发展方向、适合赣商投资的项目。要鼓励回归赣商从事高科技、高效益、少耗能、少占地的产业。利用大数据、互联网和信息化的手段，及时更新，时时传递。

2. 每年定期召开世界赣商大会

组织回归项目对接会，明确责任单位，要在会前经常有联系沟通，会中有对接洽谈，会后有跟踪服务，充分了解赣商的发展需求和意愿，全面掌握赣商的发展担心和忧虑，有一个快速便捷地向相关部门或向上反馈机制，形成立足赣商、服务赣商、推进赣商经济的长效机制。

3. 建好赣商回归投资互动网站

建立信息站，使回归工程常态化。一是以项目投资方式的回归。包括项目投资和股权购买，把符合产业发展方向的高、新、大项目带回家乡。二是以总部经济的方式回归。三是以智力合作方式回归。发挥赣商企业自身的科研、技术优势，与家乡企业开展智力合作。四是金融存款方式回归，将企业资金存回到当地金融机构。五是以在外服务家乡的方式回归。如利用营销网络的优势推销家乡制造产品，协助家乡开展国内合作交流，做好国内引进工作。

4. 要在电视、报纸等主流媒体开设赣商访谈的专栏

通过多种渠道，加强思想文化交流。

四、创新招商模式，出台《引导赣商总部回归和资本回归的实施意见》政策

回归经济应该是在传统制造业转型升级和新经济发展上有所突破，而不是在传统产业模式上的简单重复。做好赣商回归工作，除了政府营造较好的经济环境外，出台《引导赣商总部回归和资本回归的实施意见》政策，鼓励企业的产业竞争优势必须从低端向高端转化，资本、技术等各种力量相互融合。在招商选资中转变方式、创新模式，不断打开招商新局面。

1. 建设“园中园”

在新兴产业和重点产业承接平台中建设“园中园”，对省政府确定的新制

造经济、新服务经济、绿色经济、智慧经济、分享经济作为示范区建设，探索以企业为主体的开发、招商、运营新模式，培育发展产业集群。

2. 鼓励兼并重组

积极鼓励上市公司、龙头企业实施对在外企业进行兼并重组，获得先进装备、技术、品牌、销售渠道等资源，有力增进企业综合实力和核心竞争力。

3. “探索产业 + 基金” 发展模式

高起点制定产业发展规划，对重点培育的产业设立产业发展引导基金，并制定专项扶持政策，激活财政资金对产业的引导效应，以政府资本撬动社会资本投资，推动产业转型升级。

五、完善金融环境，建立赣商回归项目融资合作平台

赣商回归后的项目投资，需要大量的资金投入，除企业自身外带回来的有限资金，金融机构融资仍然是首选。但动辄几十亿元、上百亿元的大项目，对单一银行的融资能力和风险管理能力都是一个不小的考验。

在金融保障方面，要根据回归赣商的特点，由省金融办协调有关银行等金融机构，依托省赣商创业创新服务中心量身建立赣商回归项目融资合作平台，重点研究制定信息跨省共享办法，组织各商业银行为项目集中授信，畅通民间金融单位与项目的对接渠道，为融资提供便利。

同时，作为回乡投资热点的“总部经济”，将会促进金融机构的聚集化发展。总部企业通过成立全资的金融机构或参股金融机构延伸了金融产业链，经营范围逐步从实体经济领域向金融领域扩展，并成为金融机构的重要目标客户。“总部经济”将会扩大金融业配置资金的规模。总部企业通过资金池管理方式，对集团成员企业与金融机构的资金往来实行统存统贷。资金集中管理大大拓展了总部企业所在地金融机构资金来源和运用的渠道，扩大了资金来源和运用规模。

参考文献

[1] 林宏．回家的路有多远？——“浙商回归”调查报告［J］．经贸实

践，2015（4）.

［2］桑士达．对深入推进浙商回归工作的建议——以绍兴上虞区为例［J］．战略与决策，2016（5）.

［3］应建勇．把浙商回归作为转型升级重要一招［N］．浙江日报，2013-08-17.

［4］董灿娣．为浙商回归构建平台［N］．中国企业报，2013-01-29.

［5］刘兴．“赣商回归”为老区发展注入新活力——618家赣商企业结对帮扶贫困村［J］．经济日报，2017-02-12.

［6］http：//www.jiangxi.gov.cn/x2x/jxyw/ji，2017-11-29.

［7］http：//jx.cnr.cn/2011jxfw/xwtt，2017-11-28.

第四篇

江西地域文化与赣商成长环境研究

江西地域文化与赣商成长环境研究

金　阗

内容摘要　江西地域文化简称“赣”文化，是一种性格内涵、认同坐标和观念模式较鲜明的区域文化。本文以江西地域文化为切入点，梳理了江西地域文化形成过程中的几大因素及特点，分析了新时期江西地域文化与赣商成长环境的相关性，为赣商进一步发展提供借鉴。

一、地域文化

地域文化的概念十分广泛，特定区域内独具特色、传承至今，对区域发展作用明显的文化资源、文化传统等即可被视为地域文化，它是某个特定区域内的生态、传统、民俗、习惯等文明的总称，它是独特的、有地域特色的并且是可以传承的。

作为地域文化的核心，精神文化可分为两部分，即内在精神文化和外在精神文化。内在精神文化在塑造和影响某一区域内人们的世界观方面作用明显，

［作者简介］金阗，江西经济管理干部学院副教授，研究方向为赣商文化研究。

［基金项目］本文是2017年度江西省赣商文化研究基地立项课题“江西地域文化与赣商成长环境研究”研究成果之一。

最终影响该区域经济主体的经济决策或行为。外在精神文化包括既定的传统、风俗、习惯等，某一区域经济主体的经济决策或行为会在很大程度上受其影响。

二、江西地域文化

（一）江西地域文化的概念

在历史上，江西因“自江北视江南，江西在右”曾经被称作“江右”。赣江是江西省境内最大的河流，因此江西简称“赣”，江西地域文化又被人们称为赣文化。

由地域文化的概念可知，江西地域文化或者说赣文化指的是在江西这一区域内独具特色、传承至今，对江西地区发展作用明显的文化资源、文化传统等，它是江西境内的生态、传统、民俗、习惯等文明的总称。

（二）江西地域文化的特色及其成因

江西地域文化集众家之长，同时受到中原文化、吴越文化等影响，朴实中也不乏精巧，是一种极富浓郁地方特色的文化。

江西独特的地理位置给这种博采众家之长的地域文化的形成带来了便利。江西地处三江五湖之交，王勃曾这样评说，“控蛮荆而引欧越”。江西自古以来在交通史上就十分重要，是贯穿四方的枢纽。处在这样的地理位置上，江西才有可能广泛吸收其他地域文化。春秋时期，吴、越、楚曾分别管辖江西，导致赣南、赣东、赣西至今仍受其影响，但这三种地域文化在汉后逐渐走向融合，同时也受到闽浙文化、中原文化的影响，最终形成了“多元一体”的赣文化。

除了地理位置因素，移民也是赣文化形成的一大因素。其中影响最大的是西晋末年、唐朝中期、宋代的三次战乱带来的三次南迁。战乱必然带来流民，北方的人口顺着赣江进入江西，自然也带来了北方先进的文化和经济技术，中原地区的文化及宗族制度，这也导致了后来江西家族的发达和“耕读治家”生产生活方式的形成。在江西的自然生态环境之下，这种生产生活方式使江西人进一步可以踏上仕途取得功名、退一步也可安居乐业，温饱无忧。明末清初，由于大批闽广户返迁而来，又进一步加深了江西受到闽文化、客家文化的影响的程度。移民导致了不同文化在江西的融合，逐步发展成有江西特色的文化。

江西地域文化发源于古越族文化，随着历史的发展，由以古越族文化作为单一的文化主体逐渐发展为以其为重心，江西地域文化同时兼容了中原文化、楚文化、吴文化等多种文化，不同的文化在经历了相互碰撞、相互吸收、相互融合、创新后，逐步形成了富有包容性、开拓性等浓重地方特色的文化体系。

三、赣商成长环境

赣商在中国历史上曾经辉煌一时，它是中国古代十大商帮之一。因江西曾被称为江右，故赣商在历史上有“江右商帮”之称江西商人的身影可以说是遍布全国各地，其财力和能量能与晋商和徽商一决高下。

早在北宋时期，江右商帮就已经兴起，当时江西地区人口达到万人以上，占全国总人口的1/10，位居各省前列，与有些地方的地广人稀相比，当时的江西显得地窄人稠，因此当地人很多放弃了种地，而是选择了新的谋生方式——经商。两宋以后，江西由于其独有的优越地理位置，人杰地灵，成为了全国经济文化的先进地区，为当时的江右商帮提供了良好的成长环境。元明两朝，江西的这一经济优势得以继续保持。

回顾江右商帮的发展史不难发现，明代江右商帮的兴盛主要有两点原因：一是富有经济头脑的江西人在当时较为有利的经济基础之上，利用了良好的地理经济环境；二是当时明朝的海禁政策的出台对江西人而言，反而形成了相对有利的经商环境。从某种程度上来说，江西的经济发展过程中，江右商帮功不可没。江西当时的辉煌主要得益于贸易的繁荣。

江右商帮在当时江苏、湖广以及云贵川一带影响巨大，从“三日不见赣粮船，市上就要闹粮荒”到“无江西商人不成市”，再到“非江右商贾侨居之，则不成其地”，可见，江右商帮的人数之多、业务之广、渗透力之强为世人瞩目，对当时社会经济产生了不小的影响。

四、江西地域文化对赣商成长环境的影响

正如前文所述，地域文化的核心是精神文化，精神文化在很大程度上影响着区域经济主体的经济决策或行为。江右商帮的创业精神、协作精神、诚信精神、务实精神和进取精神等便是在江西独特的地域文化之下塑造出来的。

如今享誉全球的景德镇瓷业在宋末元初就已经发展迅猛，青花瓷烧造的成功使江西在全国瓷业输出头把交椅的位置无人能撼动。不仅如此，江西驰名海内外的特产如进贤毛笔、广昌白莲、南丰蜜橘等也为江右商帮带来巨大利润。以贩卖本地土特产为起点，江右商帮大多能把小本经营做成大买卖。一方水土养一方人，这种经营方式与地域环境密切相关。

但是全国资本实力雄厚、影响极大的商业领袖级的代表性人物却几乎没有出自江右商帮的。这与当时从事商业活动的主体是背井离乡的流民有关，他们从事买卖是为了维持生计，温饱或者再进一步小富即可，他们很少有做大商人的野心。大部分赣商挟小本，收微货，流动性强，随收随卖。

由于大多赣商出身于贫寒家庭，通过借贷经商而发家致富，因此有了商业利润后，习惯于先还贷再投资。所获得的商业利润大多是用于社会性投资，用于扩大再生产的极为有限，这就制约了江西商人的经商规模。

"知足常乐、小富即安"的传统思想在江右商帮中影响很大，不利于资本的积累，从而影响了他们的资本投向，使其容易在竞争中失去市场。

近代以来，交通格局的巨变使江西成了陆运和海运的盲区。再加上观念更新的滞后，导致江西落后于沿海，中原和湖广、苏皖等地，使江西昔日商业上的盛况不再，这也是江右商帮衰败的重要原因之一。

而在《马关条约》后，国内民族资本开始发展，渐成气候。江西既不具备吸收外国资本的条件，又没有规模较大的民族企业，赣商过去的个体、小本经营已经不能跟上全国经济模式转变的节奏，被淘汰也在所难免。

五、新时期江西文化与新赣商成长环境

（一）新时期江西文化

当代，区域竞争愈演愈烈，越来越多的产品和产业中都有文化的要素渗入其中，文化成为最富有创造性的“软实力”。因此，江西发展的终极竞争力正是江西自身的先进文化。新时期以来，随着时代的发展，江西的文化呈现出了新的时代文化特征，形成了传统文化、红色文化、生态文化三者并立的格局。

1. 传统文化

自古以来，优越的地理环境和丰富的物产资源使江西成为文化交流的胜地，孕育了丰富而优秀的传统文化，其中以书院文化、乡约文化和民歌文化最为典型。

江西书院始于唐代，兴盛于南宋，又经元、明历朝，势头未减，曾经几度独领风骚，在全国有着举足轻重的地位，尤其在凝聚江西文化精神方面起着特殊作用。作为江西地域文化的重要组成部分，书院的存在为江西培养了大批经世之才，它在社会教化、凝聚文化精神等方面做出了巨大的贡献。作为我国传统社会一种重要的文化现象，乡约的内在精神与传统中国社会文化理念相契合，在中国民间社会秩序的构建中发挥了积极作用。江西民歌作为一种地域的民俗文化，体现出一定时期江西人民的价值取向，优秀传统文化也因此得以传承，因此，江西民歌也具有强大的教化功能。

上述这些都是江西古代文化的精华，进入新时期以来，江西人继承和发扬了先人创造的传统文化，成为江西当代文化的有机组成。

2. 红色文化

红色文化以革命老区和革命精神为依托，是新时期江西文化的一个重要组成。在新时期江西的文化体系中，红色文化体现出在斗争中开辟新路子的创新精神，不怕困难、百折不挠、艰苦卓绝的奋斗精神，脚踏实地、实事求是的求实精神。这种精神，是符合历史发展趋势的，是一种先进文化，增加了江西现

代文化内容，深化了文化内涵，是江西新文化中饱含分量的一环。

3. 生态文化

江西境内生态自然资源丰富，进入新时期，江西以境内丰富的生态资源为依托，形成了符合时代潮流的生态文化。江西在实现富民兴赣的奋斗过程中，一直致力于生态文化建设，使其成为经济发展的驱动力、和谐社会构建的凝聚力、保护生态环境的向心力。生态文化有利于促进生态经济的发展。生态文化传承优秀文化，培育新人，促进了和谐社会的构建。生态文化推进人与自然和谐发展，促进了生态环境的保护。

（二）新时期江西文化与赣商成长环境的相关性

独有的文化、丰富的资源、源远流长的历史、美丽的风光既是江西的一张名片，又为江西文化发展提供了独特优势和巨大潜力，有利于提升江西文化软实力。改革开放以来，江西在文化建设方面取得了重大成就，文化的整体实力明显提高，新时期江西文化的发展无疑为新赣商的发展注入了巨大的活力。

六、结语

无论是过去还是现在，赣商作为民族工商业大军的一个重要组成部分，潜力巨大，江西深厚的地域文化是赣商之根。对于江西的地域文化应当进行合理甄别、批判性继承。借鉴外来文化，在实践的基础上凝练并发展赣商企业价值观的新特色，使赣商品牌与形象在全国乃至全世界越来越得到广泛认同，赣商文明和赣商精神得以广泛传承。

参考文献

［1］陈荣华等．江西经济史［M］．南昌：江西人民出版社，2004.

［2］钟起煌．江西通史［M］．南昌：江西人民出版社，2004.

［3］邹道文，傅修延．赣文化［M］．南昌：江西教育出版社，1997.

［4］中共浙江省委理论学习中心组．建设生态文明　推进永续发展［J］．求是，2013（8）.

［5］江西省发展和改革委员会．江西省国民经济和社会发展第十二个五年规划纲要［M］．南昌：江西人民出版社，2011.

［6］方志远．赣商与赣商文化发展之我见［J］．登坛论道，2014（11）．

［7］殷晓峰．地域文化对区域经济发展的作用机理与效应评价［D］．东北师范大学，2011.

［8］王前强．文化传统与中国经济转轨［J］．学术论坛，2010（3）．

［9］侯俊华，汤作华．江西企业家成长环境研究［J］．江西社会科学，2005（1）．

［10］李泉．地域文化与区域经济互动发展刍议——以赣鄱文化与江西经济为例［J］．广东广播电视大学学报，2010（5）．

［11］钟英法，舒醒．江西红色文化内涵的哲学思考［J］．江西科技师范学院学报，2012（6）．

［12］李水弟等．历史与现实：红色文化的传承价值探析［J］．江西社会科学，2008（6）．

江西地域文化的基本特征与时代价值

金　阗

内容摘要　江西地域文化简称“赣”文化，是一种性格内涵、认同坐标和观念模式相对鲜明的区域文化。它具有包容性、开拓性、爱国性、务实性和保守性的特征。在构建社会主义和谐社会、建设富裕和谐秀丽新江西的道路上，我们要大力发掘和充分发挥江西地域文化的积极因素，教育引导人民、凝聚精神力量、传承先进文化、开发文化产业、提供历史镜鉴的时代价值。

一般认为，地域文化是指特定区域内独具特色、传承至今，对特定区域发展作用明显的文化资源、传统等，是特定区域的生态、传统、风俗、习惯等文明的总称，具有独特性、地域性、传承性。

地处我国长江中下游地区，江西独特的地理环境和人文历史孕育了内涵丰富的地域文化——赣文化。正像有的学者指出的那样，究其实质，“赣文化”是以中原传统文化为主体的外来文化植入江西以后，在江西独特的地理环境背景下经过交融、改革、创新而发展形成的一种亚文化形态。

［作者简介］金阗，江西经济管理干部学院副教授，研究方向为赣商文化研究。

［基金项目］本文是2017年度江西省赣商文化研究基地立项课题“江西地域文化与赣商成长环境研究”研究成果之一。

一、江西地域文化的基本特征

（一）江西地域文化的包容性

从历史上看，在经济与民族成分上，江西从未形成过独立的封闭系统，也从未形成过独有的割据势力和稳定的政治中心，这些决定了江西地域文化比较容易吸收外来文化的长处，尤其是中原文化。江西地域文化没有齐鲁、吴越等文化的源远流长，也没有滇文化那样的富有特色，但它的开放性和引进性是江西在宋明时期文化繁荣的主要原因之一，江西文化不拘于江西，更是黄河文化的南进，对此，江西并不是排斥，而是迎接了这一文化，并把它融会贯通、内化，使之成为自身文化的一部分。江西社会风俗习惯的形成正是建立在包容四方，进行广泛的文化交流，兼收并蓄，不断丰富文化内涵的基础之上，是外来文化与本土文化相互补充与融合的结果。

（二）江西地域文化的开拓性

早在初唐时期，王勃便赞江西“物华天宝、人杰地灵”，如果说这多少有些文人的溢美，那么到宋朝以后便逐渐成为现实了。聪明而又勤勉的江西人长于拓展学术领域，创造收获新的成果，锐意进取，具有很强的创新精神。王安石变法所体现出的改革精神影响了一代又一代的忠臣义士；黄庭坚“脱胎换骨”、“点石成金”的诗风，发展成独树一帜的“江西诗派”；汤显祖的戏剧，挣脱封建礼教的镣铐，创造出讴歌人性美的“临川四梦”，以大胆创新而达到对人生最高境界的追求，为中国文学赢得了声誉；宋应星《天工开物》，总结了17世纪我国农业、手工业生产技术，是一部里程碑式的百科全书，堪称世界科技史上的一座丰碑。这与江西人锐意进取，敢为天下先的精神有着密切的关系。

（三）江西地域文化的爱国性

自古以来江西人就有着崇高的爱国精神，以天下为己任。文天祥，江西吉州庐陵人，南宋末年文学家，爱国诗人，民族英雄，与陆秀夫、张世杰并称为

“宋末三杰”，他将文节俱高升华到爱国主义高度，在威逼利诱、生死抉择面前，明道重义，激发出无比的人格力量，做到了“留取丹心照汗青”，树立起不朽的英雄风范。更值得提及的是生长、壮大于江西的红色革命文化。方志敏，江西弋阳人，江西党组织的创始人之一，在五四运动不久，方志敏等人以江西为革命舞台，导演了一场提倡民主、科学的新文化运动。八一起义开创了中国共产党革命文化的源头；井冈山革命根据地，孕育了井冈山革命精神的生长；中央苏区，是人民共和国的摇篮，也是苏区革命文化的诞生地。红土地上的革命文化是江西地域文化中尤为重要的组成部分，也充分体现了江西地域文化中的爱国精神。

（四）江西地域文化的务实性

以江西人民的生产实践为基础，江西地域文化是在农业文明这一前提下不断发展起来的，务实性这一特征得以充分体现。江西人长期保有维护国家主权统一，与皇朝中央保持一致的传统，政治向心意识极为强烈。几代人居住在一个村庄里，乡情与亲情相互交融，恋土意识和规行矩步观念胶结不分。十分讲求“达则兼济天下，穷则独善其身”，“得志泽加于民，不得志修身见于世”。他们往往有所为，有所不为；有所取，有所不取，能立功便立功，不能立功便立德立言。

（五）江西地域文化的保守性

江西地域文化依附于中原文化，导致其具有正统性的弱点。以儒学为内核，以封闭的小农经济形式为根基，江西地域文化因而往往偏于滞缓和保守，它的生存和发展依赖于封建制度和自给自足的农业经济环境，而当社会发生巨大历史变动时，它因为无法抛弃传统的观念和出于正统的尊严，江西地域文化便往往持一种固执的观望态度，不大愿意接受新兴文化观念乃至科学技术的影响，呈现出保守性，这体现在：一是盆地心态，闭塞、保守、孤立、内斗；二是边缘感觉，感觉置身于主流之外，自己什么都没有份，因而以漠然的态度对待一切；三是自恋情结，易于满足。这些因素恰恰成为江西地域文化在近代以后迅速败落的重要原因。

以上特征是在历史中形成的，为江西既往的发展提供了源源不断的精神动力，也将会进一步影响今后江西的发展。

二、江西地域文化的时代价值

蕴藏深刻历史内涵的江西地域文化今天正被赋予全新的时代内涵，展现着自身的时代价值。

（一）凸显江西地域文化中兼容并蓄、海纳百川的包容性有助于进一步推进我国的改革开放事业

作为社会主义中国的强国之路，改革开放是决定当今中国命运的历史性决策；改革开放是新时代中国最鲜明的特征，进行改革开放是建设有中国特色社会主义的必由之路。长期以来，我国的改革开放事业一直围绕着“以经济建设为中心”来运转。这不仅夯实并发展了中国特色社会主义的经济基础，而且打通了市场经济条件下发展先进文化的思维——即发展先进文化首先应大力促进先进文化生产力的发展。促进先进文化生产力的发展，一方面使先进文化的高效发展成为可能，另一方面也体现了先进文化的“先进性”。要始终代表中国先进文化的前进方向，我党就既要关注先进文化生产的内容，也要关注先进文化内容的生产。

综上所述，江西地域文化呈现出极大的包容性特点。如今，江西地域文化的各个子系统文化，都在保持本土文化的部分特色的基础上，又表现出受其他文化因素影响的色彩。充分发扬江西地域文化兼容并蓄、海纳百川的包容性，广泛汲取先进文化中的有利因素，有助于极大地促进我国改革开放事业的发展，有利于从真正意义上实现我国改革开放全方位、快速协调发展。

（二）发扬江西地域文化中文节俱高的人文精神，有助于进一步培养人们的爱国主义气节

高昂的爱国主义情操是人文精神在江西地域文化中的突出表现，儒家“修身、齐家、治国、平天下”的理念，深深根植于江西地域文化之中。古往今来，来自江西的爱国人士层出不穷，其中以江右思想家文天祥、陆九渊等为突出代表，江右思想家大多品性高洁，爱国爱民，敢于为国捐躯，他们不仅有

极高的文学、艺术造诣，而且其高尚的爱国主义精神也在感染、鼓舞着后人。

人文精神，关乎着民族存亡，国家兴衰，品行高低，事业成败。中华民族绵延上下五千年、生生不息，日昌月盛，正是以爱国和节气为精髓的人文精神使然。发扬江西地域文化中强调道德修养和重视民族气节的人文精神内涵，进行人文教育可以形成强大的感召力量，培育人们的爱国主义气节，树立和加强民族自尊心和自信心，兴我中华，使中华民族屹立于世界先进民族之林。

（三）发掘江西地域文化中的务实奉献、探索创新的创业精神有助于大力实施强国强省战略

从历史上看，江西地域文化从不曾缺乏过创业精神、创业人物和创造出来的辉煌业绩。文学上，陶渊明、晏殊、欧阳修、黄庭坚等开宗立派，开创了“田园诗”、“江西诗派”等。陆九渊、王安石、汤显祖、宋应星等分别从哲学、政治、戏剧和科技上对江西地域文化、中华文化乃至世界文化都做出过积极的贡献。“月儿充光照床前，可叹明月缺半边。早知一去三年整，我只要郎君不要钱。”从这首曾经流行于樟树一带的《抒怀歌》中可以感觉到樟树人的创业过程经历了多少离别与艰难，也反映了江西创业文化中不畏艰辛、坚韧不拔的意志。

现在，我国已进入一个全新的创业时代，创业实践需要创业精神的支持和鼓舞，创业时代呼唤创业精神。经过千百年来江西人民的奋斗，才有这源远流长、博大精深的江西地域文化，其中蕴含着丰富而宝贵的创业精神。进一步深入挖掘创业精神，不仅是新时期营造和谐创业氛围的重要举措，而且也是赋予江西地域文化以时代新气息的选择。弘扬江西地域文化中的创业精神，不仅有利于唤醒人们的创业创新意识，还有利于树立人人都是创业环境，人人都要支持关心创业、服务创业的创业环境意识。发扬江西地域文化中的创业精神，对于促进我国建设社会主义和谐社会，实现富民强国，有着深远而重大的意义，同时对于实现江西省在中部地区的崛起也有着不可忽视的深刻影响。

江西地域文化是江西的宝贵财富，是一个继承与开放的体系，它汲取了江西古代和近代文化的精华，又促进了江西现代和当代文化的发展，是推动我国现代化建设的强大思想动力。

参考文献

［1］毛泽东．井冈山的斗争（第一卷）［M］．北京：人民出版社，1991.

［2］中共江西省赣州市委，大力弘扬苏区革命传统［N］．人民日报，2011－6－26.

［3］邹道文，傅修延．赣文化［M］．南昌：江西教育出版社，1997.

［4］许怀林．江西历史文化特征概说［J］．江西广播电视大学学报，1999（5）．

［5］江西省发展和改革委员会．江西省国民经济和社会发展第十二个五年规划纲要［M］．南昌：江西人民出版社，2011.

［6］方志远．赣商与赣商文化发展之我见［J］．登坛论道，2014（11）．

［7］方志远．地域文化与江西传统商业盛衰论［J］．江西师范大学学报（哲学社会科学版），2007（2）．

［8］王前强．文化传统与中国经济转轨［J］．学术论坛，2010（3）．

［9］李金婷．赣文化与爱国主义教育研究［D］．南昌大学论文，2007.

［10］李泉．地域文化与区域经济互动发展刍议——以赣鄱文化与江西经济为例［J］．广东广播电视大学学报，2010（5）．

［11］钟英法，舒醒．江西红色文化内涵的哲学思考［J］．江西科技师范学院学报，2012（6）．

［12］李水弟等．历史与现实：红色文化的传承价值探析［J］．江西社会科学，2008（6）．

基于地域文化视角下的江西企业家创新精神培育

金　阗

内容摘要　要实现江西在中部的崛起，重视江西企业家创新精神的培育就显得尤为重要，江西经济能否发展，江西经济与社会能否全面协调发展，企业家创新精神的培育关系重大。进入新时代，江西企业家创新精神的培育，需要在继承江西地域文化中的优秀基因的基础之上不断融入新的时代元素，创新观念，以便于加快企业创新的步伐，从而实现更好的发展。

习近平总书记在江西视察时曾提出，“要向创新创业要活力。紧紧扭住创新这个牛鼻子，让创新成为驱动发展新引擎”。江西省政府从制度、政策和工作三个方面进行创新，采取了一系列相关举措。这些举措推动了市场和企业层面的科技创新、管理创新和商业模式创新，有效地实现了以创新为引领，使江西经济在稳中有进、稳中向好、稳中提质的良好态势中发展。

［作者简介］金阗，江西经济管理干部学院副教授，研究方向为赣商文化研究。

［基金项目］本文是2017年度江西省赣商文化研究基地立项课题“江西地域文化与赣商成长环境研究”研究成果之一。

一、江西的发展需要文化创新与企业家创新精神的培育

企业家精神是成为优秀企业家的必备软实力之一，同时也是衡量企业家是否优秀的重要标准。企业家精神不仅关乎企业自身的发展，更关乎着江西经济的发展。江西要实现在中部崛起，唯有走全面创新的道路，而文化创新又贯穿于所有创新的全过程。故而，在全民创业的时代大潮中，企业家创新精神的培育问题需要基于地域文化的视角。

二、阻碍江西企业家创新精神培育的文化因素分析

长期的历史积累孕育了博大精深的江西地域文化，然而其中有些文化因素已经制约了江西企业家创新精神的培育。这主要突出表现在以下几方面：

（一）优越的农业社会环境与传统农业文化

纵观宋、元、明三代，从经济上看，从江西发达的农业、手工业、商业可知，江西人所处的农业社会环境极为优越。从地理上看，优越的自然地理条件，使江西成为主要的粮食生产基地，被称为“鱼米之乡”。江西充沛的雨水和适宜的气候使水田在田地中的占比较大，而且土地平坦，土壤肥沃，作物可一年二至三熟，多数为稳产高产田。

长期身处优越的农业社会环境容易使江西人逐渐滋生出依赖心理，且所处环境越优越，越容易安于现状，依赖心理越强。这种易于满足的心态和选择与创新精神是背道而驰的，这也成为江西企业家创新精神培育的主要障碍。

（二）传统的读书成才理念

古语说“学而优则仕”。可见，是否能顺利走上仕途是中国古代读书人衡量是否成才的唯一标准，也就说只有“读书—做官”一种想法。总之，学习的最终目的是为做事或为官服务的，典型的传统读书成才理念就是：读书—做官。

古代的阶层划分包括士、农、工、商，以士为首，商处于最底层。读书人

或士大夫的社会地位最高，而且士阶层不用缴纳税负、不用服徭役。可以说，读书是提高社会地位，获得较高收益的一条重要途径。因此，通过读书迈入士族阶层从而改变命运，成为当时不少人的奋斗目标。

士与农、工、商的价值取向是截然不同的，尤其是与商，甚至是站在其对立面的。在义与利面前，士，可以做到舍生取义，商人则唯利是图，无商不奸。

在中国古代，学而优则仕，重道义轻利益的观念对人们的影响很深，可以说是根深蒂固。江西也不例外，江西古代之所以读书成风正是在这种社会氛围之下形成的。

从隋朝创立科举制度到清光绪三十二年（1906 年）停止科举考试止，历代全国进士计 98689 人，江西进士 10506 人，占 10.7%。全国状元人数中江西占 5.6%。

这样大的人才队伍在全国都是不多见的，但是往往功成名就之后，“走出去”是这些人才绝大多数的选择，而不是为江西本土服务。无论何时何地，人才是发展的根本，江西长时间的人才流失对江西自身发展的负面影响无疑是巨大的。

现在的江西人中依然有相当一部分人仍然受学而优则仕、重义轻利、“走出去”等这些传统的读书成才理念影响。读书—做官的深层次原因是受官本位思想的驱使。所以，在这种情形之下，培育立足于江西经济、社会、文化发展的企业家的创新精神也就无从谈起。

（三）角色意识较弱

在传统农业文化和传统礼教的影响之下，重男轻女的倾向在中国较为明显。在子女较多的家庭中，男孩自小备受重视，而女孩通常易被家庭忽视，较早从事家务或生产劳动，导致了男子对家庭的依附意识较强，独立意识相对较弱。这对男子社会角色定位产生了一定影响，甚至影响区域人群。

强烈的依附意识在江西文化中也有所体现，这一点江西学者深有体会（许怀林，1999；方志远，2007）。这种强烈的依附意识是隐性的，并在文化传承过程中潜移默化地影响人的思想观念和行为。创新精神的培育需要较强的独立意识，显然，集体意识中较强的依附意识与较弱的独立意识，对创新精神的培育十分不利。

明确的角色定位蕴藏于企业家精神内涵之中。有了角色定位意识，才有可能激发出创新发展意识。而没有明确的创新意识，就没有明确的发展方向，也就无法积极主动地开拓进取。

三、江西地域文化创新与江西企业家创新精神培育

站在意识形态角度来看，企业家创新精神属于文化问题范畴，因此，企业家创新精神培育从本质上说是文化创新的表现之一。

目前，培育江西企业家创新精神意义重大，创新精神的培育可从江西地域文化的特色文化中汲取养分。江西特色文化主要集中体现在红色文化和传统文化两方面。

（一）创新革命精神，培育企业家创新精神

众所周知，提起江西红色文化的重要组成部分，人们就自然会想起井冈山精神和“八一”精神。以毛泽东为代表的中国共产党人在井冈山进行的艰苦斗争中孕育了井冈山精神；“八一”精神则是在以周恩来为代表的中国共产党人在残酷的白色恐怖下培育出的。上述革命精神在内涵上与企业家创新精神高度契合。可以说，企业家创新精神的培育可以从井冈山精神、“八一”精神中汲取足够的养分。具有当地文化特色的可贵精神品质是值得人们去继承与发扬的，江西人应该将其与当前促进本地经济社会发展的实践行动统一起来，培育企业家创新精神，点燃全民创新的激情，创新文化，从而助推经济社会的全面创新发展。

（二）创新改革精神，培育企业家创新精神

中国现代化建设进程中的改革精神传承自江西红色文化的优良基因。从1969年10月至1973年2月，中国社会主义改革开放和现代化建设的总设计师邓小平在江西生活了三年多时间。在那段特殊的日子里，他并没有自我放逐，依然心系中国未来的发展。最终，邓小平以坚定的信念和富于改革的精神提出并实施了日后给中国大地带来翻天覆地变化的改革开放。

当代改革精神并不是一个单一的概念，开拓创新精神就是其中之一，这正与企业家精神内涵所包括的执着、创新、开拓精神高度一致。

在中国，改革自古就有，江西传统文化也孕育了古代改革精神。中国伟大的江西籍改革家王安石为扭转北宋国力大力推行变法，施行广泛的社会改革。虽然改革由于所处的历史环境和自身的局限性，以失败告终，但其中所包含的开拓、创新精神是有积极意义的，应当作为文化中的精华部分为当前企业家加以理解、吸收并利用，从而培育出创新精神。

（三）创新学习精神，培育企业家创新精神

江西人的乐学、勤学、善学集中体现出其传统文化中的学习精神。“唐宋八大家”中有三位出自江西，其中的北宋庐陵（今吉安）人欧阳修论作文“三多”、“三上”体现出的学习精神，很显然包含着执着、创新、敬业精神。学习为创新提供原动力，江西传统文化中的学习精神同样是企业家创新精神培育应该汲取的养分。

学习对企业及社会发展至关重要，当今的社会也已转型为学习型社会。小至企业大至社会的发展都离不开企业家精神，这种精神的核心正是创新。从江西企业到江西的经济社会在发展过程中都应该将这种具有本地文化特色的宝贵精神品质，与自己的实践行动统一起来，在传承中创新，从而落实富民兴赣的战略举措，为实现江西在中部崛起而努力。

江西地域文化的创新在形式和内容上是多方面的，可以从物质、行为、制度、精神层面去创新，也可以是多角度、多侧面的。根据实际需求，创新革命精神、改革精神以及学习精神是通过江西地域文化创新来培育企业家创新精神的现实选择。培育企业家的创新精神是江西地域文化创新中的重要一环。因为它对于江西经济的发展而言意义重大，是决定江西能否在中部崛起的软实力、硬指标。

参考文献

[1] 陈荣华等．江西经济史［M］．南昌：江西人民出版社，2004.

[2] 钟起煌．江西通史［M］．南昌：江西人民出版社，2004.

[3] 邹道文，傅修延．赣文化［M］．南昌：江西教育出版社，1997.

［4］中共浙江省委理论学习中心组．建设生态文明　推进永续发展［J］．求是，2013（8）．

［5］江西省发展和改革委员会．江西省国民经济和社会发展第十二个五年规划纲要［M］．南昌：江西人民出版社，2011.

［6］方志远．赣商与赣商文化发展之我见［J］．登坛论道，2014（11）．

［7］方志远．赣商与江西商业文化［J］．江西社会科学，2011（3）．

［8］方志远．江西传统商业盛衰论［J］．江西师范大学学报，2007（1）．

［9］王前强．文化传统与中国经济转轨［J］．学术论坛，2010（3）．

［10］侯俊华，汤作华．江西企业家成长环境研究［J］．江西社会科学，2005（1）．

［11］李泉．地域文化与区域经济互动发展刍议——以赣鄱文化与江西经济为例［J］．广东广播电视大学学报，2010（5）．

［12］钟英法，舒醒．江西红色文化内涵的哲学思考［J］．江西科技师范学院学报，2012（6）．

［13］艾亚玮，刘爱华．赣文化创业因素阐释与创业精神弘扬［J］．广东技术师范学院学报（社会科学版），2013（10）．

［14］许怀林．江西历史文化特征概说［J］．江西广播电视大学学报，1999（2）．

第五篇

江西老字号品牌发展研究

“互联网+”时代江西老字号品牌发展机遇评估

林　芸　宋艳萍

内容摘要　“互联网+”时代，江西老字号品牌迎来了前所未有的发展机遇，项目组从消费结构升级等八个方面对此进行了探讨，以助力江西老字号更好地抓住机遇，转型突破、发展创新。

在“互联网+”时代，被江西省政府重视的江西老字号也迎来了新的品牌发展机遇。项目组主要从消费结构升级、新兴产业培训、传统产业升级、鄱阳湖生态经济区、中部地区崛起、江西赣江新区、“一带一路”及美丽中国江西样板八个方面分别对江西老字号品牌发展机遇进行分析评估。

一、消费结构升级

消费结构是指在一定社会经济条件下，在消费过程中，人们所消费的各种不同类型消费资料的比例关系。“饱暖思淫欲”，我国人民的物质型消费需求

［作者简介］林芸，江西经济管理干部学院教授，研究方向为赣商文化研究。宋艳萍，江西经济管理干部学院教授，研究方向为赣商文化研究。

［基金项目］本文是2015年度江西省社会科学规划项目“‘互联网+’时代江西老字号品牌发展策略研究”（15WTZD04）研究成果之一。

已经得到基本满足，自然而然就对服务型消费有了需求。由此，导致了我国的消费结构正发生着一场翻天覆地的升级“革命”，也就是说，消费结构正在由传统的物质型消费向新兴的服务型消费升级、由基本的生存型消费向追求享受发展型消费升级。平民消费、大众需求是消费结构升级时代的突出特点。

从消费结构升级方向可知，“互联网+”时代，人们的消费需求不断更新、发展，消费者越来越注重企业服务质量。江西老字号品牌应紧跟消费结构转型趋势，根据现代消费者的需求，发现自身存在的不足，有针对性地进行改进，使老字号能够在消费市场中得以生存和发展；另外，应特别注意提高服务质量，让消费者在购买产品时享受更多优质服务，使顾客成为品牌免费广告者、代言人。

二、新兴产业培训

富国需要新兴产业，强省更需要新兴产业。要把江西省的经济做强做大，必须加快培训新兴产业，加快促进转型升级，加快发展战略性新兴产业集群，进一步提升和转型传统产业、大力扶持新兴产业集群、发展现代生态农业，这就是江西省委在2014年12月召开的十三届十次全会中所提出的，同时，这次大会还提出十大新兴产业集群如新材料产业集群、航空航天产业集群、新能源装备产业集群和生物医药产业集群等。利用这次政策发展机遇，在新型产业集群中，江西老字号企业可抓住机会，积极参与其中，通过借助其他发展较好的企业带动自身发展，学习他们的先进技术和思想，改进自身不足之处。

三、传统产业升级

传统产业与我们所谓的过时产业不同，与落后产业和夕阳产业更是天差地别，对传统产业进行转型升级的关键，是要去其糟粕，把落后的生产工艺、技术淘汰掉；取其精华，加快推动产业发展模式的创新，从而使传统产业生命力更强，产业发展持续稳定。现代社会市场竞争非常激烈，生产技术不能及时得到更新，企业管理组织方式不能及时创新，传统企业就将被残酷淘汰，因此，传统产业必须得到改造升级，那就必须加快培育、协调发展高新技术产业以及新兴产业，改造传统产业的企业管理组织方式，更新生产技术，提升传统产业的经济效益，减少传统产业的环境污染，提高传统产业产品的科技含量，充分发挥传统产业的人力资源优势，降低资源消耗，实现新型发展道路。项目组主要从四方面对其进行分析。

（一）管理手段现代化

伴随着世界经济的一体化，我国企业面临巨大挑战，竞争十分激烈。因此，江西老字号企业应合理利用现代科技，改造落后、传统的管理模式，使其进入现代化管理轨道。为此，江西老字号品牌企业必须不断引进或者开发先进的企业管理软件和企业财务软件，在企业内部形成一个高质量的信息网络系统。对于老字号企业产品，要求品质优秀、交货及时、服务良好。管理现代化可以使江西老字号企业焕发青春光彩和活力。

（二）产品更新换代，高新技术改造

传统企业要想发展，必须及时更新产品，创新生产技术。充分利用高新技术，来改造提升传统企业自身的生产技术，优化传统企业的产业结构，更新传统企业的产品，提升传统企业市场参与的竞争力和渗透力，促进传统企业的生产力。而江西老字号传统企业在省政府强力打造绿色生态的市场环境时，更要致力于生产清洁技术的创新，解决环境污染问题；研发高新技术产品，及时更新换代，提高产品附加值和科技含量；改造传统的产业装备，提升装备科技水平。

（三）发展产业集群，形成竞争优势和集群效应

企业集群主要是通过战略联盟来提高整体竞争力，这样可以大幅度降低管理成本；同时，相关或同类企业在空间上聚集也能使运输成本大幅减少。企业只有在生产销售时将自身资源及社会资源配置到最优环节，才能将企业的生产成本、销售成本和创新成本降到最低，才能快速提高企业自身的市场竞争力。江西老字号企业也可通过集群方式，提高时代竞争力，实现共同发展，从而加强老字号生存能力，而不至于被迫挤出市场。

（四）江西老字号企业品牌提档升级，资本市场升级拓展

资本市场是企业主要的投资场所，更是企业为社会经济服务、优化企业自身资源的有效平台。江西老字号企业升级，可以通过参与多级资本市场的建设，从而形成有利于老字号企业品牌发展的长效机制；市场扩产，需抓住国家市场发展契机，积极探索资本运作与市场融资渠道，筹集发展所需资金。

四、鄱阳湖生态经济区

自2009年《鄱阳湖生态经济区规划》正式批复以来，江西省根据这一规划，针对鄱阳湖地区的治理开发采取了很多战略性措施，其中包括九江地区152公里长江岸线沿江开放开发战略、昌九一体化及其沿线工业走廊建设，还有山江湖区域资源、环境的生态文明开发治理建设工程等一系列重大战略，推动了江西省的生态环境保护和建设，并极大地促进了本省的经济社会发展。目前，鄱阳湖生态经济区已经在新型工业方面取得了一定的规模，初步建立了“互联网+”时代的高精尖仪器生产制造、航空、生物制药和中成药、食品工业、汽车、金属制品加工和特色冶金、新型建材及精细化工、现代家电产业和电子信息等为核心的产业体系。同时，在旅游业方面，该区发展较快，已成为我国中部地区重要旅游胜地。完善了卫生、文化、教育等公共服务体系。在生态农业方面，发展势头良好，有机食品产量名列全国前列，是我国重要的商品粮油基地和著名的鱼米之乡。在基础设施方面，条件比较好，构成建造了可靠安全的电力供应体系，并且已初步形成便捷的立体交通网络。

鄱阳湖生态经济区带动了新型工业、旅游业、服务业、生态农业及基础设施的发展，江西老字号企业很多都是与其相关的产业，不少老字号企业都处于鄱阳湖旁边，尤其是茶业。因此，在一定程度上，鄱阳湖生态经济区的发展可以带动江西老字号的发展；老字号企业应合理利用这一优势，根据自身产业特征进行发展与创新。

五、中部地区崛起

中部地区具有连南通北、承东启西的区位优势，地处内陆腹地。该区域内拥有丰富的自然、文化资源，人口众多，承载、集聚人口和产业的能力比较强，水陆空交通网络全面升级、便捷通达，科教基础扎实，农业尤其是粮食生产区域性优势明显，产业门类丰富，工业基础能力强大，生态环境容量较大，具有加速经济发展的良好条件。

在政府以及社会各方支持与促进下，中部地区崛起工作成效显著：对外开放格局不断得到提高，机制体制创新全面稳步推进，效仿湖南长株潭城市群、湖北武汉城市圈的昌九一体化提供了友好型环境和节约型资源社会；一批重大建设项目相继不断地开工，高技术产业及现代装备制造基地、能源原材料基地、粮食生产基地和综合交通运输枢纽建设都取得了飞速的进展；人民生活水平处于稳步提高状态，政府提供基本公共服务的能力也在日益增强，同时社会事业得到全面发展；经济运行质量不断提高，发展速度明显加快，从而总体实力得到了进一步增强。

江西省属于中部地区，中部地区的崛起，不仅带来了人力资源、文化资源，还带动了经济的增速发展，与此同时，也提高了对外开放水平。这些都有利于推动江西老字号的发展，为老字号带来人力资源，带来先进文化，加快其国际化进程。

六、“一带一路”

习主席在访问印度尼西亚和中亚时提出的“一带一路”是指“21 世纪海上丝绸之路”和“丝绸之路经济带”。历史上的古丝绸之路有海上丝绸之路和陆地上丝绸之路，是我国同东南亚、东非、南亚、中亚、西亚、欧洲等地区文化和经济贸易交流的大通道，习总书记所提出的“一带一路”实际上是对古丝绸之路的提升与传承。“一带一路”在已有地区倡议和合作的基础上，进一步推动了沿线各国在实现经济战略过程中能够优势互补、相互对接。它秉持包容开放精神，不搞排外、固定、封闭的机制；也是现有合作的升级与延续。

江西老字号企业应紧抓“一带一路”的规划发展机遇，找准定位，主动融入，积极作为：首先，必须加快企业的自身发展建设，发挥既有的优势，并加快改革创新速度，提升企业竞争实力；其次，找准合作的切入点和突破口，有力、有序、有效、扎实地推进与其他国家地区的合作，构建互联互通、互利共赢的合作发展大平台；最后，利用自身独特优势，通过合作、集群等方式加强竞争力，并不断向国外市场拓展延伸，进而实现长久发展。随着“一带一路”倡议的部署，“走出去”也必须成为江西老字号企业新的聚焦点。江西老字号更应充分利用省内、国内、国际大市场及各种资源，扩大企业本身的市场规模，带动企业产品出口和企业文化交流。

七、江西赣江新区

2016 年 6 月，国务院批复设立江西赣江新区，同年 10 月，江西赣江新区在江西省会南昌挂牌成立，是全国第 18 个、中部地区第 2 个国家级新区。经过一年多的发展，赣江新区已然形成了集产业、交通、商务、行政、社会管理等于一体的相对完备的独立体系，兼具完整城市功能和属性，是江西经济改革、创新、发展的重要战略阵地。江西赣江新区拟在高端装备及智能制造的先进制造业、战略性新兴产业、高端现代服务业等领域，引进和培育一批龙头企业，形成产业集聚效应，成为江西未来经济发展新的主战场、产业升级的引爆点，成为带动全省发展的重要增长极。为此，江西省政府拟从以下几方面采取措施：一是打造引领区域发展新增长极；二是建设高端产业新集聚区；三是培育改革创新新引擎；四是打造中部区域内陆开放新高地；五是建设生态宜居现代新城区及特色小镇。

八、美丽中国“江西样板”

2016 年 2 月，习近平总书记在视察江西时，对江西的生态资源以及红色文化给予了高度赞扬并指出：绿色生态是江西最大财富、最大优势、最大品牌，一定要保护好，做好治山理水、显山露水的文章，走出一条经济发展和生态文明水平提高相辅相成、相得益彰的路子，打造美丽中国“江西样板”。

习近平总书记的这一重要指示为江西省的红色旅游建设指明了具体的发展方向，奠定了未来的发展基调，提出了更高的发展要求。中共中央江西省委书记鹿心社也指出：“十三五”时期是江西旅游产业转型的攻坚期和加快发展的关键期。

江西老字号品牌发展应紧紧围绕十九大习近平总书记提出的新时代中国特色社会主义、深入贯彻习近平总书记系列重要讲话尤其是对江西经济发展的重要指示精神，牢固树立并贯彻落实践行五大发展理念，积极主动发展赣鄱经济新常态，紧紧抓住服务业飞速发展的良好机遇，创新红色赣鄱旅游以及绿色生态旅游发展理念，优化红色赣鄱旅游及绿色生态旅游产品，增强新时代旅游发展动力，从品牌效应、集群效应、综合效应方面把红色赣鄱旅游产业和绿色生态旅游产业全面做强做大，全面推进红色赣鄱旅游产业和绿色生态旅游产业转型升级，坚定稳步地向旅游强省迈进。

九、总结

根据国内老字号成败因素分析，项目组对“互联网 +”时代江西老字号竞争力做出初步评价估计。

（一）自身条件很好

老字号各具独特优势：在技术工艺方面，它有自己的秘方，且独一无二；在品牌形象方面，品牌深入人心，得到广大消费者的认同，而且信任度极高。此外，老字号品牌历史悠久源长，文化底蕴深厚，并传承了中华民族的优良企业文化和传统企业精神。例如，九江市清真“梁义隆”饼店坚持质量第一、守法经营、诚信服务、发扬传统特色的理念，在百姓心中树立起了良好的品牌形象，很多外省甚至是国外的顾客都慕名到“梁义隆”饼店购买酥糖、茶饼，一尝为快。

（二）市场环境一般

在“互联网 +”时代，市场竞争相当激烈。由于各种外界及自身原因，大量的江西老字号品牌因经营不善而衰退甚至倒闭，以低调姿态悄然退出消费市场。因此，江西老字号生存发展能力有待提高。

（三）资金一般

部分江西老字号品牌由于经营不善，导致资金周转困难；而且在融资时也是困难重重，虽然政府放宽了政策、加大了资助力度，但效果还是比较缓慢。

（四）人力资源很好

江西高等院校众多，大部分高等院校集中在省会南昌，高等院校主要分为本科院校、高职院校、成人教育及独立院校四类，每年都会为社会培育出一大批优秀人才。

（五）实施组织较好

江西省政府响应国家号召，加大对江西老字号品牌的扶持力度。从实际情况出发，对不同状况的老字号企业给予了帮助。

（六）政策服务很好

政府正不断加大对江西老字号企业的保护和发展力度，制定了各种相关指导意见，帮助江西老字号品牌进行融资需求、招商引资，并给予相关资金补助等。所有这些政策措施都有利于提升江西老字号品牌，加强其竞争力，使其能够在竞争激烈的市场环境中屹立不倒，持续健康稳定发展下去。

参考文献

［1］黄卓．电子商务诚信伦理研究［D］．上海师范大学论文，2015.

［2］张雪．浅议我国老字号的法律保护［J］．法制与经济（上旬），2013（2）．

［3］林芸，吴泓颖．基于品牌文化的江西老字号创新发展研究——以江西老字号“浮梁县浮瑶仙芝茶业有限公司”为个案［J］．老区建设，2016（2）．

“互联网 +”时代江西老字号品牌发展策略

林 芸 黄 河

内容摘要 “互联网 +”时代，越来越多的老字号品牌发现只有紧跟时代步伐，及时发现自身不足，并对症下药，方能寻求发展之道。本文从互联网思维的树立、品牌形象维护保护、品牌质量保证等七个方面探讨了“互联网 +”时代老字号品牌的发展策略，以抛砖引玉，促进老字号品牌在竞争中凸显自身独特性，立足国内市场，开拓国际市场，不断生存、发展下去。

在“互联网 +”时代，老字号品牌急需跟上时代脚步，及时发现自身不足，并对症下药，寻求发展之道。项目组主要从以下七个方面提出了老字号品牌的发展策略：互联网思维的树立、品牌维护保护、品牌质量保证、品牌国际化、品牌科学管理、营销方式创新、人才技术优化。

［作者简介］林芸，江西经济管理干部学院教授，研究方向为赣商文化研究。黄河，江西经济管理干部学院副教授，研究方向为赣商文化研究。

［基金项目］本文是2015 年度江西省社会科学规划项目“‘互联网 +’时代江西老字号品牌发展策略研究”（15WTZD04）研究成果之一。

一、互联网思维的树立

（一）利用互联网打造品牌核心竞争力

“互联网+”时代也意味着“窄众化”时代的到来。差异化和独特性成为品牌核心竞争力的重要源泉。当品牌发展到一定程度，市场上必然会出现同质化严重的问题。此时，品牌被迫进入恶性竞争状态中。有的品牌甚至无奈选择降价促销、花钱造势等方式以提高市场份额，然而这并非长久之计，且后果严重。因此，品牌能否将最优秀、最突出的那一部分，及时有效地呈献给目标客户，从而建立差异化品牌显得尤为重要。例如，旅游巨头携程网，其发展方向明确：专注于向旅行者提供票务、酒店预订、度假预订，同时提供相关旅游资讯和旅游周边产品，紧紧抓住商务及旅游客户群，致力于根据目标客户的需求来设计产品和服务。现今携程网已成为国内最大的互联网旅游集团。在“互联网+”时代，品牌只有不断升级、不断优化，创造出自己的差异化和独特性，也即具备品牌的核心竞争力，才能在市场上站稳脚跟，也才能不断生存、发展下去。

（二）利用互联网创造完美的客户体验

品牌经营应以人为本，以客户为本，满足客户需求。“互联网+”时代，信息的传播立足于人的行为，任何时候都可以产生交易，市场的主导力量不仅包括传统的“产品至上”，更增加了现代的“用户至上”。品牌可通过收集消费者的点击记录、搜索记录、购买记录等形成的关于消费者行为模式的数据环，并通过观察及分析数据环，更好地了解消费者的需求和喜好，及时推出能够满足消费者需求的商品。因此，倘若品牌仅简单地介绍产品或服务，则很难持久地吸引消费者。因为现在的消费者不单单是在购买产品，更是想从中获得快乐、满足和享受。“互联网+”时代把控制权放到客户手里，通过互联网进行双向倾听与反馈，对品牌发展而言，这种直接与消费者沟通交流的机会弥足珍贵。

但互联网同时又是一柄“双刃剑”，由于产品同质化趋势趋重，用户的“背叛”成本极低，品牌的生命周期极大缩短，客户能随时随地搜索可替代品牌及相关品牌的性能、功能、比较价格和服务，甚至评价。此外，客户在使用某品牌产品的同时可通过社交平台沟通交流，分享产品的使用情况和体验感受，形成强大的舆论导向。社交平台上，客户话语权越来越强大，表现为对品牌的体验传播速度极快，特别是糟糕的客户体验，会通过互联网进一步酝酿、发酵、放大，产生连锁反应，对品牌造成负面影响，甚至会导致品牌倒闭。

（三）利用互联网整合产业扩大市场份额

随着品牌竞争日益加剧，竞争的关键已从之前的产品营销和平台营销上升为“商业整合模式”。在商业整合模式竞争中，产品、平台到整合是一个逐步发展的关系。品牌应通过互联网整合来扩大自身的市场份额，降低运营成本，并搭建不同业务间的桥梁，从而激活自身活力。“互联网＋”时代，为应对未知挑战，品牌间联盟整合是大势所趋。整合能恢复各品牌及保护其生机，品牌之间良性发展，同时也能促进品牌间的扩张。例如，日本著名书店茑屋书店一改书店固有模式，在展示有关“咖啡”的相关书籍时，顾客们凭借品尝咖啡的真实场景，就能找到相关书籍。这种场景化陈列的方式，为书店赢得了大批忠实的消费群体。书店除了书籍区，还设有电影区、音乐区、星巴克和休息区，在体现人文关怀的同时，完美地带动了各品牌的共同发展。然而，如果只是为了扩大市场份额而盲目整合扩张，这种仅有量变、没有质变的改革终将会遭遇失败。如果只注重眼前的市场销售和资金运作，实用主义和机会主义的整合则将使品牌走向衰败。

（四）利用网络新科技让品牌零界限

网络科技不再让品牌互相分隔，而是“你中有我，我中有你”，互为融合。塑造强势品牌关键在于将品牌与互联网新科技有机融合。如今 API、云技术、智能硬件、大数据分析等互联网技术推陈出新，在这些技术的推动下，品牌先行者为抢占先机，一方面给自身品牌注入创新观念和理念，另一方面通过开拓或整合积极抢占潜力巨大的新市场；新的业态形势让原有相对分离的状态不再复存，新兴事物不断产生。展望未来，互联网新科技将被更加广泛地采用，老字号品牌应及时更新思想观念，强化创新意识，加速新科技的开发与利用，以求生存与发展。

以百年老字号同仁堂为例。“互联网+”时代，该品牌看准医药健康行业发展趋势，积极打造健康垂直领域的互联网平台，迈出国企改革实质性的步伐，实现国际健康产品国内同步上线、中医药健康服务走出去的目标。同仁堂国际通过健康检测咨询、跨境健康垂直电商、跨境中医药电商和中医健康保险这四个板块打造健康服务生态平台，探索健康产业的发展新模式。目前同仁堂国际整合了全球40多个健康品牌产品，其中包括新加坡的科艺和挪威的Moller's、美国的Carlson、Jarrow Formulas等顶级品牌。

二、老字号品牌维护保护

江西老字号品牌需要加强对品牌的维护及保护。由于很多老字号对品牌保护不够注重，假冒伪劣产品、仿冒品牌防不胜防，品牌在国外被抢注等情况也时有发生。著名天津小吃“狗不理”曾有惨痛教训，在日本被抢注十多年后才失而复得，尽管维权成功，可是维权道路依旧很长。可见，品牌的价值是不可估测的。因此，江西老字号品牌在保护自身的同时，更要注意对品牌商标进行注册和及时申请专利。必要时可拿起法律武器，提升维权的手段与能力。

石钟山豆制品公司豆豉系列产品，以其品味独特、品质超群荣获中华老字号称号，受到省级“非遗”保护，拥有江西省著名商标等称号。但在2016年8月，湖口某公司盗用该公司现有销售渠道和合作商户，并特意高薪招聘原在该公司的老销售员寻商开道，打着公司的旗号蒙蔽商家，把假冒产品说成是“老产品换了新包装”，在湖口多个乡镇小店摊位销售，严重扰乱了市场。尽管公司及时发现并做出声明，仍然对品牌造成了一定的负面影响。

三、老字号品牌质量保证

品牌的生命和灵魂在于产品质量，没有质量的保证，品牌则犹如“无水之源”，丧失了根本立足点。因此，优秀品牌的显著特点就是提供优质可靠的产品。在消费者心中，老字号品牌符合国家相关标准规定，质量过硬，信誉度好。因此，建议政府推广老字号品牌全程质量可追溯管理制度，真正实现对品牌产品的全过程监控，以保证老字号品牌的质量。

江西老字号品牌平善堂秉承"厚德众生，品信上善"和"健康关怀，无处不在"的经营理念，以及"专业、平价、诚信、周到"的服务理念，想方设法让老百姓用上放心药。公司与全国上百家品牌药品生产企业建立了长期战略合作伙伴关系，并对合作伙伴的质量保证体系进行实地考察，实现品牌药企名牌产品的直供，真正从源头上确保了产品质量。

四、老字号品牌国际化

江西老字号品牌想要发展壮大，应不断提升自身品牌地位，赢得更多市场。除了在国内市场占有一席之地，在可能的条件下，老字号品牌还应将业务扩展到国外。如要开拓更大市场，则必须提升品牌影响力，让品牌从江西老字号晋升为中华老字号，再晋升为国际强势品牌。经济全球化背景下，传统品牌走出国门，探路全球市场已成新趋势。

2016年，东阿阿胶公司正式推出直销品牌"娇倍源"，并宣布在全球范围内成立直营销售中心，此举引起行业普遍关注。2016年，许多珠宝品牌在市场竞争中受挫，纷纷缩减规模甚至关店，此时百年民族品牌老凤祥却逆流而上，成为珠宝行业困局中的一个亮点。老凤祥坚持"立足上海、覆盖全国、面向世界"，在全国各地发展迅猛，而且成功走出国门，将品牌落户海外，成为世界知名品牌，与国际品牌比肩而坐。2012～2015年，老凤祥分别在澳大利亚悉尼开设特约专卖店、在美国纽约第五大道开设专卖店、在加拿大温哥华开设银楼，这一系列举动有力地推动了老凤祥朝着国际化进军的步伐。

五、老字号品牌科学管理

江西老字号品牌应对品牌管理方式进行创新，形成科学的管理模式。老字号品牌要想踏上规范化管理道路，必须打破传统的内部组织结构，各部门职责与分工更为明确，建立起现代化管理体制，并充分利用互联网带来的便捷条件，更为有效地对运营等各方面进行科学管理。

例如，"东阿阿胶"将互联网技术贯穿整个运营过程，通过互联网来完成对顾客的管理服务。如客户服务、客户档案管理、客户体验等。通过移动端与消费者沟通、交流，及时反馈客户体验效果，建立大数据库，也即打造“两网两库”一体系。两网即地面的销售网和空中的互联网，两库指中层消费者档案库和专家库。两网两库目的在于利用互联网大数据建立以消费者的服务和体验为中心、以消费者的健康为核心的服务体系。

六、老字号品牌经营方式创新

老一套的经营方式已不再适用于现代经济社会，江西老字号品牌需要对其进行创新，以跟上时代发展步伐。

（一）单一经营向多元经营转化

老字号品牌的经营方式应一改单一化，适时对品牌进行延伸，向经营多样化发展。根据消费者的品牌偏好、体验认同、已有品牌的良好形象，带动其他种类产品的销售。

（二）由单店经营向连锁经营转换

江西老字号品牌可借助品牌效应，扩大经营范围，提高市场占有率，由单一式小型品牌向连锁型大品牌过渡，从而实现品牌的规模化运转。

（三）由产品经营向品牌经营转换

中国经济的发展正在从“中国制造”走向高端品牌转型、升级。打造具有特色的老字号品牌，应包含以下两方面内容：一是将企业的价值链从单纯的产品生产环节，向多维度方向延伸，打造全产业链企业；二是提高产品品质，扩大企业规模，构建企业高端品牌形象，以此形成企业核心竞争力。同时，还应当将企业文化纳入老字号品牌建设中。

七、老字号品牌人才及技术优化

老字号品牌求发展求进步，人才及技术优化是关键。对于江西老字号品牌这点尤为重要。

在人才优化方面，江西老字号品牌应适应并积极探索“互联网+”时代人才发展的培养方式和机制。破除传统的师徒传授这种单一的人才培养方式，大力引进新型人才的同时加强内部员工的内涵建设，注重员工内外兼修的培育，创新人才培养模式。通过多形式、多渠道的培训方式，调动品牌员工的主动性、积极性，让各个工作岗位上员工的能力和素养都能有所提高。坚持向内培养骨干人员，向外聘请专家给予指导。培养一支会产品研发、懂专业技能的队伍；结合“互联网+”热潮，建成一个既掌握先进的市场营销技巧，又能熟练操作网络金融和电商的强有力团队。增强老字号品牌营销与传播能力。

在生产技术优化方面，建议江西老字号品牌在已有技术基础上，充分结合现代先进科学技术，以适应当代消费者的偏好和需求。在当今社会，优质的产品质量是江西老字号品牌持续长久发展下去的保障，在保留原有传统技术的同时，增加新技术和新工艺，紧跟时代潮流，不断从技术生产层面寻找前沿的创新技术和工艺，为老字号品牌的发展增添活力。

参考文献

[1] 王文丽．企业品牌形象塑造研究 [J]．市场论坛，2012 (10)．

[2] 郭全中，胡洁．互联网发展的新趋势与传媒转型 [J]．出版发行研究，2014 (9)．

[3] 曹庆．湖北中华老字号面临的营销困境及对策 [J]．中国集体经济，2012 (13)．

[4] 尚晓彤．我国老字号企业发展现状及转型策略研究——以创意经济为借鉴 [J]．经济师，2015 (6)．

[5] 林芸，吴泓颖．基于品牌文化的江西老字号创新发展研究——以江西老字号“浮梁县浮瑶仙芝茶业有限公司”为个案 [J]．老区建设，2016 (2)．

“互联网 +” 时代江西老字号品牌竞争力提升研究

林　芸　吴泓颖

内容摘要　对于“互联网 +”时代江西老字号品牌竞争力提升，项目组主要从品牌维护、融资支持、政策扶持等六个方面，为相关政府部门提出了对策。

借助得天独厚的优势，明清以来，江右商帮努力拼搏，诚信经营，在瓷业、茶业、酒业、纸业、药业和食品业等行业中苦心经营出一批有口皆碑的老字号。老字号品牌蕴含着丰富多彩的文化：特色工艺中体现着创新文化；优良品质中体现着品质文化；质朴经营中体现着诚信文化；关注时事中体现着责任文化等。随着时代变迁，有的老字号风采依旧，有的萎靡不振，有的甚至销声匿迹。截至 2017 年，江西省共有 22 家“中华老字号”，118 家“江西老字号”。如今，老字号发展又逢良机：2017 年 1 月，16 部门印发《关于促进老字号改革创新发展的指导意见》；2017 年年初的《政府工作报告》中明确提出要“打造更多享誉世界的中国品牌”；2017 年 5 月 10 日是首个“中国品牌日”。

［作者简介］林芸，江西经济管理干部学院教授，研究方向为赣商文化研究。吴泓颖，江西经济管理干部学院副教授，研究方向为赣商文化研究。

［基金项目］本文是2015 年度江西省社会科学规划项目“‘互联网 +’时代江西老字号品牌发展策略研究”（15WTZD04）研究成果之一。

品牌是老字号的长寿基因，品牌是市场经济的通行证。

“互联网 +”时代，探讨如何提升老字号品牌竞争力，具有十分重要的意义。老字号品牌需要不断提升竞争力，方能在这一时代洪流中立稳脚跟，不断发展。项目组主要从品牌维护、融资支持、政策扶持、人才技术支持、行业组织搭台及品牌营销六个方面，为相关政府部门提出对策，以助力江西老字号品牌迎难而上，再创辉煌。

一、老字号品牌维护

品牌维护，是指为了保护品牌形象、维持品牌市场地位以及品牌价值，政府或企业针对外部环境变化对品牌带来的影响所进行的一系列活动的统称。许多老字号品牌在逐渐树立起对品牌的维护和保护意识。近年来，正是由于不少老字号品牌缺乏商标保护意识，没有及时去工商部门进行注册，导致品牌被抢注，无形资产严重受损。江西老字号品牌也遭遇过此类问题。因此，在江西老字号品牌发展过程中，建议政府部门从以下几方面加大对江西老字号品牌维护及保护力度。

（一）加强宣传

商标是消费者选择产品的强力依据。在“互联网 +”时代，商标还是品牌申请微信、微博官网认证的必备条件以及入驻天猫、京东等国内外电商平台的通行证。政府可借助现代媒介来传播老字号商标的重要性及相关法律知识，如互联网、广播、影视、报纸和杂志等，从而达到加强宣传的目的。

（二）敦促注册

商标注册周期较长、专业性较高，有的老字号品牌因此对商标注册望而却步、一拖再拖。建议有关部门敦促老字号品牌加强商标和法律意识，及时在国内外进行注册，从而减少商标被抢注的可能。相关部门在商标注册过程中简化流程、提高效率，提供相关培训，为品牌商标注册提供更为便捷的服务，提高商标注册的成功率。

（三）制定法规

可以借鉴厦门市的做法。2016 年 11 月，厦门市表决通过全国首例老字号品牌保护法规《厦门市老字号品牌保护发展促进办法》。该办法包括立法宗旨、定义、认定原则、认定秩序等 31 条。对于“山寨”老字号品牌，《办法》规定：擅自使用与“厦门老字号”相同或近似的文字、图形或者其他组合的，市场监督管理部门责令其限期更正；拒不改正的，处以违法所得 1 倍以上 5 倍以下的罚款；没有违法所得的，处以 2000 元以上 1 万元以下罚款。2017 年 5 月，该办法正式实施，较好地整顿了品牌市场，遏制了假冒伪劣品牌现象的发生。

（四）政府统管

山东省商务厅的做法可以提供参考。2016 年 3 月，山东省商务厅为推进安全消费、品质消费，为全省 219 家老字号企业建立集认证防伪、质量追溯、消费评价等功能于一体的数字“身份证”，实现老字号产品的“源头可溯、去向可查”。消费者只要用智能手机扫描二维码即可确认产品基本信息。此办法，既维护了消费者利益，也防止了假冒伪劣产品的侵害，维护了老字号品牌声誉。据山东省商务厅商贸发展处负责人介绍，山东开发建设的“老字号企业二维码追溯评价系统”，将为全省 219 家老字号企业建立数字“身份证”，助推老字号应用大数据分析系统，提升精准营销能力。

二、老字号品牌融资支持

大多数江西老字号品牌都迫切需要多种融资方式的支持，建议政府相关部门扮演领导者角色，引领品牌实现融资需求。

（一）鼓励老字号品牌上市

对于经营状况良好的江西老字号品牌，政府应鼓励其上市；对于上市条件尚不符合的江西老字号品牌，帮助其寻找其他融资渠道，使其优质成长，为上市创造条件。

（二）寻找私募股权投资

帮助品牌进行招商引资、引进民间资本等。例如成立江西老字号企业发展基金或江西老字号投资联盟等。2016年9月，由私募和投资专业机构设立发起的中华老字号投资联盟正式成立。该联盟拟以实际行动助力中国制造向中高端转型，引领中华老字号重振品牌，从而增强中国企业在全球范围的产业话语权。联盟拟主要完成以下使命和愿望：一是搭建资源整合平台，让各类型投资和专业机构共同参与老字号品牌的保护及发展，做到资源的深度整合。二是搭建探索创新的平台，让各类机构为老字号品牌的发展共同注入创新基因，帮助老字号品牌在尝试和进取中逐步获得成功。三是搭建规范发展的平台。各类型机构的加入与合作，能够在最大限度上监督和保护这一平台的规范发展，同时也保证老字号品牌的健康蓬勃发展。

（三）提供专项资金扶持

通过建设各类专项资金资助项目，如优惠贷款、贴息贷款等，对江西老字号企业提供资金支持，以期促进江西老字号企业的发展和强大。2016年7月，北京市商务委员会发布新政策，"互联网+"的老字号品牌将获得专项资金扶持，包括老字号传承发展在内的共十一大项符合标准和要求的项目可获得各种形式的支持或补助，例如政府购买服务、项目补助、以奖代补等，单个项目最高可获得500万元人民币的补助，符合条件的企业可全年进行申报。通过审核的老字号企业传承创新发展项目将获得资金扶持，所获资金不超过项目实际审定投资的50%，最高不超过500万元人民币等。

三、老字号品牌政策扶持

政策扶持对于江西老字号品牌的发展极为重要。江西省政府已经明确了促进、保护江西老字号发展的基本原则、工作目标、重要意义、相关思路、政策和指导思想，及相关保障措施。项目组建议从以下几方面着手，加强落实。

（一）土地使用政策

支持老字号的土地使用。若是企业由于搬迁或规模扩大而急需土地，以及厂房租金方面，政府部门在政策上可以对江西老字号企业予以优先考虑。

（二）税收优惠政策

针对江西老字号品牌的境外销售，在国家允许的范围内，在一定年限内，税务部门给予一定程度的税收优惠，帮助老字号在国外立住脚跟。

（三）人才培养政策

促进对老字号品牌文化遗产的传承，支持奖励大师、名师的挖掘，并鼓励培育特色技艺传承人。

四、老字号品牌人才技术支持

人才素有“第一资源”之称，是企业发展的不竭动力。江西省高校众多，在省会南昌，相关学者专家云集。利用这一优势，政府部门可为江西老字号品牌在“互联网+”时代的发展提供智力支持。江西经济管理干部学院、江西省社会科学院赣商文化研究所、江西师范大学、南昌大学、江西财经大学等院校的专家学者一直对赣商文化保持持续追踪及潜心研究，取得了一定成效。

以江西经济管理干部学院为例（以下简称学院）。学院以深入开展赣商文化为己任，决心为江西省文化建设的科学决策提供强有力的理论支撑和智力支持。学院赣商文化研究团队共有40多名成员，下设18个课题组，其中教授20名，副教授22名，博士6名，硕士34名，此外，还聘请了多位省内外知名专家学者作为学院学术委员会成员参与赣商文化研究。

（一）基地建设

2017年，学院成立赣商文化研究中心。同年，江西省社会科学界联合会颁发了《关于批准设立江西省赣商文化研究基地的通知》，由学院牵头组织申报的“江西省赣商文化研究基地”获批准设立。对树立赣商文化自信、推动赣商文化研究持续健康发展意义重大。

（二）课题研究

2010 年，学院立项了 8 个院级赣商重点招标课题；2017 年，又立项了 13 个院级赣商课题。2017 年，学院还立项 3 个省社会科学界联合会智库项目，促进了赣商文化研究的深入。

（三）论文发表

赣商课题组成员陆续在各刊物上发表赣商研究论文 60 余篇，多篇赣商相关文章连续刊登于《江西晨报》；形成了一批赣商研究成果。成果不仅被用于江西省工商联民营企业家调研成果之一；还被选为由省委组织部、江西经济管理干部学院联合举办的市厅级经济管理知识培训班和县处级经济管理培训班的课程专用教材。

（四）著作撰写

2014 年 10 月，学院院长秦夏明教授主编的《赣商研究》，由经济管理出版社出版，该书以赣商精神挖掘为主线展开研究，研究方向包括江右商帮流派与老字号、江右商帮历史渊源与行会制度、江右商帮家族与商贾精神、商帮比较与新赣商研究四个方面。《赣商研究》问世以后，关注热潮不断，范围从政府到学术领域直到普通消费者，2015 年荣获江西社会科学成果二等奖。

（五）文化馆建立

2015 年，学院赣商文化馆建成。该文化馆是省内第一个赣商文化馆。修建赣商文化馆，旨在挖掘江右商帮历史遗存、梳理江右商帮历史兴衰、建立赣商研究资料文库、提炼赣商商贾文化精髓、传承赣商务实创业精髓，这对丰富江西经济史、推进江西文化软实力建设有着十分重要的意义。赣商文化馆已成为学院干部教育的现场教学点，普通学历教育的情景教学基地，省社联赣商知识科普教育基地。

五、老字号品牌行业组织搭台

为促进老字号品牌更快、更好地发展，我国很多省市成立了自己的老字号品牌行业组织，如广东省老字号协会、浙江省老字号企业协会、上海中华老字号企业协会、杭州市老字号企业协会等。老字号协会如桥梁般加强了老字号品牌间的相互沟通、合作交流，更好地推动了老字号品牌的健康发展。

2005 年 7 月，江西省茶叶协会成立，共汇集了 50 余个团体会员单位。协会的宗旨为加强全省茶叶行业管理，促进产业化经营，引导和推进茶产业结构调整，维护企业和茶农合法权益。并开发了相关网站，开设了动态、资讯、江西茶、国内茶、市场、茶知识、政策等栏目。协会发挥了良好的沟通纽带作用：上联政府，下联茶农企业；不仅为政府决策做参谋，而且为茶农企业服务。

2013 年 7 月，新余老字号协会成立。2014 年 11 月，新余市老字号协会网站成功上线，为“互联网 +”时代新余市老字号品牌的发展起到了积极的推动作用。

2016 年 9 月，江西省老字号企业联盟在九江成立，这是江西打造现代商贸大省、促进内贸流通繁荣兴盛、推进供给侧结构性改革、扩大内需的重要举措，标志着江西省老字号抱团发展迈出了实质性步伐，对推动江西省商务经济发展升级具有重要意义。老字号企业联盟为企业和老字号品牌之间搭建了良好的沟通平台，一方面建立了江西老字号企业反映诉求的平台，另一方面有利于帮助老字号企业解决实际问题，也可以提高市场监督效率。

六、老字号品牌营销

随着“互联网 +”时代的到来，中国市场的大门越发被打开，大批外国商品不断涌入国内，抢占了中国很大一部分消费市场，同时带走了大量消费者，部分国内品牌陷入低迷状态。国外品牌大多具有较强的促销、宣传攻势；相比而言，国内品牌的营销意识略显淡漠。因此，建议政府加大对江西老字号企业在品牌营销方面的扶持，以增强竞争能力。对于江西老字号品牌来说，由于江西省相比于沿海发达城市经济较为落后，产品在销售过程中的途径不是很畅通，政府可发挥主导作用，帮助老字号品牌拓宽销售渠道。现在较为流行的网络营销方式覆盖面积大、影响力强。由于企业自身建设网站需要耗费大笔资金，导致成本太大而无法真正实现，建议政府对企业进行一定资金补助或协助寻找更加有效、可行的网络平台。如今，淘宝、天猫、京东等购物网站已成为主流购物平台，建议政府帮助江西老字号品牌搭桥引线，最终实现合作。

以青岛商务局做法为例。青岛商务局从以下方面对老字号品牌的营销进行了扶持：一是"互联网＋老字号"。青岛商务局率先组织企业参加"互联网＋老字号"培训班，并搭建网络平台，免费让19家中华老字号企业以及10家山东老字号落户网上购物平台。二是"名优产品展＋进商场"。开展多种多样的老字号企业产品展示展销活动，组织"春明"、"即发"、"海滨"等一批老字号企业在利群等大型商场设立专柜，为老字号企业产品的市场宣传搭建平台。2016年10月，青岛老字号企业展在市北区CBD万达广场开幕，有20多家老字号企业参展，各种新老产品汇集亮相，并开展了免费试吃等活动，人气爆棚。三是"标准＋规范"。以标准化、规范化，促进企业的创新发展。2013年至2014年商业局共制定了23个地方行业和企业规范，激发了老字号品牌的创新活力。2015年实现销售额870亿元，同比增长9.7%。

参考文献

［1］范芝铭．城市品牌建设下的老字号品牌发展研究［D］．浙江大学论文，2013.

［2］林芸，严琦．江右茶叶类老字号品牌文化的传承与创新——以林恩茶业有限公司为例［J］．老区建设，2014（14）．

基于品牌文化的江西老字号创新发展研究

——以江西老字号“浮梁县浮瑶仙芝茶业有限公司”为个案

林　芸　吴泓颖

内容摘要　本文分析了品牌文化的国内外研究现状，论述了江西老字号创新发展的意义，从品牌文化的角度，以浮梁县浮瑶仙芝茶业有限公司为个案，从技术工艺、产品线、品牌个性、设计理念、销售方式、传播方式及经营模式创新等方面，探讨了老字号创新发展模式，为老字号重焕新春提供一定的启示。

一、品牌文化国内外研究现状述评

品牌通常被定义为一个名称、标志、形象、设计或者它们的组合，这些因素可以将特定的产品或者服务与其竞争者的产品或者服务相区别（Kotler,

---

［作者简介］林芸，江西经济管理干部学院教授，研究方向为赣商文化研究。吴泓颖，江西经济管理干部学院副教授，研究方向为赣商文化研究。

［基金项目］本文是2016年度江西经济管理干部学院项目“基于品牌文化的江西老字号创新研究”研究成果之一。

1991）。品牌文化是一个交叉概念，它是品牌学与文化学相融合的产物。Davidson（1997）阐释了品牌与品牌文化间互相融合、互为支撑的关系。Kunde（2002）指出商品或者服务本身的功能化差异已不再是品牌的竞争力，这就导致了人们对品牌内在价值的一种向往和追求，而这种内在价值恰恰就是品牌文化。

国内学者主要从定义和分类两方面研究品牌文化。周朝琦等（2002）认为，品牌文化是名称、图形、标志、设计等元素或者它们的组合，品牌文化主要用来区别不同品牌商品或者服务。郑永球（2000）将品牌文化分为物质、市场和精神三个层次。戴筱筱（2004）认为，品牌文化是品牌个性化的产物。朱立（2006）提出，品牌文化包括精神层面、物质层面、行为层面三部分。此外，还有关于品牌文化的研究现状的描述（祁永寿等，2005）、品牌文化的基本理论问题概述（祁永寿，2004）、品牌文化的内涵及其影响因素（张红霞，2009）、品牌文化国际化（谭凌波，2005）、品牌文化与企业文化的关系（赵丽英，2006）、品牌文化的表现形式（杨铖，2003）、品牌文化的生成（颜廷武，2003）、构建（孟昭泉，1999）、培育（何丽，2008）和传播（吕小宇等，2007）等。

关于品牌文化与老字号的关系，刘巨钦（2012）、潘月杰（2013）对中华老字号企业品牌文化创新及继承进行了相关研究，也有学者从不同角度对天津、杭州、北京、浙江、广东、上海等地老字号的创新发展开展了探讨，但对于具体的江西老字号品牌文化创新发展的深入研究几乎没有，对江西老字号品牌的实际操作指导意义不大。

明清以来，江右商帮努力拼搏，诚信经营，在茶、纸、食品、酒、瓷和中药等行业中苦心经营出一批有口皆碑的知名品牌。几百年来，朝代历经更替，但这些品牌却能在历史的淘沙和商业的竞争中代代相传，保留至今，成为享誉中外的“老字号”、“质量”和“信誉”的代名词。2006 年和 2011 年，经国家商务部分别评选认证，共有 22 家江西品牌获得“中华老字号”称号。2014 年，江西省商务厅又遴选出 33 家“江西老字号”；2015 年，江西省商务厅又公布了 39 家“江西老字号”。

二、江西老字号创新发展的意义

老字号企业对我国经济具有不可或缺的作用，老字号品牌本身蕴藏着巨大的无形资产价值，需要得到传承和保护。然而在新经济时代，老字号的发展却受到极大的压力和挑战。

江西现有22家“中华老字号”，数量上与中部省份基本持平，但与上海、江苏、浙江近百家相比，差距甚远，且品种较为单一。为促进江西老字号的发展，2014～2015年，江西省商务厅认定了72家“江西老字号”单位。然而，由于历史变迁和体制转换等多种因素影响，2014年8月，据不完全统计，江西省内200余家各类老字号当中，七成生存困难，经营惨淡。2014年9月，江西省政府出台了《关于保护和促进江西省老字号发展的指导意见》，拟尽力到2017年底，“中华老字号”企业的培育和引进数量达到30家，对“江西老字号”企业的认定数量达到100家。老字号的创新发展不仅迫在眉睫而且意义重大。

三、江西老字号的创新发展——以“浮梁县浮瑶仙芝茶业有限公司”为个案

本文在前人研究的基础上，从品牌文化角度出发，以江西老字号“浮梁县浮瑶仙芝茶业有限公司”（以下简称公司）为个案，从技术工艺、产品线、品牌个性、设计理念、销售方式、传播方式、经营模式等方面探讨基于品牌文化的江西老字号创新发展模式，以进一步弘扬老字号品牌文化，提升老字号品牌价值，增强老字号的市场竞争力。

“浮红”功夫红茶生长在“晴天早晚遍地雾，阴雨之时满山云”的得天独厚的自然环境中，“采山岚之灵气，得日月之精华”。早在1915年“浮红”就获得美国旧金山巴拿马太平洋万国和平博览会金奖。1950年作为国礼祝贺斯大林七十大寿。2009年“浮红”被评为“江西省著名商标”。2011年在中国名优红茶评比上，被评为“中国十大红茶”之一（排名第三）。2013年被认定为首批“江西老字号”。2015年被评为“中华好茶”。

公司前身为1990年成立的浮梁茶厂，1994年茶厂升级为浮梁县茶叶集团总公司，2004年改制后成立现公司。自成立至今20多年以来，公司与时俱进，不断探索，从地方茶厂已经发展成为全国有名的茶叶龙头企业。最值得一提的是自2004年改制后，公司以重振“浮梁之茗，闻于天下”为己任，以创优品牌为龙头、以创新管理为基础，全方位提升了浮梁茶的质量、品牌以及市场占有率。目前，公司享有“中国茶业百强企业”、“全国食品工业科技进步优秀企业”、“中国食品工业优秀龙头企业”、“全国重信用守合同企业”、“江西省农业产业化龙头企业”等荣誉称号。公司基地获得“中国三十座最美茶园”、“全国有机食品生产基地”、“农业部园艺作物（茶叶）标准园”、“全国农业综合开发产业化示范基地”、“中国茶叶协会科技示范基地”等称号。公司之所以取得今天的辉煌成就，与公司对品牌文化的打造及创新密不可分。2014年，浮梁县浮瑶仙芝茶业有限公司（注册商标：浮红）被认定为首批江西老字号。

（一）技术工艺创新

公司率先引入江西省第一条名优茶清洁化自动生产线，并已成为全省样板生产线。公司首创的“针形茶”也成为江西省名优茶定型的标准形式。之后，公司引进了一条红茶自动化、清洁化加工流水线，在工艺线路设计上，将国内外先进的茶叶加工技术流程与本地区茶叶加工的特点相结合，建设节能、先进、适用、高效的茶叶自动化、清洁化生产成套设备，实现茶叶生产加工的低碳化，使产品的生产具备了良好的成本优势。

公司虽然已经连续十几年通过中国有机食品认证、欧盟BCS有机认证，在2012年，为了深化质量管理，公司又走在全省先列，建立起完备的质量追溯体系。如今，公司不仅牵头推动了“江西绿茶”品牌整合，入股成立了江西绿茶有限公司，并且也是“江西绿茶”这一品牌的制标企业。2015年，国家有机食品生产基地建设管理工作会在南京召开，公司作为全国八大代表之一做出了经验交流发言。

（二）产品线创新

公司大力实施“红绿并举”发展战略，近几年来已迅速发展为资产近亿元的集茶叶种植、加工、研发、内销外贸于一体的茶业骨干企业。开创了功夫红茶、名优绿茶、大宗绿茶、袋泡茶等30多个系列品种。

（三）品牌个性创新

公司立足浮梁丰富的茶叶资源和悠久的茶叶生产历史，瞄准当今茶叶消费前沿的最新潮流，以开发（有机）绿色食品茶为发展方向，努力打响绿色品牌，做强绿色经济。公司成立了（有机）绿色食品茶专项工作组，创建了一支强大有力的团队，其主要成员为基地部、生产部、办公室、销售部等部门经理以及技术骨干，主要工作内容为宣传、培训、技术指导、市场分析，实行责任到个人，使绿色食品茶的开发和管理得到良好运作。公司现有有机茶、绿色食品茶基地2个、出口备案基地3个，总面积6000余亩，获得绿色（有机）食品标准使用权3个。

（四）设计理念创新

茶叶包装设计是最直接、最显著的品牌标示，给消费者的印象与概念也最为分明。公司一直以来重视茶叶包装设计。除注重包装的防潮、储存等基本功能，还注重体现茶叶的档次、价值和形象，很好地融入了中国茶文化、茶企文化。以金色、黑色和红色为主色的礼品茶，高贵奢华；以经典的白色和绿色为主色的平民茶，清新素雅；而从千年古茶树上采摘而来的茶叶精心制作的红茶与国家级大师手绘的青花罐的搭配，更是彰显了浓浓的民族传统，将景德镇的“一红一白”展示得淋漓尽致，令人爱不释手。

（五）销售方式创新

公司产品销售以“内销为主，出口为辅”。公司首先立足南昌市场，通过一系列商务活动和宣传攻势，不仅进入各大超市的食品专柜，还建立起了专门的销售门店。其次，以南昌为中心，产品辐射新余、九江等地。为打响自身品牌，公司奋力开拓外埠市场。自2005年起，公司先后在省外多个大中城市设立紧密型及松散型连锁店十余家，在北京积极拓展高端礼品用茶、商务用茶市场；在最著名的茶叶市场马连道商城开设了专卖店和办事处；在苏州、常熟、无锡等长三角地区则以优质绿茶为主，相继建立起销售窗口。如今，公司已经建立了遍布全国较为稳定的茶叶销售网络。除在国内市场享有较高声誉，公司积极开发国外市场，产品远销俄罗斯、美国、欧盟、新加坡等国际市场，取得了良好口碑。

（六）传播方式创新

公司紧紧围绕“依托生态环境优势、实现产业转型升级”的发展战略，坚持茶叶产业和旅游产业一体化发展，通过“茶旅一体化”，挖掘有机田园文化，探索适合景区旅游的发展模式，相继建成了江西茶叶创意设计中心、江西茶叶旅游中心、江西茶叶会展和交流中心、江西茶叶良种繁殖中心、江西茶叶交易中心。整个茶场既保持茶成园、树成行、路成网、沟相连的原生态，又与茶实践、茶旅游、茶科技融为一体，探索茶产业和旅游产业相结合的发展模式，将观光踏青、品赏香茗、制茶参观有机结合，让游客亲身体验有机茶园的优良生态。并先后举办了专业培训讲座、茶文化演出、茶文化交流数百次，进一步扩大了公司影响。公司与浙江大学联合，开设了浙江大学茶学教学科研实践基地。一方面，为浙江大学师生提供了教学科研实践平台，加深了浙江大学师生对浮梁茶的了解，促进了学校多出科研成果。另一方面，也为企业提供了科技支撑，促进了企业健康发展，带动了浮梁经济腾飞，实现了双方“共赢”。

公司积极参加全国各级各类茶博会、茶叶推广产销对接会、茶叶电子商务会等，与同行交流合作的同时，很好地推广了产品。与时俱进，开发了浮瑶仙芝微信平台推介公司、浮瑶仙芝淘宝官方店售卖产品，为顾客方便快捷地提供了正宗、地道的产品。

2014 年 UTZ 认证基金会驻中国办事处一行人来到浮瑶仙芝公司，对公司、工厂、茶园进行实践性考察，引导公司与国际标准接轨。UTZ 认证是一种关于农产品责任生产和采购的全球性认证标准，也是对农业商品的可持续性和可追溯性进行确认，本着“好农业，好未来”的宗旨，为打造企业品牌和满足消费者需要的专业、社会及环境质量的生产实践做保证。

（七）经营模式创新

公司采用“公司＋基地＋农户”的经营模式，从整体上推动了传统茶业向现代茶业的转变。本着“主体独立，自愿合作，利益联动，共同发展”的原则，公司以订单的方式与基地农户建立巩固的产业化协作关系，实行一体化经营，促进了产业增效、农民增收，带动了茶业的发展。公司现共有紧密型茶叶生产基地四家，联系茶农1万余户；茶园基地面积达1.6万余亩，公司因其对同行业的深厚影响力和带动作用，被列为江西省农业产业化龙头企业。

四、结束语

随着时代的变迁，有的老字号萎靡不振，甚至销声匿迹，而有的老字号却风采依旧，且规模愈盛。事实证明，老字号应紧跟时代步伐，以全新理念迎接市场挑战。首先，应发展品牌特色。在商业竞争中，老字号的发展，应以其深厚的文化底蕴为基础，以精湛的技艺为依托，注重挖掘品牌特色，形成品牌效应，让顾客以最低成本享受最佳服务。其次，应创新差异服务。面对当前行业同质化的市场环境，老字号要重视市场细分，根据不同消费群体制定差异化的品牌服务策略，既奠定行业的龙头地位，又满足顾客个性化需要。最后，应提高服务质量。优质的产品服务质量是品牌发展的保障。老字号品牌应积极引进先进的设备、精湛的工艺和现代化的管理和营销手段，全面提高产品服务质量。

品牌文化的创新发展有利于促进江西老字号恢复活力，健康发展，更快地适应新经济时代的步伐。祝愿更多的江西老字号以品牌文化为基础，与时俱进，不断提升创新发展能力，加快企业转型升级，为传承和振兴江西老字号文化做出更大贡献。

参考文献

［1］ Davidson，H. Even More Offensive Marketing ［M］. London：Penguin，1997.

［2］ Jesper Knnde. 公司精神［M］. 王珏译. 昆明：云南大学出版社，2002.

［3］ Kotler & Keller. Marketing Management（12th ed.）［M］. 2006，New Jersey，Prentice Hall.

［4］戴筱筱．中国企业品牌文化建设的战略思考［D］．哈尔滨工程大学论文，2004.

［5］何丽．企业品牌文化的培育研究［D］．首都经济贸易大学论文，2008.

［6］林芸，严琦．关于江右商帮老字号品牌研究的思考［J］．老区建设，2012（22）．

［7］刘巨钦．老字号企业品牌文化创新研究［J］．商业竞争研究，2012（5）．

［8］吕小宇，童利忠．品牌文化的传播模式研究［J］．科技和产业，2007（4）．

［9］孟昭泉．品牌文化构建探源［J］．河南社会科学，1999（3）．

［10］祁永寿，段辉民，周舒迥，刘海斌，马云，郭海林．国内外企业品牌及品牌文化研究现状［J］．青海大学学报（自然科学版），2005（1）．

［11］潘月杰，田耕耘等．中华老字号品牌文化继承与创新发展研究[J]．生产力研究，2013（10）．

［12］谭凌波．品牌文化内涵国际化的思考［J］．中外企业家，2005（2）．

［13］颜廷武．品牌文化的生成与建构［D］．山东师范大学论文，2003.

［14］杨铖，张雁白．论品牌文化的表现形式［J］．地质技术经济管理，2003（5）．

［15］张红明，黄钻霞．广东老字号品牌文化内涵及形成机制研究［J］．战略决策研究，2010（4）．

［16］张红霞，马桦，李佳嘉．有关品牌文化内涵及影响因素的探索性研究［J］．南开管理评论，2009（4）．

［17］郑永球．论茶的品牌文化与产销实践［J］．广东茶叶，2000（4）．

［18］周朝琦，侯龙文，邢红平．品牌文化：商品文化意蕴、哲学理念与表现［M］．北京：经济管理出版社，2002.

［19］朱立．品牌文化战略研究［M］．北京：经济科学出版社，2006.

江右夏布　工细甲天下

谢　晖　张　军

内容摘要　夏布是江西传统手工特产之一，本文介绍了夏布从种麻到漂白、织布的传统工艺以及江右夏布的主产地，阐述了其生产销售模式与路径，指出历史上江右夏布商的兴衰主要受生态环境、地理位置、政府政策、文化传统和生产技术的影响。

夏布原料是苎麻纤维，早在春秋战国时期，江西古越族先民就已经开始从事苎麻耕种和使用手工织布，而唐宋以来江西更是全国重要的苎麻产地，品种资源十分丰富。宋代江西经济繁荣，夏布生产兴盛，民众“俗喜麻苎”。明清时期，苎麻的种植已遍及江西各府县广大农村，夏布产量增多，质量精良，逐渐形成了宜春地区的万载、宜黄、宜丰，赣州地区的宁都、瑞金等夏布生产和贸易中心，产品远销国内外。国内市场以销往沿海各省为主，夏布商活跃于全国各商埠。国外市场上，每年秋季，许多草商、夏布商活跃于日本、朝鲜、南洋、美国、新加坡等各国主要商道。

［作者简介］谢晖，江西经济管理干部学院副教授，研究方向为国际贸易。张军，江西经济管理干部学院教授，研究方向为商业经营管理、物流管理、赣商研究。

一、夏布传统工艺

夏布由天然原料苎麻手工纺织而成，苎麻纤维中间有沟状空腔，管壁多孔隙，透气强，易散热，制成夏布易洗易干。夏布的生产是一项系统的配套工程，江西夏布在制作工艺上有两大特色：一是由于苎麻质地坚刚，外地浣纱多使用漂粉或酸水等物，而江西大多采用河水或泉水软化漂白苎麻，化刚为柔，颜色自然淡雅。二是织成夏布后，其他省份多使用硫黄漂色以求一时之美，而江西不用，故越服则色越出。

（一）种麻与绩麻

苎麻一年三熟，易于种植。产于5月的苎麻叫春苎，品质最好，春麻大概在4月下旬至5月中旬，小满前后收割，大部分用于制作细白夏布。产于7月的叫月苎，月麻在6月下旬至7月中旬，小暑前后收割，品质较差，可作中等细白夏布。产于10月的叫寒苎，品质最差，用以制作粗夏布。

苎麻收割后，将皮剥去，剩下白净的苎麻片丝，然后进行涉及脱胶、漂白、绩麻等的九道工序。脱胶，有的地方是先将选出的麻皮放入冷水中浸透，再用苎刀刮去苎皮上的肉质，用麻帚抓离纤维，使成细丝状，缚成小束，放到日光下晒干；宜春的麻农是用牛粪腌法，将麻放入清水一天，然后把麻浸入温热的牛粪液中，再取出冲洗，反复操作，经过六七天，就可以达到脱胶与漂白两种效果。漂白，有漂白麻纤维及漂白夏布两种。万载、宜春等地先漂麻再织布，宜黄地区先织布再漂白布。将干燥的青麻，移入河水中或池塘内浸数小时，然后取出曝晒于日光中，干后又移入河水中，复又曝晒，如此反复数次数日，将得到的洁白纤维收藏入缸中紧密盖好，否则，麻色容易变黄而失去其鲜艳光泽。绩麻，主要是制条、粗纺、细纺等工序。先将漂白后的麻卷成一缕缕，放在清水盆中，然后用手指梳成一根根苎麻丝，放在大腿上揉搓、连接，用手捻成小麻纱线，再卷成如茧状纱绽一样的小团缕。

（二）织布

由麻纱线织成夏布需要经过经纱、上机、上浆、织造4道工序，其中以经纱、织造为难。如果手艺不精，会断纱，又费时，次品又多。经纱多为男人所做，将卷缕成纱绽的纱分开，拉直拉长，将一头挂在经纱架上，另一头卷成一捆，用一根木棍（约五六尺长）套挽住用一大石块压在上面。经纱挂纱多少以生产何种规格扣数而定，然后用浆纱刷，蘸好预先用大米和油煮好的米粉浆均匀地来回刷上，待浆纱晾干后，装上布机开始织布。明代时，编织夏布普遍采用传统腰机。织匠用一块熟皮做靠背，其力全在腰和臀部，据人的位置来控制经丝的张力，梭子两边有梭眼，把纬线穿入，通过脚的不停踩动使织布机上下的综片摆动，左右交合，从而将纬线织入。中国的汉字“機”，就是商周时候根据这种丝织设备，象形而来。织布气温过热过冷均不适宜，纱线容易折断，影响夏布质量，织布多为女人，一般2天可成布一匹。

区别夏布的优劣，主要是看布的质量与颜色。生产夏布的行家以布的经线多寡为标准将夏布分为高庄、中庄、帐料三种，高庄布质地精细，色白而有光泽，扣门一般是800~1200；中庄布扣门为600~800；帐料布扣门只有460~600。布的扣门越多，所需苎线越细，织布时间越长，例如，同是9尺6寸的布，扣数在1000~1200的布需要5~10日才能织好，而460扣的布只需织4日，扣数越多的布越轻。细、粗布各有所长、细布丝头缜密，可与生丝纺、罗纺比美，粗布纱线玲珑，易通空气，制成夏天衣服，诚为上品。高庄、中庄细布均用以缝制衣服及各种绣花饰品与窗帘，帐料布可做蚊帐、碗罩、渔网。

二、江右夏布主产地

（一）万载夏布

宜春周边地域如分宜、宜丰多县有产夏布，尤以万载产最为著名。万载夏布柔软润滑，平如水镜，轻如罗绢。明代江西夏布逐步进入旺盛期，万载县在明末时，约有70%的农户从事或兼营夏布（苎布）生产，县城经营夏布的商号上百家。清朝时期，万载县各乡村集镇上有上万人从事加工苎麻的生产，1000多家作坊生产夏布，加工苎麻的机杼声处处可闻。清朝《万载县志》载：光绪三十三年，产额达1.8万担。光绪年间，年产阔幅夏布万卷（每卷23匹）左右，窄幅5~6千卷，行销江苏、浙江、湖北、安徽等省及朝鲜、中国香港、东南亚等地。

万载县产麻不多，所产苎麻只够本县两个月加工所用，所加工苎麻多从宜春、分宜、上高、湖南省的平江地区输入，年入口万担（每担 90 斤）以上。宜春产麻甚丰且质又美，但织布之法不及万载，故宜春夏布多在万载制造，宜春、万载夏布除装式不同外，质地无甚差别，这两地所织夏布的麻纱精美，所织之布，它的麻纱显圆状，故又有圆纱夏布之称。

（二）宜黄夏布

宜黄县所产夏布以漂白闻名，其境内的棠阴镇是宜黄夏布的织造、漂染和集散中心。由于境内宜水全是孵石河，清澈见底，含硫黄质多，使棠阴出产的夏布洁白如银，轻柔胜丝。江西本省的许多地方，甚至邻省湖南的商贩、手工业者都将所产夏布运到棠阴漂染、印花和包装，然后远销日本、朝鲜、新加坡、泰国、菲律宾一带和国内各地。国内商曾有“药不到樟树不全，夏布不到棠阴不白”之说。对其盛况，清邑人张士旒在《棠阴竹枝辞》中作了这样的描述：

年年夜织不停梭，染店浆坊处处多。

红似花浓白似雪，侬家苎布胜绫罗。

清代江西夏布出口旺盛，而宜黄夏布又远近闻名、十分畅销。相较种田，夏布业利润甚丰。在夏布生产旺盛时，棠阴全街居民几乎都以夏布为业，无论从事种苎、缉苎、织布、漂白、染色、印花、包装、夏布经营，乃至挑运，均有较高收入。据说，清代中叶，棠阴陂头上一个小地方就拥有 24 个万元户。夏布商品化使棠阴市的社会分工加剧，“富者为商，巧者为工”。

（三）宁都夏布

早在两千多年前的春秋时期，宁都夏布就是吴越地区的一种特产，至唐朝趋于兴盛，被列为贡品，是农家经济收入的主要来源之一。清代以后，更是“妇女靠此每年获红利金额数量可观”。苎麻加工是农村妇女用以补充家庭收支的副业劳动之一。宁都盛产夏布，形成了几个专业性的夏布市场，称为“夏布墟”，“每月集期，土人及四方商贾如云”。

三、江右夏布产销模式与路径

（一）产销模式

在江西，夏布的传统生产模式比较简单，主要有两种：一种是农家利用闲暇时间自产，自给自足；另一种是小本经营的商业生产。大部分农户把自产夏布作为自己主要副业，自己种麻，自己理麻与织布，“农夫植麻，女绩为缕”的家庭遍于乡间，农家利用农闲、寒冬、雨天、夜间等一切空余时间，从事手工加工苎麻生产，其生产力主要以妇女、老人和小孩为主。农户所产之布，主要供自家需要，剩余部分出售，以换取别的生活必需品。也有少部分农户无机织布，便请织匠织成布，以解决家庭衣被之需要。这种自给自足的家庭生产方式，是近代江西夏布生产的主导。夏布生产的另一种方式是商业化的手工生产，通常是小本经营的家庭作坊，最少仅需要织布机、经布架、篾机、浆刷等各一件，一人织布，一人经布刷浆，一人上机兼买纱卖布，织夏布的麻线来自乡间或作坊店前收购，原材料短缺时也代农户加工夏布，以收取加工费。这种个体加工苎麻的小生产者在清晚期民间较为普遍。

在织坊织好的夏布也可送到夏布庄求售。夏布生产的发展，产生了布庄，也由此在各县产生了许多贸易市场。万载、宜黄、石城等都有集市。“每月集期，士人商贾，杂沓如云”。在上高就有夏布庄12家，生意兴旺时，每年收买夏布值百万元。省城南昌出现了许多经营夏布的商店，这些店主，派有庄客终年驻各夏布庄收货，并陆续运至南昌夏布店，然后经南昌批发或转输外省。南昌每年夏布集散量达两万担以上。

（二）销售路径

江西所产夏布，除自给自足及省内销售外，还被运往各集散地销往全国各处，甚至被大批量销往国外市场。

省内的苎麻和夏布集市分布于赣北、赣中、赣西和赣南。赣北以瑞昌、九江、武宁等麻区为主；赣中和赣西主要集中在万载、宜春、上高等地销售；赣南则以宁都为夏布墟市中心。在国内省外市场的销售上，以销往沿海各省为主，如广东、福建、上海、浙江、江苏、大连、烟台等地，还有部分销往湖南、湖北、安徽、山东、河南等地，沿海及长江口岸与内地码头需求量较大，粗布多用于织制渔网及填补船只，细布用于制作衣服，轻凉适体，不沾汗湿。

20 世纪初，江西夏布有约 1/3 ~ 1/2 运出国外销售，通常通过上海、广州口岸装运出国，夏布在国外的最大市场是朝鲜和日本，占输出量的 1/3 以上，其余销往南洋各地和美国、新加坡等地。

四、江右夏布商兴衰的影响因素

近代江西夏布的生产经历了发展、兴盛、衰落不同历史时期。江西夏布商的兴盛主要得益于生态环境和政策推动；其衰落源于文化传统、社会环境和生产技术的局限。

（一）生态环境

苎麻喜温喜光，对水分需求高。江西地处长江中游，气候温和，雨量充足，土壤肥沃，这样的生态环境有利于夏布原料——苎麻的生长。苎麻种植自唐代以后在长江中下游地区迅速发展，至清代，苎麻种植已遍及长江、珠江、黄河流域，其中就以江西、湖南等省所产最为著名。在江西，苎麻种植遍及赣南、赣北、赣东、赣西、赣中各地，根据清光绪年间《江西通志·物产》记载的统计，清代江西种植苎麻之地遍及全省十三府一个直隶州的六府一州，全省七十五县一州四厅中有三十八县二厅出麻。

（二）地理位置

为夏布商贸带来便利的还有江西优越的地理位置。明清两代，江西处在沟通南北贸易的交通要道——大庾岭商道上。大庾岭又称梅岭，位于江西南部赣粤交界处，是沟通珠江与长江、大运河的重要交通枢纽。从广东和海外而来的货物越过大庾岭商道，经赣江，入鄱阳湖，再通过长江，运往全国各地；反之，内地运往广东和海外的商品也可以经由这条商路运达广州，再装船海运，江西的产品如粮食、夏布也经由这条商路运往各地。商人们在这条商路上来往穿梭，“商贾如云，货物如雨，万足践履，冬无寒土”。它的存在与繁荣，是与国际贸易和国内市场直接相联系的。特别在广州一口通商时期，大庾岭商道成为国家对外经济联系的生命线。

（三）政策移民

明代以前，江西的农业经济一直以粮食生产为主，而粮食生产又以单一的水稻种植为主，这种单一的农业经济结构随着闽粤移民蜂拥入赣逐渐被打破。明代中期，闽南、闽西和粤东的人口就开始大规模向赣南、赣中山区迁移。到明代后期，来自福建的数十万流民进入赣北山区。此外，康熙时期江西“土满人稀”，政府实行迁界、禁海政策，闽粤两省人口增长较快，造成当地人多地少，生存空间受到限制，大量的闽粤人口进入江西空旷山区，垦荒种植。如袁州府“招入闽省诸不呈之徒，凭山种麻，蔓延至数十余万，盘踞深谷”。

（四）文化传统和生产技术

夏布商帮的发展受限于文化传统和生产技术。长期自给自足的农耕生活，使江西培育出了一种比较典型的农耕文化，习惯于沿袭旧的生产方式和生活习俗。九江开埠以后，洋布输入，因其价廉物美，颇受人们欢迎，越来越多的人用洋布，排挤了土布市场，也挤压了夏布市场。1931 年以后，日本生产的人造丝织物大量倾销到朝鲜、中国台湾以及南洋各埠，中国的夏布市场均被其侵占，江西夏布也因此受累，加上生产技术没有改进，素负盛名的江西夏布自此产销量大减。

参考文献

[1] 胡水凤. 清代江西苎麻业概略［J］. 农业考古，1990（1）.

[2] 刘义程. 发展与困顿、近代江西的工业化历程［D］. 福建师范大学论文，2007.

[3] 赖占钧，刘瑛. 江西夏布的起源、近代兴衰及其发展［J］. 江西农业学报，1999（2）.

[4] 潘其辉，龚秋林，周文新. 万载夏布产业现状与发展前景［J］. 中国麻业科学，2009（5）.

[5] 胡水凤. 近代江西夏布的产与销［J］. 江西师范大学学报，1986（3）.

南昌瓷板画的传承与发展

——基于旅游的视角

刘红霞

内容摘要 南昌瓷板画，作为国家级非物质文化遗产，它的保护与传承需要加以重视。本文梳理了南昌瓷板画的历史发展脉络，然后分析当前南昌瓷板画面临的创新不足、摄影技术的冲击、传承受众有限等困境，从旅游的视角挖掘南昌瓷板画的历史价值、艺术观赏价值、经济价值，并进一步从规划南昌瓷板画生态文化园、开发体验型旅游产品以及创新和推广南昌瓷板画等方面提出了旅游开发启示，旨在促进南昌瓷板画得到更好的传承与发展。

南昌瓷板画，又称瓷板（版）画像，瓷像，溯源于景德镇，在景德镇瓷板画的艺术精髓上，兼容并蓄、自我创新，形成了自身独特的艺术特征和艺术品位。其典型特征为在瓷板上绘画，然后烧制呈现，巧妙结合了中国传统绘画艺术与陶瓷工艺，属于江西特有的艺术形态。南昌瓷板画历经上百年的积淀，有着赣鄱民俗的审美意蕴，以此为帜，影响深远。

［作者简介］刘红霞，江西经济管理干部学院讲师，研究方向为旅游管理。

一、南昌瓷板画的历史发展脉络

瓷板画最初是在陶器的基础上演变而来，最初的陶器主要的功能为使用，到了唐代逐渐向装饰方面发展，开始在陶器上绘上图案与纹饰。宋代（960～1279年）在陶器物上用一种或多种颜料描绘。到了明代（1368～1644年）西方珐琅传入我国，增加了不少颜色。清代（1644～1911年），尤其在光绪年间，德日的“洋彩”在景德镇的盛行，使彩色色釉达到了五彩缤纷的境界，表现力很强，可以烧制任意颜色，瓷器装饰与绘画结合更紧密，进而吸引了一大批文人与画家进入绘瓷艺术，形成一种崭新的画风。自清代流行釉上彩绘后，许多大城市瓷器店既经营景德镇彩瓷，又购买景德镇白胎瓷，自己烧制彩瓷。尤其是省城南昌，逐渐瓷板画的发展中心也转移到此。清末民初，“珠山八友之一”的邓碧珊（1874～1930年），号“铁肩子”，为清末秀才。他有着深厚的艺术修养，诗书画精通，尤其擅长鱼藻花鸟，在当时的陶瓷艺术界影响较大。其绘画技法受日本绘画影响，最早用九宫格画瓷像，开创了瓷板画先河。随后，邓碧珊的徒弟王琦等人进一步发展瓷板画的艺术形式，他们本人也成为当时具有影响力的画家。

民国初年，南昌人梁兑石（1920～1937年），别号石庐、丽泽轩，饶州窑业学堂毕业后回到南昌，在现在的中山路一带开设“丽泽轩瓷庄”，其注重瓷板画的艺术品质，对瓷板画艺术的传承和发展做出贡献。随后在他的带领下，南昌市相继开设了子固路的“肖庐瓷像馆”、西大街的“中华瓷庄”以及“丽芳瓷像馆”、“唯妙瓷像馆”等瓷像馆，也涌现了一大批瓷板画家。抗战期间，民不聊生、百业萧条，许多瓷板画艺人转行，南昌瓷板画处于发展低谷期。

自新中国成立后，在政府的支持下，1954年成立南昌市瓷像合作小组、1956年成立南昌市瓷像工艺社、1960年成立南昌工艺美术厂。随着民间艺人生活的稳定，地位的提高，他们的创作热情得到激发，作品深入现实生活，讴歌了新社会，可以说南昌民间瓷板画迎来崭新的时代。

改革开放以后，香港摄影家仇永平联合南昌瓷板画艺人们创作了大批瓷板画精品，向世界推广了南昌瓷板画；20世纪八九十年代，中国社会进入了一个崭新的时代，随着艺术观念和审美情趣的变化，南昌瓷板画的内容与形式、媒质与风格也发生了变化，有花鸟、有人物、有山水、有风情；2008 年 6 月，南昌瓷板画顺利入选国务院公示的第二批国家级非物质文化遗产名录。自此，南昌瓷板画在国际上的影响力显著提高，也成就了南昌瓷板画在我国现代工艺美术史崇高的地位。

二、南昌瓷板画传承与开发现状

（一）创新能力不足

南昌瓷板画传统上处于“遗留物”的认知观念，因此在面临主流艺术的冲击，绘制题材虽然有山、水、花、鸟、虫、鱼、禽兽，但仍主要以人物肖像画为主，自我束缚太多，创新能力不足，从而显得时尚性不足，备受冷落。

（二）摄影技术的冲击

摄影技术传入后，绘瓷工匠的媒介从绘画转到真实的照片，绘制的瓷板画更加“像”，即形似，为瓷板画的绘制打开了新的天地。然而，随着摄影技术的革新，数码影像的到来，尤其是许多照相馆生产的数码瓷像，逼真、快捷、色彩丰富、价格低廉，深受大众欢迎，逐渐摒弃了传统手绘瓷板肖像画作为留念的方式。

（三）传承受众有限

南昌瓷板画的学习时间较长且难度较大，尤其在制作技巧上更是难以把握，要成为合格的艺人须经过数十年的磨炼，无形中使其传承受众有限。同时如今社会环境节奏感快，年轻人比较浮躁，愿意投身到知识快速转换为经济价值的行业，进而对传统瓷板画感兴趣的人较少，沉淀研究的人更少。如今得到真正的传承的艺人不足半百，传承后人匮乏颇为堪忧。

三、南昌瓷板画的旅游价值

（一）历史价值

作为国家非物质文化遗产的南昌瓷板画，不仅印证了陶瓷文化，也在一定程度上反映了当时人们情感思想的赣文化、孝慈文化，从旅游需求视角看，南昌瓷板画的历史价值也具有较高的旅游价值。

（二）艺术观赏价值

南昌瓷板画动态、鲜活，色泽丰富又饱满，本就是美的享受。同时瓷板画一直追求的与原物的“像”即形似，让游客也为其叹为观止。近些年瓷板画艺人们也开始探索神似，这种神似让游客驻足，反复思考其中的韵味。

（三）经济价值

通过对南昌瓷板画的旅游开发，将传统工艺品进行设计包装成旅游商品，不仅能提高南昌的知名度，同时还能促进经济发展。利用与开发南昌瓷板画的经济价值可以推动南昌瓷板画的保护与传承，使得旅游化生存成为南昌瓷板画传承与保护的重要手段之一。

四、南昌瓷板画的旅游开发路径

（一）规划南昌瓷板画生态文化园

南昌瓷板画生态文化园，本质是以创意的理念建立南昌瓷板画现代生存、传统文化传承的环境。它将生态文化园的理念与旅游开发相结合，以南昌瓷板画为起点与中心，再现南昌瓷板画的创作流程，包括瓷板生产、瓷板绘制、瓷板烧制进行原生态的规模展示，加入本土民俗活动及南昌瓷板画的作品展示等，丰富园区内容、烘托园区气氛。

（二）体验型旅游产品开发

一方面，南昌瓷板画艺人们可以制作精致小巧、便于携带的瓷板画，不仅满足游客购买旅游商品的愿望，还能提升南昌瓷板画的文化艺术价值，促进当地经济的发展；另一方面，游客们还可以进入瓷板画作坊，现场参与绘瓷，体验南昌瓷板画的制作工艺，亲身体会南昌瓷板画的魅力。园区的文化景观和自然景观相得益彰，赋予了南昌瓷板画生命，有利于民间瓷板画的有效承续。

（三）创新和推广南昌瓷板画

南昌瓷板画在继承传统基础上进行创新，将本时代的特色融入创作中，使传统南昌瓷板画艺术透出时代的气息。这就要求我们了解大众的喜好与现代时尚的流行趋势，在瓷板画的观念、技术、形式上做文章，让传统与时尚碰撞，这样南昌瓷板画才能重现勃勃生机，真正实现其“活态化”。如在观念方面，南昌瓷板画艺人们面对数码摄影的冲击，需走出“像”的误区，在形似的基础上更注重瓷像的神似，创作上融入艺人们的情感，只有这样才能让瓷板画更有个性鲜明，整个作品充满生命，变得“活”起来。在创新过程中，应处理好变与不变的关系，不能抛弃瓷板画特有的艺术风格，一味地“媚俗”，须承续南昌瓷板画艺术的永恒魅力。同时也须重视南昌瓷板画的推广，可以用“南昌瓷板画＋互联网＋旅游”的思维开拓南昌民间瓷板画的现代市场，扩大其影响；可以与相关软件公司合作，开发南昌瓷板画手游游戏，让游客利用各种终端开展南昌瓷板画静态欣赏与动态虚拟参与。

在传承人方面，通过将南昌瓷板画进行市场运作，与旅游业的结合，规划南昌瓷板画生态文化园、体验型旅游产品开发以及创新和推广，让年轻人在南昌瓷板画上看到希望，有兴趣有动力学习与承继，能在一定程度上吸引人才。

五、结语

南昌瓷板画作为一种体现民间生活以及慈孝感情的国家级非物质文化遗产，历史悠久、艺术文化内涵丰富，需要我们深入挖掘其本源精神，然而当前南昌瓷板画的保护与承续确实面临许多困境，这是个不争的事实。我们从一个新的视角，即旅游的视角，来面对这些问题。南昌瓷板画具有历史价值、艺术观赏价值、经济价值等多种旅游价值，值得我们去旅游开发。因此，本文从规划南昌瓷板画生态文化园、开发体验型旅游产品以及创新和推广南昌瓷板画等方面提出了旅游开发启示，希望能再次赋予南昌瓷板画以崭新的生命，重现往日的传奇经典，使南昌瓷板画得到更好的保护与传承。

参考文献

钱贵成．赣鄱遗风续编［M］．南昌：百花洲出版社，2008.

第六篇

赣商非物质文化遗产
保护与发展研究

铅山连史纸停产背后的思考

严　琦

内容摘要　江西上饶铅山县所产连史纸是首批“国家级非物质文化遗产”，在县委县政府的支持下，江西含珠实业有限公司一直在从事连史纸的制作、销售、推广等活动，它也是唯一一家获得认可的铅山连史纸公司。然而在2006年其生产陷入困境。通过实地考察与走访，本文将剖析其停产的原因，希望能找出阻碍其发展的障碍所在，为今后的对策性研究打下基础。

江西上饶铅山县的连史纸因其“妍妙辉光”与“千年寿纸”的美名曾独领全国纸业市场风骚，明清时铅山成为江南五大手工产地之一，风光一时无二。但鸦片战争后，连史纸业迅速衰败。1992年，连史纸彻底停产，其生产技艺濒临失传。2005年，在国家的倡议与当地政府的重视下，传统连史纸制作工艺得到了抢救性的保护，并于次年5月入选国务院首批“国家级非物质文化遗产”名单。

获得“国家级非遗”称号后，连史纸制作技艺先后在中博会、印博会、中国首届国家级非遗博览会、世界非遗博览会等多个国际博览会获得大奖，进

［作者简介］严琦，江西经济管理干部学院副教授，研究方向为赣商文化研究。

［基金项目］本文是2017年度江西省赣商文化研究基地立项课题“赣商非物质文化遗产生产性保护研究——以铅山连史纸为例”研究成果之一。

一步扩大了影响力，提高了知名度。生产连史纸的厂商——江西含珠实业有限公司（以下简称江西含珠）与中国国家图书馆、杭州西泠印社、上海朵云轩、北京荣宝斋等多家知名单位建立了长期业务往来，到2013年，连史纸年产量达到五万刀，发展形势一片大好。然而，让人意外的是，2016年7月，江西含珠的经营状况陷入困境，已停止生产连史纸，掌握古法造纸技艺的60余名员工陆续流失或离职（童梦宁，2016）。流传千年的非物质文化遗产再次面临危机。而与上饶仅有一山之隔的福建省也已把连城连史纸列为了福建省非物质文化遗产，并积极地进行恢复和生产，老字号“美玉堂”生产的连史纸同样得到了西泠印社等单位的青睐。这对铅山连史纸的发展而言无疑是一个巨大的挑战。在这样的内忧外患之下，铅山县“十三五”规划却没有提出相关对策，作出进一步的导向，连史纸的发展前景堪忧。

经过本课题组多次实地考察，与销售商、工作人员等多方取得联系进行交流，并将之与目前几乎垄断书画用纸市场的宣纸作比较，现将江西含珠的连史纸生产发展中的主要障碍总结如下：

一、生产成本高，产品价格居高不下

将连史纸与宣纸进行价格对比：同是普通书写纸，一百张规格为70cm×138cm宣纸售价仅为69元，而75cm×155cm的连史纸价格却高达450元；一本空白宣纸线装书为6元，而空白连史纸线装书的售价为70元。其价差之大，令人咋舌。对于普通消费者来说，铅山连史纸在价格方面完全没有竞争优势，不在考虑的范围。造成如此巨大的价格差距的原因主要有以下几点：

第一，连史纸坚持用古法进行制作，一张纸的生产从伐竹、晒干、发酵开始到最后抄纸、滤水、松纸要经历72道工序，前后需13个月方能出货。如此漫长的生产周期，又都借用人力操作，摊入人工成本自然也高。宣纸则经历了“燎草浆新工艺”的革新，实现了由草到浆2~3天的重大突破，极为有效地缩短了生产周期，降低了成本。

第二，连史纸是竹纸，而宣纸的主要原材料是青檀皮和稻草，青檀皮的市场价格为每吨3000元左右，而毛竹的市场价格为每根10元左右，原材料采购耗费更高。

第三，铅山县不通火车，毛竹从武夷山、天柱山等地运输到河口、制成纸张后再运到外地只能依靠公路运输，汽油费、过路过桥费等费用居高不下。而宣纸产地安徽泾县设有直达高铁，路过车次多达 28 趟，运输成本也更低。

因此，昂贵的人工成本、原材料成本以及运输成本使铅山连史纸价格居高不下，这也是阻碍其恢复市场占有额的一个主要因素。

二、产品种类少，品牌少，厂商少，缺乏规模化的生产与竞争

目前，铅山连史纸的生产厂商只有江西含珠一家，而在安徽泾县，宣纸的制造商有 182 家之多，更遑论泾县外各种仿宣纸制作技艺生产的厂商。江西含珠有天鑫、天元、御墨轩、湖颍四个主打品牌，种类包括书画纸、拓印纸、修复纸、印谱纸和线装书五种，常用的书画纸规格只有两种。宣纸的品牌众多，比较著名的有双鹿、红星、汪同和、杰星等十大品牌，种类有生宣、熟宣、半熟宣三大类，更有夹贡、玉版、净皮珊瑚、云母笺等上百个品类，常用书画纸的规格多达 29 种，从大小、质地、花色等各方面满足顾客的各种需求。这场以一敌众、以单一性对抗多样性的市场竞争结果毫无悬念，铅山连史纸要想在宣纸一统市场的局面下冲出重围，抢夺一点市场份额实属不易。而只有江西含珠一家公司生产连史纸，其弊端显而易见：既不能在同行的竞争中得到激励从而积极地寻求合作寻找销路，又无法凭借一家之力进行改革创新去适应新的市场需求，结果只能是故步自封，无法取得进步。

三、销路不畅，销售途径窄销量低

据公司的管理人员透露，江西含珠的连史纸销售主要以印书用纸为主，每年有固定的经销商前来洽谈购货，生产的古籍修复纸、拓印纸主要销往国家图书馆、上海古籍出版社等大型出版社。至于日用书画纸的销售则停滞不前，虽然有专门的员工来进行产品的推销，却因为没有价格优势、缺乏激励机制等原因而收效甚微。

江西含珠也在实体店与网店进行零售尝试。笔者造访了其在铅山河口老街的实体店，因为该公司还生产河红茶，在巨大的茶台旁百宝架上摆放的筒装连

史纸与线装书册像装饰品而不像是要出售的商品。定位不清，身份模糊，连史纸的销量可想而知。另外，江西含珠在淘宝、京东、微商、亚马逊等热门电商平台都设有店铺，但销量极低，绝大多数商品销量为0，仅售出的几件商品得到的好评率较低，产品描述得分4.6，服务得分4.7，均低于同类商品，仅有物流得分4.7，与同行勉强持平。销量低、网评差、商品少，这样的店铺根本无人问津。

四、公司管理存在问题，资金短缺问题严重

江西含珠在发展中一直得到了铅山县委县政府的大力支持，是地方政府的重点建设项目，在政策、资金等各方面都享有特殊的优惠政策，先后获得了"省级龙头企业"、"省级文化产业示范基地"等光荣称号。但是2016年江西含珠停产这一事实却掀去了它的光鲜外衣，暴露了江西含珠的诸多经营、管理问题，本课题组认为主要表现在以下几个方面：

第一，产品定价随意。江西含珠生产的筒装连史纸装潢精美，古色古香，适合居家摆放或是馈赠友人。但是它的价格却非常乱，让消费者不敢入手。在淘宝上，10张筒装的售价为110元，在京东，同一商品售价为130元，而笔者在实体店里购买的价格是75元。50张装的连史纸网上价格为270元，高出实体店100元。一本空白线装家谱的定价为70元，可是差不多厚薄有印刷内容的却要贵上数倍。例如《稼轩词》（一函二册）定价398元，《陶靖节集》（一函四册）定价则高达1380元，令人匪夷所思。当笔者问及定价事宜，工作人员很无奈地告知：这都是老板定的。有意思的是，在笔者发稿时，所有网上店铺链接都直接跳入淘宝店铺网页，而且10张装筒装纸降价为75元，空白线装家谱则调价至138元。作为私企，江西含珠当然拥有自主定价权，可是这种自主权不仅要建立在市场基础上，还要有一定的稳定性与合理性，不能随兴而定。

第二，公司经营缺乏专注度。江西含珠并不仅仅只生产连史纸，河红茶也是其主打产品之一，业务范围还涉及竹木产品、文化产品推广、旅游开发、酒店经营等。2008年江西含珠因连史纸的制作与复兴而成立，在成立后积极地进行连史纸的推广，建成了"国家非物质文化保护遗产示范基地"，多次参展

并取得荣誉，为连史纸的恢复做出了一定的贡献。但是，连史纸的市场还没有打开，江西含珠就开始转战其他领域，迅速生产了天鑫河红茶系列。相比较于书画用纸市场宣纸一家独大的局面，茶叶市场更容易运作。尝到了甜头的江西含珠将更多精力放在了河红茶的生产与推销上，放松了对连史纸创新与突破的研究，也没有花费力气去寻找销售平台。专注度不够，使本来单打独斗的江西含珠在纸品市场上更加处于劣势。

第三，忽略网络信息建设。现代社会是信息化的社会，人们获取信息的第一途径就是网络，甚至连报刊、书籍等传统媒体都借助网络得以更广泛地传播，网络的力量绝不容忽视。而江西含珠在网络信息建设方面却不重视，不但网站建设马虎、敷衍，也不善于维护自己的品牌与专利。

江西含珠的官方网页从 2015 年 5 月起没有更新，产品介绍里配图缺失，本来品种就少，其中有近半数配图用同一张国家非遗牌匾照片代替，最后一个连史纸品牌“湖颍”的目录下，放了一张“瑕疵品清仓黑梓木镇纸”充数。更让人啼笑皆非的是，其淘宝店里还出售宣纸，经询问得知是帮朋友代卖的。这样的网站只会给消费者树立不专业、不敬业、不靠谱的企业形象，给江西含珠的发展带来负面效应。

铅山连史纸早在明代就有书籍记载，如宋应星著《天工开物》与高濂著《遵生八笺》等，而连城连史纸的书面记载最早出现在清乾隆《连城县志》。明朝时铅山县就以产纸出名，其产连史纸更是名闻天下，是江南五大手工产地之一。孰先孰后，孰轻孰重，本来无可辩驳。但是如果在百度搜索引擎里输入“连史纸”三个字，跳出的大部分链接都是福建连城的连史纸，并有“正统”、“基地”、“原产地”之类的高频字眼，混淆视听，不熟悉连史纸的消费者很容易被带入误区。而江西含珠没有做出任何反应，可能根本就没有关注到这样的一些信息。这对于铅山连史纸的发展极为不利。

第四，资金链接有问题。关于江西含珠的资金问题早就成为了铅山人茶余饭后的谈资。江西含珠成立时并没有雄厚的资本支撑，其运作资金主要依靠政府投入和银行贷款。更糟糕的是，它还向民间借贷资本融资，每个月的银行利息与放贷高息都将它压得喘不过气来。到江西含珠停产时，其背负的债务高达 1 亿多元。

五、政府缺乏有效的质量监管与品牌维护

虽然是大力发展的重点项目，铅山县政府也确实投入了大量的人力、物力和财力，但是铅山县政府在后期发力不足，没有持续地进行长远规划，对连史纸的生产也缺失有效的监督。在某种程度上，江西含珠的工业园区变成了展示区，频繁的游客打扰了员工的日常工作，使他们有苦难言。在注册商标“连史纸”被国家工商总局取消后，也没有采取进一步的措施来突出铅山连史纸的品牌地位。而安徽泾县宣纸的品牌保护工作就非常到位。2008 年，国家质检总局公布了《宣纸国家标准》，规定“采用产自安徽省泾县境内及周边地区的青檀皮和沙田稻草，不掺杂其他原材料，并利用泾县独有的山泉水，按照传统工艺经过特殊的传统工艺配方生产出的高级艺术用纸，才是宣纸”。更明确指出，在泾县生产但不按古法制作的不叫宣纸，在泾县外生产虽按相同古法制作的也不叫宣纸。另外，他们还筹备建立国家宣纸及文房用品质量监督检验中心，设定统一标准。这些保护严实、监督严明的举措有效地帮助宣纸市场规范化，使宣纸得到良性的长远发展。相对而言，江西含珠与当地政府在品牌保护方面的意识明显薄弱。

铅山连史纸是江西省的一项重要国家级非物质文化遗产，它承载了江南手工业产地的辉煌，见证了八省码头的繁华。在制作技艺失而复得后，我们在江西含珠停产这一严峻事实里看到了得而复失的可能性。连史纸的造纸技艺不应该只作为活化石以展览的方式呈现在世人面前。作为现代赣商，江西含珠有责任与义务将连史纸推向市场，使它成为人们床头案上的常用品。本课题组多方寻找其停产的原因，也是希望能对症下药，为今后的对策性研究打下基础。

参考文献

[1] 童梦宁．扶持“铅山连四纸”古法技艺还需多方努力［N］．中国绿色时报，2016-06-02.

[2] 张平，田周玲．古籍修复用纸谈［J］．文物保护与考古科学，2012（5）．

[3] 吴世新．宣纸及其鉴别［J］．纸谈纵横，2006（7）．

［4］严琦，林芸．江右商帮纸业老字号调查研究［J］．老区建设，2014（12）．

［5］郑久良．宣纸文化旅游产品的数字化开发与营销初探［J］．今传媒，2015（12）．

［6］刘仁庆．古纸纸名研究与讨论十——明代纸名（中）［J］．中华纸业，2017（9）．

［7］邱敏．古书竹纸研究［D］．南京艺术学院论文，2015.

［8］王秀伟，汤书昆．文化授权：地方特色文化产业发展的模式选择——以中国宣纸集团宣纸文化产业为例［J］．同济大学学报（社会科学版），2016（3）．

数字媒体时代下剪纸动画的创新思考
——以瑞昌剪纸为例

黄丽霞

内容摘要 瑞昌剪纸作为国家非物质文化遗产保护项目，其艺术价值是独一无二的，将瑞昌剪纸进行动画传作，不仅能够更好地传承和保护瑞昌剪纸艺术，还对人们研究瑞昌的民间文化有着积极的意义。当今数字媒体时代下，随着多部国产动画作品的出炉，中国的动画制作经过漫长的发展终于初见成就。但中国剪纸动画的脚步却一直停留在过去，甚至有逐渐消失的趋势。伴随几代人成长的剪纸动画将何去何从？本文以瑞昌剪纸为例，深层次挖掘中国剪纸动画的独特魅力，结合科学技术的进步创新思考，探索出一条适合中国剪纸动画发展的道路。

一、研究背景

现在我们面临的是一个崭新的时代，生活中处处充斥着数字媒体的存在。

［作者简介］黄丽霞，江西经济管理干部学院副教授，研究方向为赣商文化研究。

［基金项目］本文是2017年度江西省赣商文化研究基地立项课题“赣商非物质文化遗产数字化保护与传承研究”研究成果之一。

科技的迅速发展不仅改变了大家的生活方式，更是在艺术上影响深远。动画作为具有显著教育意义的传播方式，在当今社会中占有重要位置。在当今数字媒体时代下，随着多部国产动画作品的出炉，中国的动画制作经过漫长的发展终于初见成就。但中国剪纸动画的脚步却一直停留在过去，甚至有逐渐消失的趋势。伴随几代人成长的剪纸动画将何去何从？它的未来又在哪里？

（一）中国剪纸动画的特点

中国剪纸动画是一种历史悠久的动画形式，它是皮影戏和窗花剪纸等民间艺术形式发展的产物，它们所表现的大部分是一些民俗装饰的图案或是一些民间传说和故事。

由万氏兄弟成功制作的第一部国产动画片《大闹画室》到现在各式各样的、由电脑技术制作的动画片（如《熊出没》和深受孩子们喜爱的《喜羊羊与灰太狼》），中国动画共走过了89年的历程。其中剪纸动画在中国动画发展史上起着举足轻重的作用。例如《人参娃娃》、《金色的海螺》、《猴子捞月》等一些具有中国民族特色和民间风格的剪纸动画片，大部分都在国际上取得优异成绩并伴随了几代人的成长。如今，随着科技的进步和市场国际化发展，处于繁荣时期、颇具民族艺术特色的中国动画也应该走向国际。中国剪纸动画片只有正面、背面和左右侧面这几种角度，也正是这几种关键角度，构成了只属于剪纸动画的独特艺术形式。而瑞昌剪纸在表现手法上粗放不失细腻，在情感的表达上刚劲却又饱含柔情。同时采用多种表现形式，破除一般剪纸“镂空”式剪法，呈现出神秘又极具典雅的艺术作品，非常适合做剪纸动画的源素材。而每一次成功的中国剪纸动画创作都分别在国际上获得认可。

（二）中国剪纸动画的现状分析

可现在知道中国剪纸动画的人越来越少。很多20世纪90年代以后出生的人根本不知道有剪纸动画的存在。随着国外动画打入中国市场，使原本具有中国特色的民族动画渐渐消沉。中国剪纸动画曾在20世纪有过辉煌的成就，但在新时代下它却黯然失色。这一切是因为人的审美在随着时代的变化而变化，视野思维也从二维空间转变到多维空间。

林家阳教授提出，越是个性化的，就越会被全球更多的人接受。而在数字媒体发展的时代，要善于抓住科技。把科学技术恰如其分地融入这个濒临消失的中国传统民间艺术中去，争取走出一条具有特色的道路——在传承中创新，在创新中发展。

（三）数字媒体时代的特性

数字媒体时代是多元化的时代，设计的多元化使不同的设计风格、设计理念、艺术手法、表达方式、文化观念等相互交融，让艺术更加具有民族化和时代感。《资本论》中曾提出，社会生产工具的变革势必影响整个社会的文化形态和人们的生活行为。计算机信息技术的发展让整个世界越变越小。就拿动画来说，现在的动画创作离不开计算机技术的发展。别的动画从原本的手绘经历了电脑制作的过程，而我们的剪纸动画却没有经历那个时期，只持续了十分短暂的繁荣。

数字媒体的时代特性，则是与计算机技术有着密不可分的联系，数字化就是计算机技术的呈现形式。在高科技发展和综合利用的今天，科学技术与文化艺术在相互碰撞、相互融合，我们的生活方式及思维方式也随之发生改变。随着数字媒体技术的介入，剪纸动画应该有一种新的设计思维，包括空间结构、角色设计、镜头语言等。必须在保留剪纸动画本身特色的同时结合计算机技术，以一种全新的方式去展示剪纸动画。

二、数字媒体时代剪纸动画的视觉传达

剪纸手工艺术旨在用静止的手法表现剪纸内容的动态及意义，于是在很多类似的剪纸艺术中，我们都只能看到二维空间给予的视觉冲击，三维空间的联想率是非常低。在数字媒体时代下，剪纸动画中的多维空间应该如何表现出来，展现更美的空间关系。想要做到这一点，必须得到数字媒体信息技术的支持，通过科学技术支持来给画面注入不一样的新鲜力量。那么，就剪纸动画而言，应该怎样在传统的艺术形式中谋求创新呢？是与其他艺术相结合，创造出独具风格的剪纸动画？还是先以科技发展为前提，将剪纸动画与科学技术相融合？

数字媒体时代下，所有事物都在向数字化方向发展。而在非物质文化遗产

的保护上，数字化体系是一个新的思路，科技配合现实，再加上中国剪纸动画的传统技术基础、有着现实技术基础做支撑的硬件，将数字化的可操作性放到最大。而剪纸动画作为一种中国传统文化，既然有了信息数字化在背后做强大支撑，一定多一些全新的生存方式。

动画在一定程度上能够让人产生共鸣，例如对比周边的环境和身边的生活方式。在很久以前，社会还是最原始的时候，人们对大自然是怀抱着深深的恐惧而做出一些事情。从而，我们得知，人类对抽象的追求，主要是源于自己内心的渴望。

三、剪纸动画在数字媒体时代的创新应用与发展

随着时代的发展，现代人更注重心灵的感受，大家开始追求文化与精神上的诉求。剪纸动画想要在数字媒体时代下立足寻求发展，必须对自身进行改革。

（一）视觉语言和艺术形式上的创新

关于中国剪纸动画如何在视觉语言和艺术形式上寻求创新，具体方法论如下：首先，可以前期制作的时候花费功夫，也就是在角色设定和剧情等方面可以有所尝试，人物性格避免单一，剧情避免落入俗套，可以将中国的传奇故事或者民间流传的坊间故事加以改编搬上荧幕，在有历史依据的同时，也不失幽默风趣。其次，在剪纸人物或者动物配音上，也可以有所创新，选择配音演员的时候，务必使声音符合角色设定，可幽默风趣，也可沉静大方，总之要有自己明显的风格，要的就是风格迥异者之间的微妙融合；并且在拍摄手法上可以尝试新手法，可以向电影借鉴拍摄手法，如长镜头的使用，通过镜头和景深控制剪纸动画的呈现效果之类的等；在后期制作上，可以往 3D、全息投影技术等方向发展，让观众更加直观地感受到中国传统文化就在我们身边，让人们看到中国剪纸动画的独特魅力，看到中国剪纸动画在新时代的背景要求下的改革与创新。

（二）与电脑技术相结合

上述方法论中，每一点都对中国剪纸动画的转型至关重要，尤其是后期制作环节中用视频制作 Flash 软件、后期处理软件 AE 取代传统的剪纸动画的制作方式。与电脑技术相结合自然少不了三维软件 3D MAX 和 MAYA 的使用，从建模到渲染，材质选择模拟到调整动画之类的等，让原本是平面的剪纸动画进入三维动画制作的界面中来，再利用特效给剪纸动画带来不一样的表现世界。而作为观众，最直观的感受就是颜色丰富，情节饱满，剪纸生动形象。因此可以设计出许多具有现代化的、个性的角色造型，将这些具有创意的角色运用在剪纸动画中，给剪纸动画这一传统的动画形式注入新生命。值得我们注意的是，在设计新的、区别于传统剪纸动画角色造型时，单调的图案难以吸引人们的注意力，过于复杂的图案又会使我们的知觉负荷过重而停止对它进行观赏。所以，具有现代化、个性的造型是设计师们在考察过大量资料后创作出的符合动画片整体风格的艺术形象。让剪纸动画中的角色也能像米老鼠或喜羊羊一样发展衍生产品，带来利润，艺术与商业相结合才能扩大剪纸动画的市场。

四、结论与展望

“人类口头和非物质遗产代表作”项目的启动使原本蒙上灰尘的中国民间文化艺术重新回归到人们的视野中。瑞昌剪纸也在此之后，活跃在中国民间文化艺术的舞台上。

由南到北，中国传统文化剪纸艺术在很多地方都有着广泛的存在。某种程度上来说，剪纸是一定历史条件下人们对于当时的生活状态的文化反映。而剪纸动画具有丰富的题材，每种题材都有意义非凡的内涵。不同于其他中国传统民间艺术文化，剪纸艺术同时具备很强的根源性。在经历了无数朝代的变更，从新中国成立到改革开放，从科教兴国到坚定不移走我们的中国梦，民间剪纸艺术在中国乡村自生自灭，自己传承，自己发展。但是随着经济的发展，这些文化遗产随时面临着消亡不见。而瑞昌独特的地理文化和历史文化孕育了瑞昌独具风格的剪纸文化，它与古文化之间的关系密切，在国内众多民间剪纸艺术中占有不可撼动的位置。本文就以保护与传承瑞昌剪纸艺术为个例，探索在数字媒体时代下剪纸动画的创新思考。

参考文献

［1］梅琳．数字媒体时代泉州剪纸的创新思考——以泉州剪纸动画为例［J］．美术大观，2016（9）．

［2］冯文．动画概论［M］．北京：中国电影出版社，2002.

［3］陈旭．中国剪纸动画在数字媒体时代的创新与发展［J］．山东工艺美术学院学报，2015（2）．

［4］林家阳．图形创意与联想［M］．北京：高等教育出版社，2006.

赣商非物质文化遗产生产性保护研究
——以铅山连史纸为例

严　琦

内容摘要　江西上饶铅山县所产连史纸是首批“国家级非物质文化遗产”，在经过短暂的复兴之后又遭遇了发展“瓶颈”，本文从生产性保护方面为铅山连史纸的发展献计献策。

2012年文化部在《关于加强非物质文化遗产生产性保护的指导意见》中明确指出，非物质文化遗产生产性保护是指在具有生产性质的实践过程中，以保持非物质文化遗产的真实性、整体性和传承性为核心，以有效传承非物质文化遗产技艺为前提，借助生产、流通、销售等手段，将非物质文化遗产及其资源转化为文化产品的保护方式。随着非物质文化遗产保护工作的逐步深入，以及生产性保护方式在一些项目保护中的成功运用，生产性被视为符合非物质文化遗产传承发展规律的一种重要的方式（李荣启，2012）。

［作者简介］严琦，江西经济管理干部学院副教授，研究方向为赣商文化研究。

［基金项目］本文是2017年度江西省赣商文化研究基地立项课题“赣商非物质文化遗产生产性保护研究——以铅山连史纸为例”研究成果之一。

一、国内外研究现状

国内学术界积极响应文化部号召，对非物质文化遗产生产性保护这一方法进行了大量研究。徐涟等（2009）认为非遗生产性方式保护是时代的需要，必须在生产实践中进行保护；李荣启（2014）认为在“生产性保护”中方能增强这些非物质文化遗产项目自身的活力，推动非物质文化遗产保护更紧密地融入人们的生产和生活；马盛德（2012）对非物质文化遗产生产性方式保护提出问题，认为要坚守手工制作特色，引入现代的设计理念；蒋多（2016）认为通过一系列差异化扶持和多层次推动的保障政策，可以实现非物质文化遗产走上国际化路径。

国内对于铅山连史纸的研究则较少。本课题组负责人在参与院级招标课题“江右商帮老字号品牌文化研究”时曾撰写过系列论文，对铅山纸业的历史、现状和未来发展作过梳理和展望。另外，李友鸿（2015）对连史纸的保护与开发进行了战略性思考，提出保护和发展连史纸的一些对策。但迄今为止，国内学术界尚没有将非物质文化遗产生产性保护与江西铅山连史纸结合起来进行深入的探讨和研究，这给本课题留下了巨大的研究空间。

二、连史纸的发展现状与研究意义

铅山连史纸的制作工艺于2005年得到抢救性挖掘，2006年它入选首批国家级非物质遗产名录。2008年，在当地政府的全力支持下，江西含珠实业有限公司（以下简称江西含珠）成立，恢复和修建了占地2000平方米的连史纸产业示范基地，建成了连史纸手工制作技艺生产线，是目前生产铅山连史纸的唯一一家公司。该公司在多个国际博览会获得大奖，并与中国国家图书馆等多家知名单位建立了业务往来，发展形势一片大好。然而，让人意外的是，2016年，江西含珠的经营状况陷入困境，已停止生产连史纸，掌握古法造纸技艺的60余名员工陆续流失或离职（童梦宁，2016）。流传千年的非物质文化遗产再次面临危机。

本课题组认为对连史纸这一非物质文化遗产进行生产性保护研究、提出切实可行的应对方案，已经刻不容缓。如何将连史纸这一流传千年的古老技艺传承下去，如何保持住已获得的来之不易的非遗称号，如何穿越经营的“瓶颈”，如何应对来自同行的新挑战，如何打开市场销路，如何持续性发展下去，这些都是亟待解决的问题。因此，本课题研究具有非常重大的现实意义。

三、连史纸停产的原因探讨

经本课题组多方调研，将江西含珠停产的主要原因总结如下：

第一，产品缺乏价格优势。铅山连史纸的生产周期长且全程依赖人力，原材料采购价高，铅山不通火车而导致运输成本高，这些原因都推高了连史纸的生产成本，产品价格自然没有竞争力。

第二，缺乏规模化生产与竞争。目前铅山县生产连史纸的厂家只有江西含珠公司一家，没有竞争导致厂家停滞不前，缺乏锐意进取的创新精神，没有被同行超越的紧迫感，也没有足够的团队力量与宣纸进行竞争。

第三，销售渠道缺乏多样性。江西含珠的主要顾客群体是各大出版社，以古籍用纸为主。而这些出版社购货量有限，而且对口业务公司不止江西含珠一家。文化用纸的最大市场是日常书画纸，而这块正是江西含珠极度欠缺的。无论是实体店还是网店，其销售量都极低，声誉不高，也缺乏有力的销售方式。

第四，管理存在诸多问题。江西含珠虽然是铅山县政府大力扶持的民营企业，可是它却缺乏赣商精神，定价混乱没有诚信，网站建设敷衍了事不认真，日常管理随意不严谨，资金来源也存在一定风险。诸多原因累加，最终导致了江西含珠的停产，也为其他新赣商们敲响了警钟。

第五，政府缺乏有效的监管与维护。在铅山连史纸取得一系列成就之后，铅山县政府后续工作疲软，对于江西含珠的诸多问题没能及时地对症下药，帮助该公司进行进一步的品牌推广与维护，只是把它当成了县里的一张展示牌。

四、关于铅山连史纸生产性保护路径的探索

针对铅山连史纸发展中的诸多问题，本课题组提出以下生产性保护对策：

（一）连史纸生产产业化尝试

因江西含珠公司停产而威胁到铅山连史纸的持续性发展，这正是独家生产的严重弊端。在技艺恢复之初，县委县政府重点扶持一家公司的做法无可厚非，但是帮助它走上正轨后，当地政府应该放开市场，让更多的厂商参与进来。对于无力起步的家庭作坊，政府应该给予一定的帮助，向他们提供小额低息甚至是免息贷款。待他们生产出连史纸后进行统一收购，以部分货款冲抵贷款。这一做法古已有之，在明清时期被称为“放槽”。只有让更多人参与到连史纸的制作当中，才能慢慢形成产业化片区式生产，让他们在竞争中研发更多品种，开动脑筋进行技术革新，连史纸才能在新时代不断地传承下去。

（二）连史纸的定位尝试

目前，连史纸的主要销路是大型出版社，销售的纸张为修复纸和拓印纸。购货方要求厂商用最古老的方法、在古纸的原产地生产连史纸，产品必须达到极严格的检验标准，防潮、防蛀且能够长时间保存。这些纸张的质量毋庸置疑。连史纸厂商除了生产普通的连史纸外，还应该研制开发一些精品，请专业设计师设计花色、暗纹等，满足顾客更高层次的需求。

有美观优质的精品纸张，铅山连史纸可以走精品收藏与高端定制路线。俗语云：“乱世的黄金，盛世的收藏。”眼下正逢盛世，各种收藏节目、鉴宝栏目都大受欢迎。每年嘉士德、保利等拍卖行都拍出大量价值不菲的中国古字画，2013 年唐寅绘《庐山观瀑图》以 5.9 亿美元的天价拍出，创中国古画价格最高。在巨大的利益诱惑下，国内的收藏热逐年攀升。可是对于动辄逾千万的高价古字画，普通工薪阶层只能望洋兴叹，很多人转而收藏当代名家字画，也更注重孩子在传统艺术方面的培养，这必然会带来国内书画用纸市场的繁荣。铅山连史纸可以与中国书画协会建立业务往来，精美的连史纸加上当代名家的字、画，既可愉悦身心，又能传世收藏，大有市场潜力。另外，铅山纸商还可以承接各种定制文化品，如族谱、家谱、佛教经书、诗词选集等，使铅山连史纸成为高品质、高定位、高品位的代名词。

（三）连史纸的革新尝试

铅山这块钟灵毓秀的地方从来不缺人才，在抗战时期，由于交通封锁，铅山河口纸商就研制成功了香烟纸和不渗水、不滞笔的新式纸张，既能用钢笔书写，又可做铅印书报纸，极大地解除了后方书写纸匮乏的困境。

在现代社会，人们使用书画纸的频率确实大不如从前，但是纸张在其他领域却消耗巨大，比如说打印纸、书本用纸等。宣纸集团生产的宣纸不仅有适合复印的熟宣，还开拓了邮票宣纸和包装宣纸等新品种，满足了市场需求，也提高了宣纸销量。

铅山连史纸也要将目光放长远，积极创新，让古老的连史纸在新的领域里焕发光彩。笔者认为，铅山连史纸可以从图书市场找到突破点。鲁迅于《病后杂谈》一文中谈到我国古代线装书是轻飘飘拿着不费力的，洋装书则像砖头一样拿得手酸。现在的情况正好相反，书店里的书都是沉甸甸的，小学生的书包也天天喊着要减负，而现代的洋装书用纸莎草纸制成，重量轻，久看不伤眼。外文原版书虽比国内译书贵上三四倍，但主要原因是作者的版税费极高，例如罗琳女士，写了畅销书《哈利波特》系列，比英国女王的个人财富还多。连史纸的 pH 值 7.0 左右，属于中性纸。由于酸度高对机器有不利影响，中性纸正适合机器印刷。因此，铅山纸商可以重点攻关如何创新使连史纸成为更合适的图书印刷用纸，使中国的图书变得轻便、护眼，又能长久保存，或许因此而引领中国出版业的一次大变革也未可知。

（四）借助“互联网＋”模式扩大销售尝试

互联网的普及使它成为人们获取信息的第一途径，各大电商平台便捷、安全的购物环境颠覆了传统的销售模式，人们足不出户就可购遍全球，商家也因此节省了大量的实体店运作资金。同样作为中国传统文化代表的中医老字号——北京同仁堂集团就在传统与现代的碰撞中找到了新的生机，患者可以在线求医问药，获得为他们量身定制的保健方案。同仁堂还尝试移动 O2O（Online to Office），以网络推送的方式将商品上线、打折信息、客服服务等消息传递给互联网用户，一方面增加了老顾客群的黏性，另一方面也吸引了新的客户群。

在连史纸更具备市场竞争力后，铅山连史纸商应该借鉴同仁堂的成功模式，充分利用“互联网＋”时代进行产品的推销与名气的提升，完善网站建设，积极参与电商平台的促销活动。将连史纸生产工艺纳入文化旅游项目，通过网络推送与旅行社、学校、各活动社团等机构建立业务关系，让更多的人了解并喜欢铅山连史纸。

（五）政府搭建“非遗”宣传、销售与监管平台尝试

各级政府应该意识到连史纸保护的严峻性，他们需要担负起推动连史纸发展的重任，连史纸的产业化尝试也需要有政府搭建的销售平台作支撑。政府应该调动更多的人力和财力，通过拍摄纪录片、举办大型活动、召开全国性论坛等方式积极地为连史纸搭建宣传平台，借助电视、电台及各大门户网站等主流媒体扬铅山连史纸的美名，吸引更多的受众参观、试用、购买。另外，县委县政府相关直属机构也要加大监管力度，避免厂商偷工减料生产出有损连史纸名誉的产品，对于外来的质疑与模仿也要作出相应的回应，为铅山连史纸的发展提供切实保护。

五、总结

国家级非遗财产铅山连史纸的发展不仅是江西含珠这一家公司的事情，也是全江西人共同的责任。不能在千辛万苦恢复了连史纸的制作工艺之后再让它沉寂于博物馆。连史纸生产的每道工序全靠工人的经验积累来把握，十年前铅山县能成功恢复连史纸生产是因为石塘镇、浆源村等地还有八旬高龄的老工人尚在人间，若是不好好地将这些技艺和经验传承下去，铅山的连史纸最终会被人们遗忘，成为历史。而最好的保护办法就是生产，各方人士应该群策群力，克服困难，把连史纸推向市场，保持它的真实性与整体性，从而有效传承这一非物质文化遗产技艺。

参考文献

［1］谭宏．对非物质文化遗产生产性方式保护的几点理解［J］．江汉论坛，2010（3）．

［2］马盛德．非物质文化遗产生产性方式保护中的几个问题［J］．福建论坛（人文社会科学版），2012（2）．

［3］李荣启．非物质文化遗产生产性保护的途径［J］．文化学刊，2012（5）．

［4］李友鸿，刘佩芝．关于连四纸保护与开发的战略思考［J］．上饶师范学院学报，2015（8）．

［5］童梦宁．扶持“铅山连四纸”古法技艺还需多方努力［N］．中国绿色时报，2016－06－02.

［6］陈默．非物质文化遗产生产性保护实践的调研报告［D］．中国艺术研究院论文，2016.

［7］郜磊．手工造纸技艺需要科技和标准化助力［N］．中国文化报，2016－07－12.

［8］张信涛．铅山连四纸制作技艺及其保护［J］．老区建设，2015（5）．

［9］吴凤玲．非物质文化遗产生产性保护的实践与思考——以维吾尔族桑皮纸制作技艺为例［J］．新疆社会科学，2015（5）．

［10］周叶．江西文化旅游研究［D］．武汉大学论文，2014.

［11］王志平．江西非物质文化遗产保护利用与产业发展研究［D］．南昌大学论文，2013.

瑞昌剪纸艺术保护与传承的数字化建设探索

黄丽霞

内容摘要 瑞昌剪纸作为非物质文化遗产，千百年来已经形成了具有独特魅力的艺术风格，它奔放又不失严谨，古朴又饱含俏丽，具有保护与传承的重要意义。从经历朝代到建国立业，从改革开放到如今的人人怀揣着中国梦，中国从未停止前进的脚步，这也致使我国部分非物质文化遗产逐渐消失。随着国家社会的发展，一般的传统保护方式已经无法跟上时代的步伐，本文就以保护与传承瑞昌剪纸艺术为主体，探索在非物质文化遗产保护过程中数字化建设的变革之路。

一、探索背景

（一）历史悠久的瑞昌剪纸艺术

瑞昌剪纸起源，大约是在汉晋年间。就形态上来看，瑞昌剪纸既不似北方

［作者简介］黄丽霞，江西经济管理干部学院副教授，研究方向为赣商文化研究。

［基金项目］本文是2017年度江西省赣商文化研究基地立项课题“赣商非物质文化遗产数字化保护与传承研究”研究成果之一。

剪纸豪情万丈，又不似南方剪纸阴柔含蓄，可谓是粗中有细，刚中有柔，同时采用多种表现手法，破除一般剪纸“镂空”式剪法，呈现出神秘又极具典雅的艺术作品。瑞昌剪纸的应用领域十分广泛，可用于宗教活动、祭祀祖先、喜事白事和制作特色服装等。

反观现在，与剪纸相关的图案虽然样式繁多，但是其中的文化内涵逐渐被好看的形式隐藏至逐渐取代。现在市面上多的是漂亮精致的剪纸，可剪纸背后蕴含的文化内涵和符号意义却是鲜为人知了。其实剪纸作为国家非物质文化遗产，理应得到传承和发展，但就以瑞昌剪纸为例，这种民间手工艺术是需要以口传身教的方式进行传承的，要一代一代传承下来。该怎样保护与传承才能让瑞昌剪纸发挥它最大的价值，这无疑成为了一个难题。

（二）数字化保护工程现状

随着社会的发展与进步，政府越来越重视对非物质文化遗产的保护，从而积极实施与之相关的数字化工程，努力将我国的非物质文化资源转变成数字文化产品，避免文化流失。通过在国际战略文化竞争中获得主动地位，来增强民族凝聚力，提升综合实力，提高文化软实力。

其实，我国的数字化保护工程对于文化遗产保护已经不算陌生了。早在1997年的时候，浙江大学国家重点实验室就对部分文化遗产的数字化保护进行了为期几年的研究。同时北京大学故宫数字化体系、三峡文化遗产数字化项目为我国通过信息数字化对濒临消失的文化遗产的保护与传承提供方法论。因为在非物质文化遗产保护与传承方面的发展才刚刚起步，虚拟空间之类的数字化项目还在继续跟进。

国家和社会对非物质文化遗产数字化保护看得比以前重要得多，数字化保护非物质文化遗产已然成为新时代背景下的新热点。通过数据库建设、数字化应用和大数据分析，数字技术为非物质文化遗产保护提供了强大的技术支持。

二、研究初衷

16年前，“人类口头和非物质遗产代表作”项目的启动使原本蒙上灰尘的中国民间文化艺术重新回归到人们的视野中。瑞昌剪纸也在此之后，活跃在中国民间文化艺术的舞台上，成为了国家重点保护的非物质文化遗产。

由南到北，中国传统文化剪纸艺术在很多地方都有着广泛的存在。某种程度上来说，剪纸是一定历史条件下人们对于当时的生活状态的文化反映。剪纸具有丰富的题材，每种题材都有意义非凡的内涵。文化具有普遍性、包容性和独特性。不同于其他中国传统民间艺术文化，剪纸艺术同时还具备根源性。在经历了无数朝代的变更，从新中国成立到改革开放，从科教兴国到坚定不移走我们的中国梦，民间剪纸艺术在中国乡村自生自灭，自己传承，自己发展。但是随着经济的发展，这些文化遗产随时面临着消亡不见。而瑞昌独特的地理文化和历史文化孕育了瑞昌独具风格的剪纸文化，它与古文化之间的关系密切，在国内众多民间剪纸艺术中占有不可撼动的位置。本文就以保护与传承瑞昌剪纸艺术为个例，探索在非物质文化遗产保护过程中数字化建设的变革之路。

三、剪纸艺术数字化保护模式的构建

本文以瑞昌剪纸艺术保护与传承的数字化建设为探索方向。先进的非物质文化遗产保护技术有虚拟现实技术、人工智能和网络数据库等。争取建立媒体交互体系，在此基础上研究非物质文化遗产的保护与传承的最佳方式。如何做才能重新给它们定义新的内容和形式，是当前急需解决的问题。

为此，瑞昌剪纸艺术关于数字化体系建设的保护模块主要设置了 6 个部分，分别是瑞昌剪纸内容赏析，剪纸图案，工艺流程，创意客户端设计，专门游戏体验，剪纸留言等模块。其中，基本上每个模块下面都设立子模块，如剪纸的工艺流程模块中设有单色剪纸分类和彩色剪纸分类；创意客户端设计模块中设有体验区和专享区；剪纸留言模块中设有自主发言、回复区域以及互动专区等。

四、实现的思路与技术路线

瑞昌剪纸艺术保护与传承的数字化建设实现的思路应按照原始素材的采集、原始素材的数字化处理、图符纹样的提取与检索、剪纸艺术的创新应用、体验型虚拟游戏的开发这个顺序进行。其中重点研究剪纸图形图像的数字化处理技术，关键要素、图形符号、纹理符号的提取技术；基于关键要素和图形符号的剪纸艺术创新技术；剪纸艺术制作流程数字化及其存储应用技术以及虚拟剪纸艺术生产过程的交互型游戏开发技术等。

五、实现的技术方案设计

（一）原始素材的采集和数字化

采集原始素材并通过技术使原始素材数字化这一过程是所有工作的基础，为了完成这一目标，需要对瑞昌剪纸的涉及地区进行摸底考察，其中，有两个标准化采集非常重要，一是图形图像和标准化采集，二是音频视频素材的标准化采集。同时对于原始素材的数字化处理包括优化、压缩和存储，包括：剪纸作品，音视素材采集的大小、尺寸、分辨率、用光、角度、色温、色彩、压缩码率以及仪器设备标准等问题。

（二）图符纹样的提取与检索

图符纹样的提取与检索同样也是不可或缺的环节。这一部分包括对剪纸作品的选择和分析，从而能够提取和检索剪纸图符的纹样，提取关键元素，再对所提取的元素进行分类检索。在分析的过程中，我们需要用科学辩证法对瑞昌剪纸的造型创意进行剖析，对剪纸纹样的代表文化符号进行提取分类。其中包括对典型作品的创意理念、风格特征、设色理念、剪刻技法、历史传承及代表艺人进行科学的、辩证的、历史的分析，对剪纸作品的造型要素、代表符号及装饰纹样进行提取、分类、归纳、解析。

（三）剪纸艺术的创新应用

剪纸艺术在中国传统民间艺术中占有非常重要的地位，同时也运用到生活中的各个领域。如影视视频电影画面的表现上，鲜艳的颜色配合剧情的跌宕起伏，引人入胜；剪纸在室内装修设计中也有明显的运用，从具有中式风格的餐厅商业空间到古朴宽阔的办公空间，另外还有别致深意的居室空间设计。不难看出，剪纸成为了文化符号，它既可以代表源远流长的中式风格，也可以与新锐高调的西式风格相融合。在数字化信息建设中，可以重点体现这一点，其涉及的技术包括：基于关键字和图形特征的多媒体信息检索技术、关键要素、图符纹样的重组、对元素符号、纹样图案的任意组合以生成新的剪纸图形的重构技术，进一步创意加工的图形图像编辑加工与创新应用技术。

（四）体验型虚拟游戏平台构建

可将剪纸工艺做成手机客户端小游戏，一方面可以提升受众群体对民间剪纸艺术的认知，让瑞昌剪纸艺术得到大规模传播；另一方面可以将传统民间艺术文化和现代科学技术相结合，一定程度上顺应了时代的发展。

（五）数字化制作流程存储与动作演示

可将技艺性和随意性很高的剪纸作品制作流程数字化后存储并进行动画演示，再将其应用于指导普通大众的一般创作和寓教于乐，是研究的创新之二。其涉及的技术包括：艺术作品制作流程采集技术、制作流程数字化及其存储技术、制作流程的交互动画制作技术等。

六、结论与展望

数字信息技术与非物质文化遗产保护的结合是一个崭新的思路，并且有着现实的技术基础和可操作性，在非物质文化遗产的保护上，数字化体系是一个新的思路，科技配合现实，再加上夯实的技术基础，这个研究对推动瑞昌剪纸遗产保护和传承有绝对的促进作用。这一研究必将推动非物质文化遗产保护与传承的进程。瑞昌剪纸艺术数字化建设的成功实施能使更多的人了解、响应本土文化的保护与弘扬，再加上有着现实技术基础做支撑的硬件，将数字化的可操作性放到最大。瑞昌剪纸艺术数字化建设能否成功实施，会直接影响本土文化的保护和弘扬，实现资源共享与利用的最大化，同时也必将为传统艺术带来新的生存与发展空间，促进文化市场的繁荣。剪纸艺术虚拟游戏体验型交互系统的成功开发，将使群众广泛、轻松地寓教于乐之中，从而激发民间艺术新的生命力与活力，加强大众对传统文化的认同感，并将在一定程度上改变当代青少年传统文化缺失的状况，营造出一种珍视民族艺术的文化氛围，为文化市场注入新鲜的血液和活力。

剪纸作为一种中国传统民间手艺，既然有了信息数字化在背后做强大支撑，就多了几种全新的生存方式，也在某种程度上拓宽了未来的发展空间，可以说在自身的思想长度和宽度上都发生了变化。而剪纸艺术虚拟游戏的成功开发，也恰好促进了文化产业的繁荣发展，赋予民间艺术新的形式与生命。这里以瑞昌剪纸为例，将口传身教的课程换成全息投影 Vary 技术，在保证资源不浪费的情况下，激发群众心中最大的热情，为我国文化产业的发展做出贡献。

参考文献

［1］王晓芬，苑鹏军，王艳贞．河北民间剪纸艺术保护与传承的数字化建设探索［J］．山花（下月半），2009（1）．

［2］宋俊华，王明月．我国非物质文化遗产数字化保护的现状与问题分析［J］．文化遗产，2015（6）．

［3］谢希德．创造学习的新思路［N］．人民日报，1998－12－25.

［4］曾易平．论民间剪纸艺术的现状及历史进程［J］．美术大观，2010.

［5］马东煜．浅谈民间剪纸艺术的魅力、传承与思考［J］．管理学家，2011.

［6］赵磊．民间剪纸艺术价值刍议［J］．太原城市职业技术学院学报，2008.

中国非物质文化遗产的数字化保护与传播研究

——以瑞昌剪纸为例

黄丽霞

内容摘要 物质文化遗产和非物质文化遗产是文化遗产的两个组成部分。随着社会的快速发展，人们对于物质文化遗产的保护给予了越来越多的关注，而有关非物质文化遗产的数字化保护却仍处于刚起步的状态。因此，如何使用数字化手段实现对于非物质文化遗产的保护已经迫在眉睫。本文以瑞昌剪纸艺术为例，首先对中国剪纸艺术的历史以及当前发展情况做一个简单的分析，然后对于剪纸艺术如何实现数字化保护提出相关建议，希望能够对非物质文化遗产在今后的保护和工作开展中提供借鉴意义。

［作者简介］黄丽霞，江西经济管理干部学院副教授，研究方向为赣商文化研究。

［基金项目］本文是2017年度江西省赣商文化研究基地立项课题“赣商非物质文化遗产数字化保护与传承研究”研究成果之一。

一、剪纸艺术简介

（一）剪纸艺术的发展历史

1. 中国剪纸艺术的发展历史

东汉蔡伦研究的造纸术，无疑对剪纸艺术的出现、发展和普及起到了促进的作用。又经历了唐宋两代，剪纸艺术渐渐趋于成熟。而发展到现在，剪纸艺术仍旧出现在我们的生活中，例如逢年过节在窗户上贴的窗花，婚庆喜事用的大红剪纸，剪出一个“双喜”；又如现在中式以及新中式风格的室内空间装修上之类的等。中国的剪纸艺术是民间艺术，是劳动人民的双手赋予它意义。

2. 瑞昌剪纸的发展历史

瑞昌剪纸作为非物质文化遗产，千百年来已经形成了具有独特魅力的艺术风格，它奔放又不失严谨，古朴又饱含俏丽，具有保护与传承的重要意义。不同于其他中国传统民间艺术文化，剪纸艺术同时还具备根源性。上溯历史长河我们可以发现，民间文化承继了人类童年文化的混合性，在下层劳动者发展、流传，这种根性特征决定了其生生不息、强大蓬勃的生命力。在经历了无数朝代的变更，从新中国成立到改革开放，从科教兴国到坚定不移走我们的中国梦，民间剪纸艺术在中国乡村自生自灭，自己传承，自己发展。但是随着经济的发展，这些文化遗产随时面临着消亡不见的风险。而瑞昌独特的地理文化和历史文化孕育了瑞昌独具风格的剪纸文化，它与古文化之间的关系密切，在国内众多民间剪纸艺术中占有不可撼动的位置。但是就以瑞昌剪纸艺术来说，这类的民间手工艺术文化是需要以口传身教的方式进行传承的，要一代一代传承下去，我们应该以新的方式保护并传播它，才能让中国民间剪纸艺术重新散发魅力光彩。

（二）剪纸艺术的发展现状

1. 缺乏对剪纸艺术的保护意识

一直以来，我们耳濡目染的国家政策就是“以经济建设为中心，大力发展生产力”，身边的群众都认为现在国家正在大力发展经济，致使我们对剪纸艺术的保护不够到位。不仅如此，在像瑞昌一样的地方，有很多民间剪纸高人只认为这是自己的一项兴趣爱好，也有人认为这是自己维持生活的方式，他们并没有意识到自己每天熟练剪出的一个个栩栩如生的剪纸是人类非物质文化遗产。针对这一点，相关宣发部门得尽快进行宣发活动，将“中国剪纸是人类非物质文化遗产”这件事广而告之。

2. 群众对剪纸艺术了解受到局限

之前有瑞昌的学者做过调查，据调查数据显示，瑞昌本地只有45.2%的人知道剪纸是非物质文化遗产，在这些人中，有80%的群众是通过早晚间新闻，报刊上得知的。然而，只通过电视上短短几分钟甚至几秒是完全无法全面了解到的，只能知道个大概。那么，政府以及社会在此项工作的通知和宣发上就要下一点功夫了。群众获取信息的方式多种多样，怎么才能做到全民一起来保护，一起来传播同样是一件重要的事情。

二、剪纸艺术文化的数字化保护与传播策略研究

关于剪纸艺术保护与传播的数字化建设实现的思路应按照原始素材的采集、原始素材的数字化处理、图符纹样的提取与检索，数字化采集的目的是为了忠实记录现存的各类作品和民俗文化事项。国家和社会对非物质文化遗产数字化保护看得比以前重要得多，数字化保护非物质文化遗产已然成为新时代背景下的新热点。下面，将从虚拟交互式剪纸体验和虚拟交互式剪纸系统的应用领域两个方面来阐述本次的观点。

（一）“虚拟交互式”剪纸体验

近年来，虚拟现实技术、人机交互技术发展迅速并逐步获得人们的青睐。虚拟现实技术是一种可以创建和体验虚拟世界的计算机仿真系统，它利用计算机生成一种模拟环境，是一种多源信息融合的交互式的三维动态视景和实体行为的系统仿真，使用户沉浸到该环境中。艺术家通过对VR、AR等技术的应用，可以采用更为自然的人机交互手段控制剪纸作品的形式，塑造出更具沉浸

感的剪纸环境和现实情况下不能实现的梦想，并赋予创造的过程以新的含义。观众可以通过自身动作控制投影的文本，如数据手套可以提供力的反馈，可移动的场景、360 度旋转的球体空间不仅增强了作品的沉浸感，而且可以使观众进入作品的内部，操纵它、观察它的过程，甚至赋予观众参与再创造的机会。

虚拟现实技术是新的传媒发展到一定阶段的产物，它可以使人民群众在极度真实的情况下又不失趣味。如果将所有剪纸的元素全部虚拟化，剪刀、纸张等工具全部用虚拟现实技术来代替，在操作系统中操作，真实的工具完全被替代，用户可根据系统提示完成本该在生活中出现的剪纸。这一做法不仅在生态环境保护上起到了重要作用，相对地节约了纸张，并且还有益于剪纸文化的传播与应用。在虚拟交互式的剪纸系统当中，虚拟的操作工具代替真实操作工具，虚拟纸张代替真实纸张，用户可以体验到不用真实的剪刀、刻刀也能创作出剪纸作品。这一虚拟过程操作简单，完全避免了真实剪纸的复杂性。不用准备工具，直接登录进入系统，就可以操作；不知道从哪里下手？点击教学页面，以一种新的方式代替剪纸艺术口传身教的教学模式；在操作结束后，也不用清理现场，安全退出系统就可以了。但是该体验的都一样不落地体验到了，避免了在现实生活中剪纸的复杂程度。

（二）虚拟交互式剪纸系统的应用领域

作为剪纸的数字化保护手段的“虚拟交互式”剪纸系统，应用领域其实非常广泛，其存在的目的就是为了对剪纸文化进行保护和传播。当前，各中小学生对于我国传统的剪纸艺术的教育手段是开设剪纸艺术赏析课程，采用此种教学手段会使学生缺乏实际动手能力和操作能力，因此，教师在授课过程中一味地进行讲解，学生盲目地接受，无法亲身体验到剪纸艺术的真正魅力，所以导致学生无法真正地了解剪纸艺术。就拿瑞昌来说，这边已经有很多小学和初中设立了剪纸美学赏析课程。配合老师上课的内容，每节课上由学生现场操作一下效果会更好。但是，要每个学校的每个班级都进行这一实践课的学习难度很大。如果将“虚拟交互式”剪纸系统与教学相结合，这样学生在教师授课的过程中，还可以对剪纸的过程进行体验，在这一过程中，学生不仅可以体验到剪纸所带来的趣味，同时还可以对剪纸艺术产生兴趣，这对于我国剪纸艺术的传承与发扬具有重要作用。

那如果把虚拟交互式剪纸系统带到课堂上呢？学生们在老师带领学习后，可以自主学习，有自己思考的空间。同时还可以自己在无工具的情况下操作学习，与老师的授课内容相结合，达到最好的教学效果。首先，这样做不仅会提升孩子们自己动手的能力，同时间接培养了他们独立思考的能力；其次，其实真正接触科技的孩子并不是很多，这样做可以拉近孩子们与科学的距离，培养他们对科学的兴趣；最后，在节约成本的基础上，更加方便老师的课堂管理，也在无形中培养了孩子们的自律意识。

基于虚拟交互设计的陈列馆、非物质文化陈列馆在西方国家已有百万之久，这些都是保护非遗、传播非遗的新型途径和方式，所以我们可以借鉴其他国家对非遗保护展馆的设计优势，逐步为我们的非遗虚拟交互展示空间设计增添更多新颖点。如果把这项技术放在陈列馆会怎么样？陈列馆作为人们了解世界的载体，我们在进行游览的时候，大多是走马观花的状态。来来往往的人群导致根本不能安静下来好好观看，了解知识。如果陈列馆的展示剪纸的区域同样设置了虚拟体验区，我们可以通过虚拟的方式得知中国剪纸的历史、文化等之类的背景。在了解完这些后，还可以进行实地操作。这样就完全走出游览陈列馆枯燥无聊的过程，在收获知识、学到文化的同时通过虚拟剪纸系统感受到这一民间艺术的无穷魅力。

三、结语

当前，中国的剪纸艺术正处于一个特殊的时期，能否在数字化保护和传播中发展起来是一个很重要的问题。它面临的将不仅仅是一个系统、一个科技，它面临的更是这样一个时代，充满机遇和挑战。剪纸作为一种中国传统民间手艺，既然有了信息数字化在背后做强大支撑，就多了几种全新的生存方式，也在某种程度上拓宽了未来的发展空间，可以说在自身的思想长度和宽度上都发生变化。国家对于非物质文化遗产进行的数字化保护与传播是非常正确的决定，瑞昌的剪纸艺术、中国的剪纸艺术成就永远不会被历史的长河埋没，它将在数年之后仍旧发出熠熠光辉。

国家和社会对非物质文化遗产数字化保护看得如此重要，数字化保护非物质文化遗产在成为新时代背景下的新热点的同时，也面临着一个崭新的未来。

在中国非物质文化遗产的数字化保护与传播研究过程中发现，中国剪纸艺术体现出中国先民的智慧，他们所创造的优秀作品远远流传。如今，剪纸已经走出中国，面向世界。

参考文献

［1］王建业．中国非物质文化遗产的数字化保护与传播探究——以剪纸艺术为例［J］．艺术评鉴，2016（17）．

［2］江文淼．民间造型艺术中活态文化基因的提炼研究——以国家级非物质文化遗产阜阳剪纸为例［J］．阜阳师范学院学报（社会科学版），2016（1）．

［3］李朵朵．数字化工作方式下的非物质文化遗产活态记录与传播研究——以金陵刻经处为例［D］．南京艺术学院论文，2012.

［4］陈俊羲．中国非物质文化遗产的数字化保护与传播探究——以剪纸艺术为例［J］．传播与版权，2015（3）．

［5］左汉中．中国民间美术造型［M］．长沙：湖南美术出版社，2006.

［6］［美］苏珊·朗格．哲学新解［M］//情感与形式．刘大基等译．北京：中国社会科学出版社，1986.

［7］［英］贡布里希．艺术发展史——“艺术的故事”［M］．范景中译．天津：天津人民美术出版社，1991.

“互联网+”时代国家非物质文化遗产保护与发展成功案例分析

——以北京同仁堂为例

林　芸　严　琦

内容摘要　项目组以北京同仁堂为例，对“互联网+”时代国家非物质文化遗产保护与发展成功案例进行了分析，为其他非物质文化遗产的保护和发展提供一定的启发和帮助。

在“互联网+”时代，有的国家非物质文化遗产不仅在当地、在国内家喻户晓，而且在国外也声名鹊起；有的国家非物质文化遗产却逐渐不为人知，销声匿迹。项目组以中国北京同仁堂（集团）有限责任公司为案例，开展调研，进行分析，总结出相关经验，为非物质文化遗产的保护和发展提供一定的启发和帮助。

一、同仁堂基本情况

中国北京同仁堂（集团）有限责任公司（以下简称同仁堂）被称为国内

［作者简介］林芸，江西经济管理干部学院教授，研究方向为赣商文化研究。严琦，江西经济管理干部学院副教授，研究方向为赣商文化研究。

［基金项目］本文是2017年度江西省赣商文化研究基地立项课题“赣商非物质文化遗产生产性保护研究——以铅山连史纸为例”研究成果之一。

中药业第一品牌。2006年，“同仁堂中医药文化”被列入第一批国家级非物质文化遗产名录。早在清朝康熙八年（1669年），曾任清皇宫太医院的吏目乐显扬创建了同仁堂。300多年来，同仁堂始终贯彻“炮制虽繁必不敢省人工，品味虽贵必不敢减物力”的祖训，在制药上从未懈怠，得到了海内外认可。“科技兴企、创新引领”是同仁堂近年来的发展战略，根据这一战略，一方面，同仁堂形成了医疗服务、现代制药和零售商业三大板块；另一方面，整合了10家子公司，6个二级集团的企业架构也逐步形成。目前，同仁堂拥有3家上市公司，医院制剂、药品、化妆品、食品及保健食品等1500多种产品，83条现代化生产线，28个生产基地，1个博士后科研工作站和国家级工程中心。经过长期的不懈努力，同仁堂持续发展壮大，在文化传承、创新等方面也取得了喜人成绩。

二、同仁堂成功因素分析

由于地处全国政治中心，同仁堂不可避免地被卷入从封建社会到八国联军入侵、从军阀混战到抗日战争等历史浪潮中，虽历经沧桑，却屹立不倒，更凭借其海内外良好信誉，给自己树立起了一块金字招牌，可称为医药史上的奇迹。项目组对同仁堂的成功之道进行了认真的调研，概括、总结如下：

（一）严把选料关

中成药一直是同仁堂的主打产品。同仁堂在药品材料的遴选、质量把关上从不含糊。同仁堂建立了一套选料用药的严格规范，从选料开始抓起，本着求真毋滥的宗旨，绝不用假料、下脚料来以次充好。在料好的基础上，同仁堂创始人、各代传人及坐堂大夫共同钻研，经多次调配，制造出了牛黄清心丸、大活络丹、苏合香丸等一批既有口碑又有疗效的丸药，使同仁堂在北京这块卧虎藏龙之地稳稳立足。尤其是第二代传人乐凤鸣，他不仅刻苦研习医术，致力于研制治疗疑难杂症的各种配方，分门别类总结于《乐氏世代祖传丸散膏丹下料配方》一书，为同仁堂的药材配方、工艺规范打下了良好基础。300多年来，同仁堂十年如一日严格要求药材遴选、工艺规范。中成药从购进原材料到包装售卖，整个过程需经过上百道工序，不仅如此，投放原料也始终坚持分毫不差，尤其是各种珍贵细料，投料误差严格控制在微克以下。

（二）仁心行天下

"同心同德、仁术仁风"是同仁堂名字的由来。而"仁术仁风"更是同仁堂金字招牌长盛不衰的四字真言。仁术，即认真配方制药。同仁堂严格坚守了几百年的选料要求，做良心药，选材总是精心细致（如河南的山药、吉林的人参、安徽的丹皮等），工艺更是从不取巧（该蒸必蒸、该炒必炒、该炙必炙、该晒必晒）。仁风，即员工对待患者的态度。同仁堂想顾客之所想，急顾客之所急，尽可能不让顾客花冤枉钱，严格为顾客把好处方关，并一直坚守代顾客煎药的老规矩。认真负责的工作态度为同仁堂赢得了无数回头客，同仁堂给予顾客的不仅是产品，更是厚生、重义、爱人的文化。

（三）成功转型为现代化企业

1992年，北京同仁堂集团公司正式成立。1997年，同仁堂成为第一家被列入现代化企业制度试点单位的中医药企业；同年，同仁堂股票在上交所上市，这成为同仁堂在现代化进程中的里程碑。2001年7月，经历公司制后，中国北京同仁堂（集团）有限责任公司正式揭牌。通过以上一系列变革，如今，同仁堂已成功转型成为一家现代化企业。

（四）以顾客为导向进行改革创新

同仁堂以顾客为导向，本着"尊古不泥古，创新不离宗"的原则，结合实际，不断进行改革创新，开发了很多新型产品。传统的中药药丸分量重，个头大，难以下咽，顾客服用时往往苦不堪言。同仁堂进行剂形改革，将药丸改成片剂、浓缩滴丸或口服液，药效并没有变化而顾客服用更为方便。虎骨酒是治疗风湿的良药，然而新中国成立后，老虎被列入国家保护动物，一骨难求。同仁堂经多方寻找与研究，发现青海高原有一种高原鼢鼠，鼠骨对风湿关节的治疗也有奇效，经过8年研发，生产出塞隆风湿酒，为风湿关节疼痛患者带来了福音。同仁堂的大胆创新不仅满足了患者需求，自身也得以长足发展。

（五）品牌国际化

同仁堂一直着眼于全球，在海外也取得了巨大成功。1997 年，同仁堂的 8 条主要生产线通过了澳大利亚相关部门的认证。2000 年 10 月，同仁堂在中国香港成立分公司，为其产品在海外市场的销售奠定了基础。在香港上市后，公司表示将以中药现代化和国际化为目标，通过相关技术不断开发高质量产品。目前，同仁堂在马来西亚、英国、澳大利亚等国均有分店或合资公司，产品销售到海外 40 多个国家和地区。下一目标是巴西、俄罗斯、印度等国家。

（六）品牌延伸

除经营自身品牌外，同仁堂还与其他行业合作，进军新兴产业及特色产业。除原有的中成药、中药饮片、保健品销售外，同仁堂还在日用品、化妆品等领域进行了创新性探索。集团旗下的洗漱用品、护肤产品等产品系列深受消费者欢迎，使同仁堂在不同领域焕发出夺目光芒。

三、“互联网 +”时代同仁堂的创新发展

在“互联网 +”时代，很多传统企业着手开启电商模式。2015 年起，同仁堂通过向小米和其他互联网企业学习，用互联网思维改造自身，获得了跨越式发展。

（一）“互联网 +”官方网站

同仁堂专门开辟了“同仁堂健康”官方网站，以充满青春活力、焕然一新的面容出现在世人面前，带来一股清新之风。网站主页包括健康资讯、健康产品、健康门店、健康专家及同仁堂健康五大栏目。每一栏目下再细分出各子栏目。如健康产品下细分出滋补养生系列、麦卢卡蜂蜜、古方新法系列、天然草本系列、营养保健系列、免疫增强系列等，方便客户迅速找到自己感兴趣的产品。在健康门店大栏目下，门店定位查找不仅可以帮助顾客找到地址、联系电话，还有非常贴心的地图显示，无不体现出同仁堂以人为本的文化渊源。健康专家栏目把老中医的照片挂在网上，明确标注了老中医姓名、职称、主治特

长、坐诊科室、联系方式、咨询电话、坐诊时间、坐诊门店等，资料细致翔实，让顾客明明白白看病、轻松愉快养生。除列出362位专家外，在专家搜索项目，顾客还可以通过省份、科室、职称寻找到自己满意的专家。这一平台拉近了患者与同仁堂的距离，也扩大了同仁堂的影响力。

（二）“互联网＋”用户体验

同仁堂旗下主营高档保健滋补品，如高档参茸虫草等。店面装潢采用中国风，古朴典雅令人难忘。如今，互联网、智能工厂正使同仁堂角色逐步发生转变，功能也得到了进一步完善。在美国零售业联盟展览会上，同仁堂展示了在美国最先进的店面运行系统及与用户互动的体验措施，让外国顾客对传统中医有了更为直观的认识，为同仁堂打开海外市场起到了推波助澜的作用。目前，同仁堂致力于研发如何将可穿戴设备和中医传统诊疗方式结合起来，并同时开发具备中医诊疗号脉技术的智能设备，以便将来进入社区医疗领域。可穿戴设备在监测收集用户各种健康数据后，在后台由中医师分析并定制出适合用户的诊疗建议和生活提醒。这样，通过大数据算法，把网上销售的便利性以及人性化优势带到实体店，完成同仁堂希望达成的与用户“安静、智慧、精准”互动的目的，使用户在产品展示柜前就可从悬空玻璃上了解商品的产地、功效、用法，并得到根据自身健康数据自动推送的最为恰当的产品和产品服用方法等信息。

（三）“互联网＋”移动O2O

在渠道上，同仁堂也开始通过与各大平台合作尝试移动O2O，以网络推送的方式将商品上线、打折信息、客服服务等消息传递给互联网用户，一方面增加了老顾客群的黏性，另一方面也吸引了新的客户群。2015年11月，北京同仁堂健康药业宣布入驻1药网，开设同仁堂品牌馆，成为1药网上的首家中医品牌馆。该合作充分利用双方资源优势，实现顾客足不出户就可寻医问诊、买药收货的愿望，从而免去顾客奔波医院、排队等候的麻烦。为保障顾客的健康与权益，新上线的同仁堂品牌馆配有庞大、专业的中医客服团队，以及厂商直供、100%真品保证的优质药品；而1药网则提供充足库存、良好的物流体验和售后服务。在线上（1药网）的同仁堂品牌馆中，患者不仅能随心选取自己需要的药品，同时也可以在线咨询同仁堂的医生，进行问诊，从而获知适合自己的药方和治疗方法。下单付款后，1药网全权负责药品的配送和售后保障服务，如此，患者足不出户就能体验“一条龙”式的就医服务，大大提升了用户的好感度和医生的工作效率。

（四）“互联网+”天猫旗舰店

在2015年的天猫“双十一”购物狂欢节中，同仁堂健康品牌首次“触电”即取得了24小时销量突破1042万元的销售业绩。在2016年“双十一”期间，同仁堂继续开展了各种促销活动，如狂送10万张无门槛券，1元秒50元，0元抽无门槛券，“双十一”爆款，抽领，满额送等活动，极大地吸引了顾客的眼球，取得了良好的经济效益。

（五）“互联网+”跨境电商

2015年，同仁堂结缘了跨境电商健康平台——天然淘，该平台主要发挥“引进来”的作用，将海内外优秀品牌介绍给客户。网站首页包括同仁堂海外（同仁堂香港、同仁堂台湾、同仁堂新家坡、同仁堂韩国），健康需求（滋补养生、补肾壮阳、心脑血管、体重管理、增强免疫等），母婴儿童（感冒咳嗽、抗过敏、智力发育、视力发育等），健康食品，个护化妆、营养成分、两性健康等栏目。

2015年同仁堂还创办自建电商平台——同仁堂国际，该平台主要发挥“走出去”的作用，针对英语国家市场客户，聚焦全球健康垂直领域，以推动互联网与中医药及中医服务国际化创新为己任，整合全球优质健康、医疗资源，将优质中药及植物健康产品与服务提供给海内外消费者。

两大跨境平台分工明确，却又相辅相成，极大地助推了同仁堂的国际化传播。

四、结语

作为最极具中国传统特色的中药公司，同仁堂以其优质的产品质量，贴心的专业服务，赢得了广大消费者的赞许。在“互联网+”时代，同仁堂勇敢进行探索，紧跟时代步伐，乘势而上，实现了国家非物质文化遗产在新时代发展的成功突破，使更多客户享受到中医诊断与治疗，同时也使中医成功走向世界舞台，使"同仁堂中医药文化"这一国家非物质文化遗产得到了进一步的传承与推广。同时，也为其他非物质文化遗产，尤其是为江西非物质文化遗产，在"互联网 +"时代闯出新路、创新发展提供了宝贵的经验。

参考文献

[1] 熊长博．中医药老字号的现代化之路［D］．山东大学论文，2012.

[2] 王威．中华老字号商标国际保护的法律研究［D］．辽宁大学论文，2010.

[3] 陈飞．靠诚信文化做强药企的北京同仁堂［J］．价格与市场，2012（11）．

[4] 贺云杰．天津中新药业集团股份有限公司达仁堂制药厂发展战略研究［D］．天津大学论文，2015.

[5] 田瑞华．以质量为基础　以创新为引领　做长做强做大同仁堂［J］．中国食品药品监管，2013（11）．

第七篇

江西特色小镇建设研究

江西打造禅意特色小镇的优势分析

——以幽兰为例

张俐华

内容摘要　本文分析了江西发挥禅意文化优势建设禅意小镇的背景与优势。首先，中央出台的特色小镇建设系列政策与法规，为江西打造禅意文化旅游特色小镇提供了良好的政策支撑环境。其次，随着中国人口老龄化的加速以及城市亚健康现象的盛行，健康养生成为人们日常关注的重点，潜在的养生消费市场规模巨大。目前仅在经济发达的东部地区进行了禅意特色小镇建设。整个中部地区，对养生旅游的需求旺盛，当前的养生产业规模远远未能满足消费市场的需求。再次，中部地区囊括6省面积约102.82万平方公里上，没有一座城镇是禅意特色小镇，江西禅意小镇的建设可弥补中部地区禅意特色小镇建设的市场空白。最后，以幽兰为例分析了江西省建设禅意小镇的资源优势。

一、江西发展禅意特色小镇建设的政策背景

习近平总书记首先于2015年12月底，对浙江产业特色鲜明的“特色小

［作者简介］张俐华，江西经济管理干部学院教授，研究方向为供应链管理、特色小镇研究。

［基金项目］本文是2017年度江西省赣商文化研究基地立项课题“江西禅意文化与城镇建设研究——以幽兰禅意小镇为例”研究成果之一。

镇”建设做出了重要批示。他谈到“抓特色小镇，小城镇建设大有可为，对经济转型升级、新型城镇化建设，都具有重要意义，浙江着眼供给侧培育小镇经济的思路，对做好新常态下的经济工作也有启发。”随后，住建部2016年8月3日发布了《关于做好2016年特色小镇推荐工作的通知》，明确了各省市推荐上报2016年特色小镇工作的各项细节。全国各地开始积极加入到特色小镇的推荐上报工作。紧接着住建部、发改委、财政部联合发布《关于开展特色小城镇培育工作的通知》，倡导特色小城镇培育工作在全国的全面展开。通知要求全国各省市在四年内争取培育1000个左右的特色小镇，打造产业特色鲜明和富有创新活力的中国新型城镇。

发改委〔2016〕2125号文《关于加快美丽特色小（城）镇建设的指导意见》，明确了两种特色小（城）镇的形态，分别在十个方面对特色小镇建设给予了详细的指导意见。具体有：总体要求、城镇发展路径、特色产业发展平台、经济发展动能、基础设施、公共服务、绿色城镇建设、共建共享模式、城乡要素配置和创新机制等方面。在金融资金政策方面，建村〔2016〕220号文件《住房城乡建设部、中国农业发展银行关于推进政策性金融支持小城镇建设的通知》，为特色小镇建设融资模式和项目管理提供了指导意见和政策保障。

这些文件明确了我国特色小镇的具体定位，它们不再是传统行政区划意义的城镇，而是因为产业特色鲜明，自然环境优美，文化底蕴丰厚，社区功能完善，适应人们居住的特色小镇和特色小城镇。中央出台的特色小镇建设系列政策与法规，为江西城镇紧跟全国新型城镇化建设的浪潮，打造禅意文化旅游特色小镇提供了良好的政策支撑环境，也为建设市场化经营和金融产品服务模式提供了正确的指导。

二、中部养生旅游文化市场对江西禅意特色小镇建设的迫切需求

（一）全国养生旅游文化市场的兴起

中国养生旅游的特色为文化养生，养生文化历史悠久。从老子的《道德经》到《庄子·内篇》，从《周易》到《吕氏春秋》，从《黄帝内经》到《管子》，从《神农本草经》到《茶经》，我们的祖先一直在积极探索健康长寿的

秘诀。随着中国人口老龄化的加速以及城市亚健康现象的盛行，健康养生成为人们日常关注的重点，潜在的养生消费市场规模巨大。

新型的养生旅游业态，将文化养生资源与旅游活动融为一体，是人们放松身心，缓解压力的新形式，可以满足人们更高的身心健康需求，是一种新型的文化养生模式。它通过对文化资源与养生技术的整合，满足现代人对精神深层次的休养，达到延长生命提高生活品质的需求，这是中国传统养生旅游市场发展的新趋势。浙江灵山禅意小镇通过将各种宗教、民俗文化植入养生项目，培养和谐的养生氛围，打造完整的养生文化产业链，形成当地独特的文化养生产业集群。让人们不仅能体验景色优美的自然风光，还能感知深厚的禅意养生文化底蕴，吸引了来自全国各地的养生旅游人群，也带动了中国文化养生旅游市场发展的新趋势。

（二）江西对养生旅游文化市场的旺盛需求

通过对 2015 年江西省各地区户数和人口数、各地区人口抚养比、年龄和性别的人口构成的统计，以最具养生旅游消费能力 40 ~ 69 岁年龄段人口预测，全省潜在养生需求的城镇人口数为 816 万。以每人每年养生旅游 300 元预估，仅江西省养生旅游市场经济规模每年就达 24. 5 亿人。推至整个中部地区，对养生旅游的需求旺盛，消费市场规模巨大（见表 1 ~ 表 3）。

表 1　按江西省城乡分的人口数（2015 年末）

年份	总人口（人）	按城乡分（人）		以年末总人口为 100（%）	
		城镇人口	乡村人口	城镇人口	乡村人口
1978	31828203	5331228	26496975	16. 75	83. 25
1980	32701960	6145928	26556032	18. 79	81. 21
1985	35097971	6942379	28155592	19. 78	80. 22
1990	38106418	7754656	30351762	20. 35	79. 65
1991	38646374	8148201	30498173	21. 08	78. 92
1992	39130927	8537586	30593341	21. 82	78. 18
1993	39660405	8944215	30716190	22. 55	77. 45

续表

年份	总人口（人）	按城乡分（人）		以年末总人口为100（%）	
		城镇人口	乡村人口	城镇人口	乡村人口
1994	40154459	9350367	30804092	23.29	76.71
1995	40625406	9689159	30936247	23.85	76.15
1996	41054635	10092871	30961764	24.58	75.42
1997	41503338	10507815	30995523	25.32	74.68
1998	41912074	10918934	30993140	26.05	73.95
1999	42311742	11333623	30978119	26.79	73.21
2000	41485447	11487320	29998127	27.69	72.31
2001	41857676	12728919	29128757	30.41	69.59
2002	40004273	13596216	26408057	32.20	67.80
2003	42542255	14472875	28069380	34.02	65.98
2004	42835667	15240930	27594737	35.58	64.42
2005	43112439	15994715	27117724	37.10	62.90
2006	43391287	16783750	26607537	38.68	61.32
2007	43684125	17386282	26297843	39.80	60.20
2008	44001038	18198829	25802209	41.36	58.64
2009	44321581	19138059	25183522	43.18	56.82
2010	44622489	19660669	24961820	44.06	55.94
2011	44884367	20512156	24372211	45.70	54.30
2012	45039321	21398181	23641140	47.51	52.49
2013	45221468	22099731	23121737	48.87	51.13
2014	45421607	22810731	22610876	50.22	49.78
2015	45656316	23567790	22088526	51.62	48.38

表2　江西省各地区户数及人口数（2015年末）

地区	总户数（户）	总人口（人）	按性别分（人）		以年末总人口为100（%）	
			男	女	男	女
全省	12668476	45656316	23436968	22219348	51.33	48.67
南昌市	1543252	5302914	2746307	2556607	51.79	48.21
景德镇市	474814	1640515	845071	765444	51.51	48.49

续表

地区	总户数（户）	总人口（人）	按性别分（人）		以年末总人口为100（%）	
			男	女	男	女
萍乡市	522125	1901081	960464	940617	50.52	49.48
九江市	1332114	4825811	2453822	2371989	50.85	49.15
新余市	379605	1166706	604682	562024	51.83	48.17
鹰潭市	322895	1153311	598888	554423	51.93	48.07
赣州市	2283343	8547062	4362175	4184887	51.04	48.96
吉安市	1351648	4898988	2511995	2386993	51.28	48.72
宜春市	1539491	5511984	2840544	2671440	51.53	48.47
抚州市	1122202	3992806	2061302	1931504	51.63	48.37
上饶市	1796987	6715138	3451718	3263419	51.40	48.60

表3 江西省分年龄、性别的人口构成（2015年末） 单位:%

年龄（岁）	人口构成合计	按性别分（人）		性别比（女=100）
		男	女	
总计	100.00	51.33	48.67	105.48
0~4	6.70	3.59	3.11	115.43
5~9	7.45	4.13	3.32	114.40
10~14	6.18	3.44	2.74	125.55
15~19	7.00	3.79	3.21	118.07
20~24	8.94	4.49	4.45	100.90
25~29	6.95	3.42	3.53	96.88
30~34	7.34	3.64	3.70	98.38
35~39	8.71	4.52	4.19	107.88
40~44	8.57	4.44	4.13	107.51
45~49	7.25	3.67	3.58	102.51
50~54	5.50	2.71	2.79	97.13
55~59	5.53	2.75	2.78	98.92
60~64	4.44	2.28	2.16	105.56
65~69	3.34	1.65	1.69	97.63

（三）江西打造禅意特色小镇对中部养生旅游文化市场的重大意义

全球健康理念的广泛传播，人们对健康养生的追求成为新的消费市场热点，撬动了巨大的养生市场，发展了漫长的衍生产品产业线。据统计，仅江西省养生旅游市场经济规模每年就达24.5亿元。推至整个江西所在的中部地区，对养生旅游的需求旺盛，消费市场规模惊人。目前仅在经济发达的东部地区进行了禅意特色小镇建设。除无锡的灵山小镇已建设完成，其他南京栖霞小镇和浙江朱家尖仍处在规划和建设中。囊括安徽、江西、湖北、湖南、河南、山西六省的中部地区，面积超100万平方公里的土地上，竟没有一座禅意文化小镇在建。江西禅意特色小镇的建设可弥补中部地区禅意文旅特色小镇建设的市场空白，满足江西省和周边中部地区对养生旅游的旺盛需求，成为中部地区首个禅意文化旅游小镇。

三、江西建设禅意特色小镇的优势分析——以幽兰为例

江西禅意文化源远流长且地位显赫，当今中国佛教禅宗文化的著名寺庙都位于江西境内。吉安净居寺、袁州栖隐寺、静安宝峰寺、宜丰普利寺和宜黄宝积寺在禅宗文化中各领风骚，名扬海内外，为江西打造禅意特色小镇提供了深厚的文化乐土。距离江西省会城市南昌仅20公里的幽兰镇以其丰富的佛教文化氛围和优美的自然环境，为江西省禅意特色小镇建设提供了理想的区域。

（一）幽兰镇佛教文化历史悠久，寺院数量全省乡镇第一

幽兰地名源于一座古寺。相传在成立市集以前，此地有座古寺，名“幽兰寺”。此寺因早毁，在老街坊中也鲜为人知。惟寺基上及近旁几户店铺，旧时有个传统习惯：逢年过节，燃香、点烛、放鞭炮，敬神祈福，似乎神灵犹在（寺基在原谦益阁地基上）。又因周边塘多，故古称“幽兰塘”。幽兰镇境内共有寺院30多座，其中较为有名的有东禅寺、地藏寺、文昌寺、龙华寺、广渡寺、龙津寺（见表4）。

表 4　幽兰镇寺院

序号	场所名称	地址	教别
1	广渡寺	幽兰镇渡头村	佛教
2	东禅寺	幽兰镇南湖村	佛教
3	地藏寺	幽兰镇东田村	佛教
4	妙应寺	幽兰镇少城村	佛教
5	龙华寺	幽兰镇黄坊村	佛教
6	观音古寺	幽兰镇桃岭村	佛教
7	运潭寺	幽兰镇灌溪村	佛教
8	龙津寺	幽兰镇罗舍村	佛教
9	智圆寺	幽兰镇江陂村	佛教
10	三合寺	幽兰镇亭山村	佛教
11	增福寺	幽兰镇涂洲村	佛教
12	文昌寺	幽兰镇青塘村	佛教
13	天花宫	幽兰镇牌坊村	道教
14	东岳庙	幽兰镇东田村	道教
15	罗舍教堂	幽兰镇罗舍村	道教
16	涂村聚会点	幽兰镇涂村村	基督教
17	东田聚会点	幽兰镇东田村	基督教

东禅古寺位于幽兰镇东南 2. 5 公里的南湖岘山。传说唐代名臣魏征之四子曾任洪州刺史，因怀念其父墓葬在长安市郊岘山，便将幽兰当地的凤凰山改为岘山，并建寺以资乃父冥福，是为建寺之始。寺门石匾“岘山禅林”乃大清乾隆皇帝御笔。寺门楹联则录唐人诗句：“云开东岭千峰出，树鉴南湖一片明”，亦乾隆御书。

始建于明朝万历年间的地藏寺，位于南昌县幽兰镇北部一公里处，因此地风光秀丽是极佳的风水宝地而建寺。建成后礼请僧人住持，烟雾缭绕，盛极一时，成为方圆百里善男信女朝拜之地。

综观整座寺宇雄伟壮观，常住僧人自耕自食、如法如律。人们在晨钟暮鼓和梵音缭绕中，体会到远离尘嚣的心灵宁静。地藏寺最具有特色的地藏殿，供奉着11米高纯铜塑的地藏王菩萨圣像，属全国室内最高的青铜地藏王菩萨。地藏菩萨外面用真金镶贴，须弥座为惠安石雕，吉祥图案惟妙惟肖，栩栩如生。

（二）自然资源丰富，生态环境优美

幽兰镇土地资源丰富，面积105.8平方公里，全镇耕地质量较好。耕地面积4361公顷，占土地总面积的42.7%，耕地中水产面积1782公顷，占耕地面积的39.8%（见表5）。

幽兰镇地表水资源丰富，境内河湖水渠众多，北有抚河、南有青岚湖，内部有芳溪湖、厚沙湖，镇域内水渠全长40.471公里。幽兰镇西南部的芳西湖和东南部的马游山—青岚湖支撑起幽兰完整的自然生态圈。

表5　幽兰镇面积变化

年份	2005	2006	2007	2008	2009	2010	2011
全镇国土面积（平方公里）	10580	10580	10580	10580	10580	10580	10580
全镇耕地面积（公顷）	4043	4121	4190	4238	4301	4312	4361
镇区耕地面积（公顷）	140	140	138	130	128	125	120
镇区建成面积（公顷）	19	19	21	22.8	25	26	26.3

鄱阳湖畔的马游山，在幽兰镇境内，距幽兰街4公里，面积约7000亩，主峰高程53米。马游山整个地形是条形状的，其山脉属东西走向。马游山的得名，还有一段典故呢。相传在元朝中期有一个得道高僧云游于此，见遮天蔽日的大树连绵不断，就地一棵槐树下休息，由于长途跋涉一靠树便睡着了，睡梦中只见一位头戴晗帽，手拿扫帚，满面红光的老者向他走来，用手朝东、西两面一挥手便化着一道红光而去，高僧醒来后先顺着树林走到东面的尽头，再顺着西面的树林走到尽头，忽然茅塞顿开，领悟到老者挥手的意思即此地是一块卧龙地，龙头在松林庙，龙尾即岘山庵的脚下。最后，高僧断言，“此地是龙地，有龙就有龙子，这里方圆20里一定会出现真命天子。”

青岚湖是南昌县与进贤县的界湖，发源于武夷山脉，是鄱阳湖众多卫星湖之一，风光秀丽的马游山就坐落在青岚湖旁。这里水产丰富，候鸟成群，环青岚湖片区控制范围东西长约9.6公里，南北长约4.8公里，总面积46平方公里，其中水域面积约15平方公里。青岚湖水位稳定，湖水面积达2万余亩，是幽兰湖光山色和自然田园完美结合之地。

（三）靠近省会城市南昌，区位优势明显

幽兰镇地处南昌市东南郊，青岚湖西北岸，东面与进贤县相邻。镇政府驻幽兰街，距离南昌市中心20公里，县城莲塘15公里，昌北机场32公里。境内对外交通较发达，乐温高速公路、南浃公路穿境而过，昌南大道在此与乐温高速连接，又是上溯赣抚，下达鄱湖，通达长江的水系要冲。

（四）镇区建设规划合理，镇域公共与公用配套设施全面

幽兰镇谋划特色小镇建设的起点早、动作快，自2016年初起在争取项目、对接发展的思路上围绕特色小镇进行了统筹的规划构思，依托昌南大道的升级改造，总投资5806.4万元的马游山环湖公路、潭罗公路等主干道的建设，投资3540万元的新农村建设（在104个新农村点的建设上摒弃过去理事会建设起点不高的陋习，邀请专业团队围绕特色小镇的思路统一设计规划），在基础设施的改造提升上将特色小镇的中心地位予以凸显。镇区总体建设布局策略为东优、西进、南控、北拓，城镇建设规划合理。东优是指镇区东侧进一步优化用地布局结构，与上丁村等周边用地相协调。西进是指在现状镇区的基础上向西推进与南昌市对接，新建幽兰商业商贸文化中心，形成一定的规模，是近期镇区建设的重点区域。南控是指镇区不再向南部拓展，以基本农田为界予以控制。北拓是指镇区进一步向北拓展，完善居住配套，进行社区化住宅建设。

镇域公共与公用配套设施建设全面，可满足全镇的行政、文化、体育、医疗、教育以及消费需要。公共设施用地面积规划为30.64公顷，占镇区建设用地的25.13%，人均达20平方米以上。

（五）现代农业产业化

幽兰镇在现代农业产业的布局上摒弃东一个农庄、西一个垂钓中心的传统农庄模式，考虑幽兰的区位因素，在幽兰的西、中、东三个辐射合理的中心点上招引了投资额4.58亿元的2个农业项目。西部“兰溪地”现代农业示范园400余亩土地已完成了98%。中部项目的推进在镇村干部的合力攻坚下进展顺利，印智航天农业产业园1360余亩土地流转1个月完成。东部这个点的农业项目正在与英孚集团积极洽谈。通过农业大项目做大做强高端农业，为幽兰镇

域经济发展提供了农业产业实体支撑。

（六）高学历年轻化镇干部的人才优势

幽兰镇共有班子成员 14 名，其中正科级领导 3 人，副科级领导 11 人。班子成员平均年龄不到 40 岁，其中“80 后”6 人，“85 后”4 人。

班子成员学历均为大专以上，其中大专 3 人，本科 10 人，研究生 1 人。班子成员全部都具有多年的乡镇工作经验，基层工作经验足，对禅意特色小镇建设规划有清晰的战略眼光和强劲的项目实施推动能力。

参考文献

［1］高晓亮．吉林宗教文化旅游开发［M］．北京：清华大学出版社，2009.

［2］殷昌利，姚春霞．中国素食在佛教文化旅游中的作用［J］．湖北经济学院学报，2014（11）.

［3］于志斌．江西佛教旅游文化资源的开发［J］．学术界，1994（2）.

［4］尹晓敏．对当前浙江特色小镇建设存在问题的思考研究报告［R］．2016.

［5］国家发改委规划司，中国城市和小城镇改革发展中心．国家新型城镇化报告 2015［M］．北京：中国计划出版社，2015.

幽兰禅意特色小镇建设研究

张俐华

内容摘要 幽兰禅意小镇是文化旅游类小镇，定位为佛教文化游、禅修体验游、生活禅休闲度假游，具备养生旅游的功能和完善的配套设施。幽兰禅意小镇建设主要分为东禅寺区块、马游山区块、幽兰老街区块、生态观光农业区块四大板块，并配套社区功能，充分体现生产、生活、生态融合的发展理念。全镇投资规模达38亿元，可通过PPP融资模式寻找合作伙伴共同建设完成。

一、幽兰禅意小镇建设的战略定位

针对幽兰镇的核心优势，确定其战略定位为中部地区首个禅意文化旅游特色小镇。幽兰禅意小镇是文化旅游类小镇，定位为佛教文化游、禅修体验游、生活禅休闲度假游，具备养生旅游的功能和完善的配套设施。

围绕禅意文化旅游特色小镇的打造思路，通过开展“城郊禅居”把城市的便捷（距离南昌市15分钟车程）和幽兰乡村田园的自然生态结合起来。把

［作者简介］张俐华，江西经济管理干部学院教授，研究方向为供应链管理、特色小镇研究。

［基金项目］本文是2017年度江西省赣商文化研究基地立项课题“江西禅意文化与城镇建设研究——以幽兰禅意小镇为例”研究成果之一。

彰显佛教禅意文化的寺院、禅修、禅音、禅茶、素食、禅服与养生旅游结合起来，为都市浮躁的心灵打造静心修养的归宿，实现文化旅游三养（养心、养身与养性）的完美融合。将佛教禅意文化与小城镇改造和产业提升结合起来，以小而精的形式对镇区进行分片打造，以寺院经济驱动点的发展对幽兰镇全域商贸、旅游、农业的产业化进行有效辐射，把幽兰镇打造成中部地区首个佛教文化浓厚、社区配套成熟、文旅产业发达、居民生活幸福的“特而强”小镇。

二、幽兰禅意小镇片区划分与功能布局

幽兰禅意小镇以东禅寺为龙头，充分整合周边灵动、鲜活的马游山和青岚湖的山水自然环境资源，发展佛教文化旅游；以禅修主题精品酒店、精品民宿、佛教商业街区为载体，以购物、住宿、禅茶、素斋、度假为特色，建设成为幽兰·“马游山”生活禅休闲度假区，发展休闲度假旅游；以小镇文昌讲寺、龙华寺、广渡寺、龙津寺等寺庙为载体，建设集礼佛、体验、教化功能于一体的禅修体验基地，发展禅修体验旅游。幽兰禅意小镇建设主要分为东禅寺区块、马游山区块、幽兰老街区块、生态观光农业区块四大板块，并配套社区功能，充分体现生产、生活、生态融合的发展理念。

（一）东禅寺区块

东禅寺区块包括东禅寺和青岚湖水上游。拟打造以禅宗文化为主题，集朝圣、观光、体验、教化功能于一体的东禅寺院。寺庙硬件建设方面，在寺院形态上凸显能够代表佛教禅宗文化的建筑。软件建设方面，通过高僧讲坛和大型法事成就佛教弘化理念。确保寺院艺术品位、人文价值与佛教信仰的高度统一，打造成禅宗寺院建筑的精品之作和佛教信徒的心灵家园。东禅寺区块重点建设项目有：东禅寺院主体建筑；寺院外围景观打造；青岚湖水上游船项目。

（二）马游山区块

区块主要有两种业态：一是依托自然山体和青岚湖面，打造私家禅院养老地产和以禅文化为主题的民宿区。为中老年人住户打造远离城市喧嚣但配套服务完善的养生度假园区，而游客也能在此体验周末、节假日和长期的禅修生

活。二是以旅游购物、住宿餐饮、禅意体验为主的“马游山”禅意休闲度假区。区块商业街区业态丰富，旅游配套功能齐全，有吸引游客多日游的禅修活动和良好的住宿条件。马游山区块设计风格可整体参照唐代住宅、商铺风格，外观要求小巧而精致，让游客在浓郁的中国风庭院中，放慢生活节奏，体会慢生活的文化之旅。

（三）幽兰老街区块

幽兰镇有着悠久的宗教文化历史底蕴，在佛教文化的熏陶下，幽兰老街民风淳朴、待人友善。区块主要打造两种业态：在民俗浓厚的幽兰老街打造禅意文化展示馆，形成中部地区专业的宗教文化用品展览和交易市场；将现有老街住宅和商铺进行禅意文化外墙改造，将源远流长的佛教文化与现代生态农业食品巧妙交融，打造江南特色生态食品一条街。带动农户年轻劳动力回归当地种植、畜牧和餐饮业，减少留守家庭的社会问题，提升各乡村的经济增长率和竞争活力。

（四）生态观光农业区块

通过对现有农业资源进行整合，将农业生产经营实现规模化、集约化及商品化，发展为生态观光农业。区块分为两部分：在幽兰镇田坪村流转土地面积约400亩，建设兰溪地现代农业示范园，打造一个集现代农业生产、加工、销售、环保、高科技农业技术展示、体验观光与休闲采摘为一体的现代农业观光基地；北京风好时光投资有限公司与国家航天育种成果转化中心在幽兰镇江陂村流转土地面积1000亩，共同建设航天农业产业园。产业园可为游客开展航天农业育种、生产、加工、销售、生态环保和航天技术展示活动。还可以和江西省各中、小学校合作，打造可体验的学生航天生态教育基地，为江西创建一个开展航天农业实践活动的乐园。

三、幽兰禅意小镇建设投资估算

（一）禅意小镇用地规模测算

幽兰禅意小镇建设项目开发建设总体用地规模预估为2880亩，其中，东禅寺扩建50亩，马游山养生地产600亩，马游山休闲景区800亩，老城区禅意文化展示馆30亩，生态观光农业区块1400亩。

（二）禅意小镇开发建设规模

本项目总开发规模预估为192万平方米，其中，东禅寺扩建开发为3.3万平方米，马游山养生地产开发规模40万平方米，马游山休闲景区开发规模53.4万平方米，老城区禅意文化展示馆开发规模2万平方米，生态观光农业区块93.3万平方米。

（三）禅意小镇开发投资规模

本项目总投资规模预估为38亿元，其中，东禅寺区块投资规模1亿元，马游山养生地产投资规模10亿元，马游山休闲景区20亿元，老城区禅意文化展示馆投资规模0.5亿元，老城区街道房屋立面改造0.5亿元，生态观光农业区块6亿元。

四、幽兰禅意小镇开发的融资模式——PPP模式

（一）特色小镇的PPP融资模式

PPP融资模式（Public－Private－Partnership）即公共私营合作制，是指政府与私人组织之间，为了建设城市基础设施项目而进行的合作。2016年底，国家发改委联合各大银行、企业协会和城建部，按照中央领导习近平主席和李克强总理对美丽特色小（城）镇建设的指示，在总结近年来企业参与城镇建设运营行之有效的经验基础上，拟组织实施美丽特色小（城）镇建设“千企千镇工程”。随后颁布的《关于实施“千企千镇工程”推进美丽特色小（城）镇建设的通知》中强调：千企千镇工程是指企业作为特色小镇建设的主体，政府参与引导建设方案，通过市场化运作经营的新型小（城）镇创建模式。特色小镇作为政府与企业合作的承接平台，为社会资本参与全国（城）镇建设提供了广泛的渠道，可带动镇企共同发展。这种政、企、银合作模式，是特色小（城）镇建设投融资的创新机制。它大力推进政府和社会资本合作，鼓

励利用财政资金撬动社会资金，共同发起设立美丽特色小（城）镇建设基金。在当前国家政策的大力推动下，政府和社会资本合作（PPP 模式），已经成为我国各类特色小（城）镇建设的主要融资模式。

（二）幽兰镇符合容易获得 PPP 模式支持的小镇类型

我国大部分地方乡镇都面临土地指标少、基础设施弱和财政能力有限等问题。如何吸引社会资本投入小镇建设，小镇产业和文化特色成为引入 PPP 模式发展的关键。有特色的小镇项目备受实力企业的青睐，在协助当地政府完成特色小镇建设的同时，也为企业带来超高收益的投资回报。根据农发行浙江省分行的信息，该行信贷投向着力支持三种类型的样板小镇：

1. 资源整合型

这类小镇有独特的资源和历史文化。通过传承传统的历史文化，对优势资源进行整合，优化产业结构，创新生产要素，市场后期发展动力大。

2. 产业集聚型

依托高端要素集聚和产业转型升级，以最优的政策，培育最具竞争力的核心产业，围绕单个产业打造完整的产业生态圈，培育具有行业竞争力的“单打冠军”。产业规划国际化、高端化，注重产业与社区的高度融合，配建一流的公共服务和基础设施，应用高科技手段营运和维护良好的业态和优美的居住环境。同时注重政策的导向和激励作用，积极向上争取要素资源，健全完善政策体系，以最优的政策培育最具竞争力的产业。

3. “互联网＋”型

依托互联网的溢出效应，以高新技术和高端人才为引领，推动技术、项目、资金等各类创新要素快速汇聚，培育以互联网产业为特色的新一代信息技术产业和以科技金融为重点的现代科技服务业，探索“O2O”众创空间。

幽兰镇以其独特的佛教文化底蕴和发展前景广阔的养生旅游文化产业，具有资源整合和产业经济的优势，成为最容易获得 PPP 模式支持的小镇类型之一。

（三）幽兰禅意小镇开发的 PPP 模式和范围

幽兰禅意小镇 PPP 模式，是以禅意小镇项目为合作载体，让实力较强的企业参与到项目建设中，从而实现幽兰政府建设禅意文化特色小镇的目的，与此同时为社会资本带来一定的投资回报率。幽兰禅意小镇开发的 PPP 模式内容如下：

（1）将幽兰已规划的四大商务板块项目，以特许经营的方式交给社会资本，财产权归幽兰政府所有，企业对特色小镇项目进行建设、经营和维护，收益按约定比例共享。

（2）通过 PPP 模式，建立幽兰政府和社会资本的长期合作机制，确立稳定、良好的战略同盟伙伴关系，保障特色小镇建设项目的长期稳定推进，规避因政府换届或企业变动带来的项目投资风险。

（3）PPP 模式要求幽兰政府和社会资本在禅意特色小镇的长期建设和营运中利益共享、风险共担。政府和社会资本可共享特色小镇的社会成果和经济收益，也必须同时承担相应的投资和经营风险。

（4）幽兰禅意小镇建设 PPP 模式的交易架构。社会资本签订特色小镇项目后，应成立专门的项目公司进行融资。签署相关协议，对融资金额和目标、融资结构、项目资金的结构进行项目化管理。

《关于推进政策性金融支持小城镇建设的通知》对政策性信贷资金支持的范围作了明确规定，幽兰禅意小镇的开发适用 PPP 模式的范围。在风险可控、商业可持续的前提下，幽兰禅意城镇建设项目涉及的特许经营权、收费权和政府购买服务协议预期收益等可作为合作银行贷款的质押担保。幽兰禅意养生产业与马游山休闲旅游项目则是门槛相对较高的参与范围。包括土地整理、产业物业建设、产业招商运营等项目，相对基础设施和公共服务设施来说不是最缺资金的领域，因此会面临相对较高的参与门槛。

（四）幽兰镇 PPP 模式合作伙伴选择

由于一、二线热点城市拿地成本高企，房企毛利率及净利率持续下滑，再加上去年延续至今的楼市调控，让房企高价拍地、高价卖房的模式难以为继。而目前政府积极筹划建设的特色小镇项目，其土地出让不走招拍挂模式，有品牌有产业资源的房企完全可通过高明的整体规划来获取廉价土地资源。在当前国家政策鼓励下，许多知名房企将业务发展的重点投入到开发特色小镇上。不仅有利于企业的升级转型，同时也为社会大量的闲置资本带来了投资机会。如雨后春笋般发展的特色小镇项目，市场规模达万亿以上，吸引了国内外众多上市房企的青睐，纷纷在各地落实自己的特色小镇建设项目。幽兰镇 PPP 模式合作伙伴可选择的对象除万科、绿地、万达、碧桂园、恒大、保利、绿城、世贸等传统大型房企外，国内一些知名建设公司如中国铁建等也正成为中国特色小镇建设的理想合作伙伴之一。

参考文献

［1］卫龙宝，史新杰．特色小镇建设与产业转型升级：浙江特色小镇建设的若干思考与建议［J］．浙江社会科学，2016（3）．

［2］冯奎，黄曦颖．准确把握推进特色小镇发展的政策重点——浙江等地推进特色小镇发展的启示［J］．中国发展观察，2016（9）．

［3］宋家宁，叶剑平．依托金融资本特色小镇整体运营模式研究［J］．产业论坛，2016（9）．

现代佛教文化产业模式对江西禅意文化开发的启示

时炼波

内容摘要 我国传统佛教圣地的佛教文化资源丰富，但多数传统佛教圣地的佛教文化仅能满足游客简单的观光需求，无法实现游客深层次的精神交流和体悟需求，仍处于佛教文化产业开发的初级阶段。现代佛教圣地的佛教文化开发，打造了现代旅游“吃、住、行、游、购、娱、休、学、体、悟”十大要素齐全的文化旅游度假新模式。浙江省灵山禅意小镇开发和泰国高度发展的佛教旅游业，对江西禅意文化开发，在文化产品品牌培植和产业联动方面有很好的借鉴和启示作用。

一、中国传统佛教文化产业开发现状

中国的佛教文化，可分为经典（禅文）、思想（禅语）、诗歌（禅诗）、书法（禅书）、绘画（禅画）以及音乐（禅乐）、武术（禅武）、中医（禅医）、

［作者简介］时炼波，江西经济管干部理学院教授，培训处处长，研究方向为市场营销。

［基金项目］本文是2017年度江西省赣商文化研究基地立项课题“江西禅意文化与城镇建设研究——以幽兰禅意小镇为例”研究成果之一。

农耕（禅农）、素食（禅食）、茶道（禅茶）、慈道——慈悲之道和慈善之道（禅慈）、孝道（禅孝）等若干种类。传统佛教文化产业多围绕以上文化类别开发简单的产品品种。

（一）传统佛教圣地的佛教文化资源丰富

中国传统佛教圣地皆依靠底蕴深厚的名山，集自然风光和佛教文化为一体，其中久负盛名的有山西五台山、浙江普陀山、四川峨眉山和安徽九华山。这些佛教圣地文化丰富，种类繁多，体现在经文、释道、建筑、民俗、饮食等多个方面。最能展现佛教文化的塑像、石刻、经书等，为四大佛教圣地披上了绚丽的文化外衣。它们异彩纷呈，各个历史时期都吸引着无数文人墨客，留下了大量的歌词诗赋，吸引了来自世界各地的游客参观这些实体佛教文化景观。

各个佛教圣地每年举行的各类法事活动，吸引了国内外大量游客参与其中。亲身体验的佛教文化交流，让游客能更深入地了解佛教文化内涵。这些佛教圣地所在的文化名山，多是风景怡人，各色壮观、秀丽的自然风光与悠久的佛教文化历史相得益彰。游客一边游览秀美的自然山水，一边体验丰富的佛教文化内涵。在佛教文化的浓郁氛围中，感悟到“莲花佛国”的庄严意境和心灵震撼。

（二）传统佛教文化产业开发的初级阶段

这些传统佛教圣地的佛教文化仅能满足简单的游览观光需求，无法实现游客深层次的精神交流和体悟需求。现在工作生活忙碌的人们，精神压力越来越大，需要寻求一种释放途径。通过外出旅游释放压力，越来越多地成为人们休息身心的选择。人们对佛教文化圣地的旅游期望，从简单的游览转化为更高的精神体悟。

而这些传统佛教圣地提供的旅游产品都大相径庭，佛教文化产业开发不足，仍处于开发的初级阶段。几乎全国佛教圣地的旅游产品都如出一辙，仿佛来自同样的产地，无论是旅游纪念品还是工艺品都相似性极高。这些没有当地佛教文化特色的产品价值不高，游客消费欲望不足，市场购买力低，无法刺激当地的商业发展。它们冲淡了佛教圣地的文化特色，对当地周边地区经济发展驱动力不足。如何结合当地佛教文化特色，设计能体现自身文化优势的旅游纪念品，是众多佛教圣地面临的相同问题。为有效带动旅游文化产业的发展，开发系列产品和利用当地物产的优势打造产品也是需解决的问题。利用景区幽雅、庄严的佛教氛围，打造佛教文化休闲及度假产品，开发佛教文化的衍生产业，不仅能更好地响应现代消费人群的多层次需求，而且能提升佛教文化产业的价值链。

二、中国现代佛教圣地的禅意文化开发——以无锡灵山景区为例

（一）现代佛教圣地——“灵山现象”

“灵山现象”在中国人造主题景区中具有独特的代表性，是成功培植佛教文化圣地的有效案例。首先，灵山景区在无锡太湖之滨矗立了一座 88 米的世界最高青铜佛像——灵山大佛，人为打造了令人惊叹的佛教奇观。其次，灵山景区从 1997 年至今 20 年的时间接待海内外游客数量持续上升，打破了国内人造景点“富不过三年”的规律。还有，文化产业的创新，将灵山品牌从旅游延伸至纪念品、文化用品和烟草、香烛、日用品等方面。

“灵山现象”拥有的不仅仅是世界上最高的青铜佛像、辉煌的寺庙和丰富的佛教展示陈列，更多承载着佛教禅意文化和中国传统文化相融合的重任。灵山文化景观体系是我国佛教文化和传统文化二合为一的经典之作，每栋建筑、每首梵音、每幅绘画和每套书法都体现中国文化的精髓。博大精深的文化感召力唤起了人们，通过景物载体表达美好愿望、感受人生哲理的愿望。

（二）灵山景区创新——拈花湾引领禅意文化产业新风尚

2012 年起灵山景区开发建设了拈花湾景区。景区主题为“修、游一体，处处有禅意”。拈花湾景区主要依托灵山的佛教文化和无锡太湖良好的生态自然环境，发展佛教文化博览与体验、佛教文化创意产业、健康养生服务业及休闲度假旅游产业。这里的山山水水、花花草草、石头树木、门窗桌几、灯盏杯盘处处显禅意。灵山禅意文化景区以灵山大佛为载体，充分整合周边灵动、鲜活的山水自然环境资源，发展佛教文化休闲游；以品禅茶、听禅音、抄禅经等项目为载体，建设集礼佛、体验、教化功能于一体的禅修体验园，发展禅修体

验游；以禅修主题精品酒店、精品民宿、佛教商业街区为载体，以购物、住宿、素斋、度假为特色，建设成为养生旅游度假区。拈花湾景区提供的各种禅意特色体验、购物活动延长了游客的游览时间，文化鲜明的禅意民宿和酒店吸引了游客入住。拈花湾景区引领了养生旅游新风尚，打造了现代旅游“吃、住、行、游、购、娱、休、学、体、悟”十大要素齐全的禅意文化旅游度假区模式。

三、高度发达的佛教文化产业——泰国佛教文化旅游业

全球佛教在“寺庙经济”的基础上形成了繁荣的社区，以不同的社区为基本单位又建成了各类发达的城市。人们的经济活动与宗教文化活动紧密联系，构成了特殊的佛教文化产业，给当地社区、城市与政治带来了持续稳定的发展，其中最为典型的是泰国佛教文化产业。泰国佛教的寺庙作为宣传宗教经典经济思想的权威平台，维护了社会的稳定，带来了泰国经济的快速发展和佛教文化旅游业的兴旺。泰国通过佛教文化向世界传播它的核心文化，逐步形成了宗教文化驱动的产业和经济，树立了在全球佛教文化中的中心地位。佛教文化鲜明的地标性寺庙建筑和金灿灿的大王宫，都成为泰国全民佛教文化的显著特征。

佛教文化促进了泰国旅游业的长效发展。泰国的卧佛寺、玉佛寺、大王宫、云石寺等众多寺庙，成为佛教徒心目中必须朝拜的圣地，吸引了世界各地的佛教文化爱好者，推动了泰国的旅游业和经济的发展。从 1982 年起，泰国旅游业开始超越传统优势商品大米的创汇额，成为泰国最重要的经济支柱。泰国旅游的佛教特色是泰国旅游业成功的核心要素。泰国作为世界佛教中心，有众多的寺庙和佛教协会组织，世界佛教徒联谊会总部就设在泰国首都曼谷。每年国际性的佛教会议和有关的学术活动，带动了泰国佛教会展产业的繁荣。大量来访、求学、交流和朝觐的佛教徒，带动了佛教产业和消费市场的稳定增长。同时，泰国佛教文化通过建筑、节日、仪式等人文景观，吸引了大量多元化的非信徒客源。

四、现代佛教文化产业模式对江西禅意文化开发的启示

禅宗作为佛教文化的重要分支，禅意文化在中国的影响极为深远。江西禅意文化源远流长且地位显赫，当今中国佛教禅宗文化的著名寺庙都位于江西境内，它们分别是吉安净居寺、袁州栖隐寺、静安宝峰寺、宜丰普利寺和宜黄宝积寺。江西传统佛教圣地拥有丰富的文化资源，但仅满足了人们“吃、住、行、游、购、娱”的需求，与其他佛教圣地呈低层次竞争，市场管理模式与产业创新不足，后期增长乏力。现代佛教圣地与景区，江苏无锡灵山小镇拈花湾景区市场化的营运和泰国佛教文化旅游产业化的发展模式，满足了人们对旅游十大要素齐全的休闲度假需求，带动了城镇经济的长期高速增长。通过对灵山景区禅意文化产业和泰国佛教旅游产业的借鉴，可增强江西省禅宗文化在国内和全球的传播力度，对禅文、禅诗、禅书、禅画、禅乐、禅农、禅食、禅茶、禅慈、禅孝等禅宗文化进行深入的保护。尤其是拈花湾景区市场化的营运和产业化的发展模式，对没有名山大川和著名佛教道场的江西许多文化小镇来说，具有良好的启发和借鉴作用。通过禅意产业的联动和开发，对江西佛教文化传承与社会经济发展起到深层次的推动作用。

（一）培植丰富的江西禅意文化产品

江西的禅宗寺庙虽然非常出名，但寺庙经济影响力微弱，并没有给当地乡镇经济增长和农户收入带来显著的帮助。除了寺庙香火和素食等传统产业，佛教文化产品有限，更不用说禅意文化品牌了。如何把禅宗文化优势打造为产品品牌优势，是江西禅意文化产业发展的必经之路。

在开发江西禅意文化产品上，可以佛教活动和中华民族的传统民俗活动为依托，打造一批适应市场和游客喜爱的特色旅游产品。如每年的除夕之夜开展辞旧迎新撞钟和祈福活动，金秋十月开展文化旅游节等活动。打造系列集自然山水和佛教文化为一体，融合休闲娱乐与旅游观光的节庆活动，能很好地吸引信徒和游客在节假日光临景区。通过文化塑造和先进的市场理念与现代科技管理技术，培植丰富的江西禅意文化产品，实现区域、景区、游客和居民多个利益主体的“多赢”局面。

（二）实现禅意文化产品与产业联动的新模式

通过禅意文化产品撬动文化产业，开发更为广阔的禅意文化产业市场，实现品牌和产业的联动，这是江西禅意文化发展探索的新模式，推动江西禅意文化“有限的产品，无限的产业”的新局面。通过禅意文化建立品牌，将品牌延伸于相关产业，进行更多的市场扩张，成为当地的坚实经济基础。开发禅意文化品牌的旅游纪念品、画、茶、香烛、素食、纯净水等，还能带动当地生态农产品产业的发展，实现当地居民的经济收入增长和共同富裕。

参考文献

［1］范能船．佛教文化·中国文化·旅游［M］．北京：清华大学出版社，1990.

［2］徐珊珊．闽南卫所宗教文化旅游和发展探求［J］．湖南商学院学报，2014（7）．

［3］林高兴．宜春佛教文化旅游大有可为［N］．华东旅游报，2013－03－06.

［4］徐国政．江西宗教文化旅游产业发展战略研究［D］．南昌大学论文，2016.

［5］傅生生．抚州宗教旅游资源开发探析［N］．龙岩学院学报，2014（4）．

明清江右商帮对河口古镇经济发展的影响研究

张　军　张夏添

内容摘要　河口古镇是明清时期江西“四大名镇”之一，工商业发达，尤其是茶、纸两业的发展，使这个因水而生的镇子有了更深的产业底蕴和长久的活力。江右商帮以家族经营为主，往往既是茶、纸等业生产的组织者，也是产品销售者、物流的提供者和消费者，江右商帮对河口古镇的经济发展做出了巨大的贡献。

河口古镇是明清时期江西“四大名镇”之一，工商业发达，有“八省码头”的美誉。“货聚八闽川广，语杂两浙淮扬。舟楫夜泊，绕岸灯辉。市井晨炊，沿江雾布。”这是《铅山县志》里记载的河口古镇的繁华。“舟车驰百货，茶楮走群商。”这是清朝时铅山籍诗人、剧作家蒋士铨眼中河口古镇的商业盛况。

［作者简介］张军，江西经济管理干部学院教授，研究方向为商业经营管理、物流管理、赣商研究。张夏添，江西经济管理干部学院讲师，研究方向为计算机管理。

［基金项目］本文是2017年度江西省赣商文化研究基地立项课题“明清江右商帮对河口古镇经济发展的影响研究”研究成果之一。

一、明清时期的经济大环境

中国封建社会商品经济的发展于秦汉、唐宋、明清时期达到过三次高潮，商人也随之成长起来，不过商人队伍的壮大于明清时期为盛，其中由江西商人构成的“江右商帮”是起源最早的一支，并活跃于中国整个明清时期500余年。明朝中期，商品经济已广泛深入到社会生活的各个领域和角落，并由此引发了人们思想观念及社会价值观念的一系列变化。意识形态领域亲商观念渐浓，不仅是富商大贾，即使是“贱尔小民”，也能从波涛汹涌的商品经济大潮中意识到“富贵不必诗书，而蓄资可致”。江右商人经营的行业广泛，而且以贩卖本地土特产为主，河口古镇的“茶、纸”两大产业举世闻名。

二、河口古镇的环境分析

（一）区位优势

赣东河口古镇位于当今铅山县境北部，铅山河与信江交汇之处。在以水运为主的古代，尤其是在明清的海禁时代，内河运输显得尤为重要，河口因为水运便捷迅速崛起成为全国著名的商业码头和商品集散中心。铅山河与信江的交汇地原本是在河口古镇的前身——“沙湾市”西北四华里外的汭口，由于明嘉靖（1522～1566年）年间铅山河下游永平一带山洪的暴发，使铅山河改道，入信江的交汇口往东移位2公里，形成了后来大家所知道的河口古镇。

河口东邻浙江，南控福建。从河口逆信江而上，可达上饶、玉山，再转陆路，则可抵浙江、江苏、上海等地；沿信江顺流而下，可通弋阳、贵溪、余干、南昌，经鄱阳湖出湖口，便与长江水路相接。河口正处在闽、浙、赣、皖诸省交通的结合点上，是这几省理想的货物交流之地。随着商业的往来和时间的推移，河口的名声越来越大，日渐发展成为名贯江西乃至江南诸省的繁华城镇。

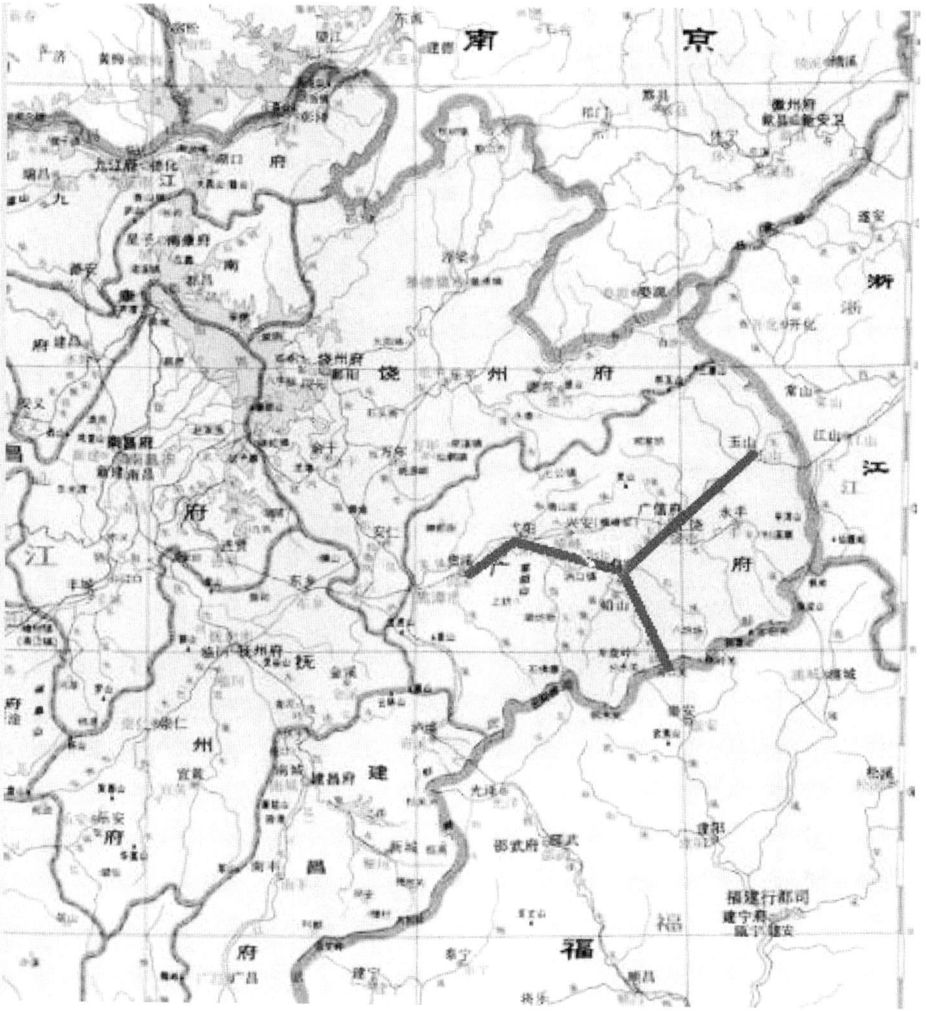

图 1　明朝时河口古镇的交通区位

资料来源：《江西通史 8 明代卷》。

（二）原材料优势

铅山县属于我国东南亚热带丘陵山地，气候温和，雨量充沛。东、南、西三面的山地、丘陵，木繁竹茂，地下铅、铜、铁、硫等矿藏丰富。信江两岸，地势平坦，土壤肥沃，宜于耕稼。早在唐代，农业就很发达，有“鹅湖山下稻粱肥”之誉。如此丰腴的物产为河口古镇的兴盛提供了物质基础和工业、农业发展所需原材料的保障。

三、江右商帮对河口古镇的影响

河口是个因水而生的镇子，是当时全国重要的商品集散地，茶、纸等特色产业的发展使古镇的商品流通有了产业根基，其商品流通有了更强大的辐射力和凝聚力，形成了完整的产业链和供应链，在明末全镇的五万人口中，茶丁纸丁便占半数。在古镇崛起和发展的过程中，来自全国各地的商帮都起到了不同程度的助推作用，这其中自然也包括来自本土的江右商帮的巨大作用。

（一）江右纸帮对河口古镇的影响

1. 河口纸业产业集聚效应

早在宋元时期，河口镇所在的铅山县就因为盛产造纸原料毛竹而使手工造纸业相当发达，所产土纸以“妍妙辉光”著称于世。明代初年，河口即有大量商品土纸外销。著名历史学家翦伯赞先生在他主编的《中国史纲要》中明确指出，中国在明朝中叶已经形成了五大手工业区域，即松江的棉纺织业、苏杭二州的丝织业、芜湖的浆染业、铅山的造纸业和景德镇的制瓷业。由此可见，当时的商品生产已经呈现出区域化分工的特点，而且这五大中心之间已保持了紧密的商业联系。当时的河口镇交通便利，又是铅山纸的集散之地，成为联系“松江”、“苏杭”、“芜湖”、“景德镇”诸地商业的枢纽。

2. 江右纸帮在河口纸业发展中的角色和地位

江右纸帮以家族经营为主，往往既是纸业生产的组织者，也是纸张的销售者、物流的提供者和消费者。河口纸商根据各自经营的特点和项目不同，其店铺可区分为店、号、行、庄四大种类。据史料记载，明清两代，“富商大贾挟资而来者，大率徽、闽之人，西北亦间有。”这就是说，在河口经营纸业的大老板以安徽、福建人为主。民国时期，经营纸业者则以建昌（南城）、徽州（黟县）人为主，临川、金溪人次之。

清乾隆、嘉庆、道光三朝（1736～1850年）是河口纸市的鼎盛时期。其时，当地设有100多家专营土纸的店铺，每年“可售银四五十万两，铅山从事手工造纸的人员约占全县人口的十分之三四，槽户2300有余，日产土纸槽块不下1000余担”。铅山土纸品种繁多，其中最优秀者为连史纸和关山纸，铅山连史纸是江西乃至全国的最优产品之一，其质地洁白如玉，细嫩坚韧，永不变色，素有“寿纸千年”之誉，是写字作画、印刷古籍的上品。

明万历《铅书》中说“铅山唯纸利天下”，“全省八十三县产纸者铅山占半数以上，铅山纸除行销全国外，兼有较多量行销日本、南洋等地。”由此可见，铅山连史纸在全省、全国纸产中所占的重要地位。铅山连史纸，又被纸市场称为河口连史纸。实际上连史纸的产地在离河口镇西南50公里外的陈坊乡周围，河口因为便利的交通成为连史纸的集散之地，不仅将铅山县各乡镇产的纸品运销往各地，还方便了邻地所产纸品的运销。县内主要产纸地石塘、石垅、英将、陈坊、湖坊、杨村、港东等乡村所产土纸概由小船经铅山河或陈坊河运到河口中转；信江上游广丰、上饶、玉山诸地所产土纸亦先运至河口再换大型船只下航；毗邻之福建光泽、崇安等地产纸则先用人力挑运到陈坊、湖坊、石塘、紫溪等地集中，然后经水路运至河口外销。总之，在历史上，无论是铅山本地产纸还是邻地产纸，无论是经销国内还是出口外销，一般均由河口码头集散，大量的纸张集散活动繁荣了整个河口地区的经济。

（二）江右茶帮对河口古镇的影响

1. 河口茶业集聚效应

当时的河口镇与土纸并驾齐驱的还有繁荣的茶叶集市贸易。铅山地处武夷山脉北坡，自古以来盛产茶叶，在宋代茶业就已经相当发达。在这里统聚赣东武夷山脉北坡外销茶产区毛茶精制而成的“河红”，是我国最早的红茶出口产品，畅销海外两百多年。铅山县广阔的茶园是河茶常年的生产基地，兴盛时铅山茶园的种植面积至少有20万亩以上。

与此同时，武夷山脉南坡与铅山毗邻的闽北茶区更为发展，仅崇安县一地“环九曲之内，不下数百家，皆以种茶为业，岁所产数十万斤，水浮陆转鬻之四方”。进入清代，武夷茶名著海外，盛极一时。如此大规模的闽北商品茶要外销出去，在明清的海禁时代，必须翻越武夷山脉运至信江河畔的河口镇加工、集散。明清时代武夷山脉北坡铅山地区与南坡闽北地区茶叶生产的高度发展，迫切要求有个较大规模的商品茶集散转运中心，因此河口成为中国红茶贸易的中心，赣、闽、皖各省名茶皆于此加工、集散。

2. 江右茶帮在河口茶业发展中的角色和地位

江右茶帮在河口茶业发展的过程中，不仅是茶业生产的组织者、制作者，也是茶叶的销售者、物流的提供者和消费者。河口茶业兴旺发达两百多年，很重要的一个原因是培养了一大批技艺精湛的制茶技术人员。他们随着茶市中心的转移而遍布赣、闽、浙、皖、湘、鄂诸省及上海、广州地区，从事茶叶制造，被中国茶界称为“河帮茶师”或“江西帮茶师”。

闽赣边界的武夷山地域，是中国红茶发源地，由于集散地在河口镇，故名河红茶。河红是中国红茶的鼻祖，河红茶是最早出口西方的中国茶。红茶鼻祖——上品河红茶“正山小种”是英国王室传统茶饮。“正山小种”原产地就在江西省上饶市铅山县河口镇。河红茶是明清茶名片上最耀眼的金斑银线。自问世后，河红茶即赢得世人青睐，全国各地商人纷纷前来订购，俄国、英国、印度等国商人也不畏关山辽远千里迢迢奔至河口贩运。河红茶成了国内最著名的红茶和“第一次问世（出口）之华茶”（《上饶地区志》）。“河红繁盛之时，商家买办，每年数百万金”（《铅山乡土志》）。河口成为中国红茶贸易中心和制河红茶的技术中心，当时河口镇从事红茶加工的就有三万之众，约占河口镇人口总数的六成。河红茶被西方人奉为至尊名茶，誉为“茶中皇后”。明末清初以降，中国茶叶对外贸易进入增长期，清中期，“河红”以及经由河口转运的武夷（福建）茶叶，曾分为南北两路出口东南亚和蒙古、俄国等地，总数达100万斤，值银100万两；到鸦片战争前，出口量约3万吨。

恰如R. Fortune当时在《中国茶乡之行》中所述：“河口是一个繁荣的大市镇，茶行林立，全国各地茶商云集于此。”河口茶庄多的时候有四十多家，河口茶商主要是西客和徽商。西客即山西客商，来河最早，其后建昌、福建等地茶商继起。江老保当属有资料记载的江右茶帮的代表人物之一，是建昌（今南城）人，经营于清后期，为当时的茶叶首富，集茶叶生产、加工、销售于一体。江老保当年在河口二堡街面设有茶叶门市部，在石狗弄、现新街背、十家弄等地设有茶庄、茶行，并在下渠等茶区置有茶园，设厂采制并收购毛茶。当时总面积为2万余平方米的整整两条弄堂，都是江老保的茶庄、茶行、茶叶加工作坊、仓库和居宅，可见他当时富足的程度不同一般。

（三）江右商帮其他各业对河口古镇的影响

明清时期的河口古镇百业兴旺，除茶、纸外，历史悠久的河口竹器、柳木蒸笼等手工艺品的产销，亦颇负盛名。金银首饰加工业、印染业也很发达，同时也推动了钱庄的发展。在乾隆、嘉庆两朝（1736~1820年），全镇每年工商活动的流通金额接近200万两白银。

河口另一个名气很响的行业是药业，由何柱成创立的有着100多年历史的金利合药号便是江右商在此行的代表，其业务往来涉及全国十几个省份。当时广信府7县野生中药材资源丰富，主产前胡、桔梗、龙胆草、栀子、穿山甲、蕲蛇、积壳、香附和半夏等品种，这些药材被称为“铅山产品”，也是何柱成创业的基石。该药号所切制的饮片有“白芍飞上天，槟榔不见边”之誉，因其片薄如纸，易于出汁而疗效倍增。

参考文献

［1］方志远，谢宏维．江西通史8·明代卷［M］．南昌：江西出版集团，江西人民出版社，2008.

［2］中国人民政治协商会议，江西省铅山县委员会，文史资料委员会．江西名镇河口镇·铅山文史资料（第五辑）［Z］．1991.

［3］中国人民政治协商会议，江西省铅山县委员会，文史资料委员会．江西名镇河口镇·铅山文史资料（第三辑）［Z］．1991.

第八篇

赣商文化与地方院校商科人才培养研究

论赣商文化在地方院校商科人才培养中的意义

崔玉霞

内容摘要 赣商文化是地方院校商科人才培养的重要土壤和丰富的资源，通过赣商文化在商科人才培养过程中的不断渗透，可以提升地方院校商科人才培养的层次和内涵；可以提高商科学生传统文化素养，为以后修业经商积累坚实的文化底蕴；可以塑造和培养出一批重德仁心、有作为敢担当的新一代创新创业商业人才队伍；融入社会后的商科人才会在各自的领域进一步发扬光大赣商文化和赣商精神，为地方经济做出更大贡献。

作为优秀的地方传统文化，赣商文化是中华优秀传统文化的组成部分，它是江西古代商人在长期商业活动中形成的具有地域特色的商业文化，它的精神内涵成为江右商人坐商行旅的指引，至今影响深远。

［作者简介］崔玉霞，江西经济管理干部学院教授，研究方向为文化产业、中国传统文化。

［基金项目］本文是2017年度江西省赣商文化研究基地立项课题、江西省教科“十三五”规划2017年度立项课题“赣商文化在地方院校商科人才培养中的渗透研究”（编号：17YB334）研究成果之一。

一、赣商的发展历史

江西历史上被称为物华天宝，人杰地灵，素有鱼米之乡的称号，它得天独厚的地理条件带来商业手工业的兴盛和繁荣，从而滋养了江西经济的发展，繁衍出与晋商、徽商等十大商帮比肩的商帮——赣商。

赣商通常又称为江右商帮，江右商帮起于唐，壮于宋，兴盛于明清。其中杰出的商人有建筑和规划设计行业的领军人物、“样式雷”第一代创始人雷发达；民国扬州最大盐商、中国首富周扶九；中国近代纺织业开拓者朱仙舫等。

江西经济早在唐代就得到了繁荣和发展。当时的农业和手工业均处于全国领先地位，积累了大量财富，为后期的兴盛做了铺垫。

到了宋朝，江西地区各种手工业、商业经济得到长足进步，街市繁华、店铺林立。据《南昌史话》记载，宋朝时期，“洪州城的纺织、兵器制造、印刷造纸业有很大的发展，当时手工业的组织叫作‘行’、‘铺’或‘作’，如油漆作（油漆）、碾玉作、竹木作、砖瓦作以及‘金银铺’、‘漆器什物铺’等，都是封建性的手工业行会组织。”随着江西填湖广，湖广填四川的人口大迁移，精明的江西人以家乡发达的商业手工业为基地，将手工制品带到外省贩卖，从而使赣地商品向外辐射。到宋元时期，作为赣商家园的一千多座江西会馆和万寿宫已遍布各地，江右商也开始形成帮派，他们以乡为单位，互相提携，共同发展。各种会馆和行帮逐步取代“作”、“行”。经济的发展和商帮的繁荣给国力带来了财富和税收收入，据史载，从明孝宗弘治年间直至明神宗万历年间，江西缴纳税粮居全国第一。

明朝建立后，为加强海疆国防，抵御倭寇的侵扰，朝廷实行了长时期的禁海政策，国内外贸易都依靠水上通道。“运河—长江—赣江—北江这一通道成了全国贸易的黄金水道，这条通道长达3000多公里，在江西境内就有1000余公里”,[①] 交通的便利使货物的流通更加快捷，这给江西和江右商的快速发展带来了商机。

从相关的史料上我们可以看出，江右商帮兴盛的原因，一是由地方资源所

① 陈玲芳. 浅论江右商帮精神形成的原因［J］. 文学界，2012（11）.

决定，江西的自然资源（如景德镇的高岭土适合制瓷等）、历史文化资源等（樟树药都的形成与葛洪传说、道教传说等有关）成为江右商帮壮大的关键土壤；二是重要的水路交通是使江右商帮走出去和外来商品运进来的重要条件；三是江右商人自强不息的赣商精神所支撑和引领。在长期的商业活动中，赣商形成了自己独特的精神内涵，这些精神上的引领使赣商走南闯北而不惧，勤力维艰而不怠，千回百折而不悔。

二、赣商的精神内涵

赣商经过几百年的代代传承，已经形成踏实肯干、诚信感恩的经营理念和职业操守，沉淀成敢闯、敢干、敢担当、敢为天下先的文化内涵。总结赣商的精神内涵，笔者认为可以归为以下几点：

（一）赣商具有蚂蚁啃骨头的不服输精神

蚂蚁个头虽小，但无处不在。为生存不屈不挠，坚持不懈，从不因为利小而不为。赣商的精神就是蚂蚁啃骨头的精神。江西人经商，大多数为生活所迫，借贷起家。但江右商肯吃苦、擅勤力，兢兢业业，本小利薄，一点一滴地积累，脚踏实地，成就大事业。

古代的江右商帮为了做生意，足迹踏遍南北，最远曾到达中亚东亚等地。当代赣商创业继承了蚂蚁之精神。大多数赣商起初也是为谋生而外出打工、做小生意，然后学会技术、积攒资本再进行投资，慢慢成长起来，最后把生意做到全国乃至世界各地。如进贤医疗器械、金溪面包、安义钢窗、文港制笔等小企业、小食品店都已经进入到了全国每个县市，延续了江右商人行商天下的传统。

（二）赣商具有蒲公英种子的扎根精神

蒲公英在春天生长，不择环境，耐旱抗涝，到处可见；夏天开花，花儿简单、低调、朴素、顽强；秋天结出一大团种子，风一吹，散落到天涯海角，一旦有合适的环境，就会扎根发芽，开花结果。江右商帮的精神里有着蒲公英一样的坚韧和生命力。

同其他各省的商帮形成过程相似，江右商帮也属地缘性省帮，作为一个地域性的商帮统称，其内部组成复杂，从地域上可以分为府帮、县帮；从行业上划分，则更为多样，三百六十行几乎都有，影响力比较大的有药帮、瓷器帮、粮帮、茶叶、绸缎等；从经商方式上又可分为坐商、行商、手工业者、服务行业、码头工人等三教九流。有些大的商帮每到一地，必会组建江西会馆，兴建万寿宫，长沙、湘潭、溆浦、武汉、襄樊、重庆、秀山、成都等地的江西会馆大都建在商帮会馆附近，江右商帮以这种抱团发展的方式，每到一地，就像蒲公英的种子一样，遇到合适的条件就会生根开花。

（三）赣商具有蜜蜂采花成蜜的勤奋担当精神

唐代诗人罗隐在《咏蜜蜂》诗中说“采得百花成蜜后，为谁辛苦为谁甜。”蜜蜂采蜜，不是为自己，更多的是为族群，它们不辞辛苦，为了采集花蜜，每天甚至要飞行寻找十多公里。江右商人具有蜜蜂采蜜的勤奋担当精神。

江西古代有崇德重文之风，历史上通过科举考试成功步入政坛的江西文人不计其数。达则兼济天下的儒家思想影响在江西人心目中深厚而久远。江西商人虽走上了与从文完全不同的经商之路，但他们头脑中的儒家文化使他们非常注重修德敬业、注重诚信，以“净明忠孝道”为自己的价值观，遍布全国的江西会馆和江西万寿宫就是赣商家国情怀的外在表征。江右商人有如蜜蜂一样，诚而有信，为富有仁，勤奋而有担当。采得百花成蜜后，不忘回报乡恩故里，修桥修路、助学助贫、建设家园。

三、赣商文化对地方院校商科人才培养的重要意义

（一）提升地方院校商科人才培养的层次和内涵

从目前我国商科人才培养的方案设定上看，大部分院校把培养的重点放在了理论知识和专业技能上，过分注重专业素质和业务素质的提升，在有限的课程时间内，一再增加学生技能实习和训练的比重，忽视了传统文化素养和道德素质的提高。其实作为市场经济的主体，作为从事金融、会计、营销等行业的商科人才，学生在进入社会后，难免要和各种各样的金钱和诱惑打交道，学校

引导学生形成正确的人生观、价值观、世界观，防止拜金主义、利己主义、享乐主义更为重要。商科人才培养的目标绝不仅仅是教育出一大批只精通经营之道、发财之术的赚钱机器，更重要的是要培养具有高尚品德、健全人格、有社会责任感和懂得丰沛个人生活的新一代儒商。地方商科院校在商科人才培养上，因为过分追求就业率，更容易陷入功利主义的导向误区。

要提升地方院校商科人才培养的层次和内涵，就必须在人才培养上真正做到"以人为本"，大力弘扬优秀的中华传统文化，弘扬赣商文化中积极向上的精神实质和经营理念，通过赣商文化对商科人才培养的渗透，可以将具有赣商文化特色的内涵和精神引入商科实践教学活动。可以优化地方院校的学科专业布局，将商科特点突出化、个性化，从而提升地方院校商科人才的素质和质量，提升商科专业学科建设的竞争力，培养出具有家国情怀、勇于担当、精明高雅、敢闯敢干的新赣商，为地方经济服务，为社会发展服务。

（二）通过赣商文化的熏陶和浸染，可以提高商科学生传统文化素养，让他们通过历史明得失，知兴替，为以后修业经商积累坚实的文化底蕴

俗话说，"创业难，守成更难。"对于成长在经济高速发展、物质极大丰富年代的独生子女来说，父母的荫庇和呵护使他们很难体会到艰难的含义。相反社会转型时期各种功利、实惠、拜金、捷径等不良价值观反而在他们头脑中根深蒂固，追名牌拿苹果手机的学生在校园里比比皆是。如果问到对传统文化的认知，大部分学生还只停留在小学中学所学的几首唐诗宋词，至于对古代先辈经商的历史和艰辛，则更是一无所知。

地方传统商业文化是地方商科人才培养的土壤、根基，是取之不尽的素质教育宝库，通过引入赣商文化进校园、进课堂，可以在日常生活中给学生以熏陶和浸染，让他们知道创业艰难百战多，一个包袱一把伞闯世界背后是有无数的辛酸和曲折的，要通过不断努力和不懈的坚持才能成功。通过引导学生了解赣商的人文精神、道德情操和成功史，从别人的人生中吸取有益的经验和教训，从而在豪情满怀走出去创新创业闯天下的同时，也能做好吃苦、挫折、失败甚至可能输得一无所有的心理准备。

（三）通过赣商文化在商科人才培养过程中的不断渗透，可以塑造和培养出一批重德仁心、有作为敢担当的新一代创新创业赣商队伍

我国商科人才指的是除工科以外的从事管理、金融、会计等专业的人才。因为商科专业的性质和特点，商科专业除应具备特别的专业知识外，良好的道德修养、严格的自我操守和健全的人格更为重要，否则一个小小的金钱陷阱就很可能让人落入其中，不能自拔，出师未捷身先死。

商科人才的培养，不能只专注“商”字，应该放开眼界，让学生从更大的文化土壤里吸收养分。一方水土养一方人，赣商文化这个土壤和资源更合适地方院校商科人才培养目标。通过对赣商精神的传承和弘扬，可以塑造和培养出一批重德仁心、有作为敢担当的新一代创新创业赣商队伍。

（四）融入社会后的商科人才会在各自的领域进一步发扬光大赣商文化和赣商精神，为地方经济做出更大贡献

反哺是生物学上的一个概念，后来引申到经济、文化等各领域。百度词条对文化反哺的解释为：“在急速的文化变迁时代所发生的，年长一代向年轻一代进行广泛的文化吸收的过程。”文化传承是互相的，在文化传递的过程中，既有继承，也有发展；既有哺育，也有反哺。这样的文化才会具有不断延伸、不断发展的生命力。赣商文化的发展和传承也是如此。受赣商文化熏陶和影响长大的新一代创新创业人才，赣商精神已内化为他们自己的价值观，他们会认同或传承赣商文化积极的经营理念和奋斗精神，在思维模式和行为模式上自觉或不自觉地以前辈为榜样，同时会吸收新的具有时代特点的商业文化和商业理念，反过来不断充实和完善赣商文化的内涵和实质，反哺赣商文化，从而促进赣商文化进一步发展，使其具有更强的竞争力，更开阔的商业视野，更前瞻的变革力量，最终为地方经济发展做出更大的贡献。

参考文献

［1］顾冠华．中国传统文化论略［J］．扬州大学学报（人文社会科学版），1999（6）．

［2］纪宝成．我国高等商科教育人才培养模式探讨［J］．中国高教研究，

2006（10）.

［3］唐未兵．地方商科院校应以培养应用型人才为己任［J］．中国高等教育，2006（20）.

［4］方志远．赣商文化与江西商业文化［J］．江西社会科学，2011（3）.

［5］崔玉霞．江西传统文化与创意产业融合研究［J］．科技广场，2011（2）.

赣商文化在地方院校商科人才培养中的渗透路径

崔玉霞　高　雯

内容摘要　作为优秀的地方传统文化，赣商文化是中华优秀传统文化的有机组成部分，它是江西古代商人在长期商业活动中形成的具有地域特色的商业文化。在地方院校商科人才培养过程中，融入赣商文化教育，通过继承和弘扬传统文化育人的教育理念、构建将赣商文化渗透进地方院校商科人才培养方案；构建凸显优秀赣商文化的课程体系，创设体现传统赣商文化因素的良好环境，最终开辟出一条地方商科院校赣商文化教育的有效路径。

作为优秀的地方传统文化，赣商文化是中华优秀传统文化的有机组成部分，它是江西古代商人在长期商业活动中形成的具有地域特色的商业文化，它的精神内涵成为江右商人坐商行旅的指引，至今影响深远。

研究赣商文化，弘扬赣商精神，开展赣商文化教育，将赣商文化渗透进地方院校商科人才培养体系，通过“赣商精神”来熏陶和影响学生，可以提高

［作者简介］崔玉霞，江西经济管理干部学院教授，研究方向为文化产业与中国传统文化。高雯，江西经济管理干部学院讲师，研究方向为地方文化。

［基金项目］本文是2017年度江西省赣商文化研究基地立项课题、江西省教育科学“十三五”规划2017年度立项课题“赣商文化在地方院校商科人才培养中的渗透研究”（编号17YB334）研究成果之一。

商科学生传统文化素养，让他们通过历史明得失，知兴替，为以后修业经商奠定坚实的文化底蕴。通过赣商文化在商科人才培养过程中的不断渗透，可以塑造和培养出一批重德仁心、有作为敢担当的新一代创新创业人才队伍。

将赣商文化融入高校商科人才培养体系，应秉承校园文化重要的育人功能，充分汲取赣商文化的丰富内涵，积极开展赣商文化教育，以赣商精神熏陶和影响学生，通过树立文化育人的教育理念，构建赣商文化教育的大课程体系，积极探索多种多样的教学方法，创建赣商文化校园环境等方式，最终开辟出一条地方商科院校赣商文化教育的有效路径。

一、树立文化育人的教育理念，将赣商文化纳入商科人才培养体系

从我国商科人才培养的方案设定上看，大部分商科院校把学生培养的重点放在了理论知识和技能培训上，一般的人才培养方案大致设定为基础理论、专业知识、专业技能培训三个部分。在基础理论部分，因为种种原因，思政占了大部分课时，心理英语体育等基础课程比重过大，中国传统文化教育几乎被挤占得没有空间。因为过分注重专业素质和业务素质的培养，在有限的课程时间内，一再增加学生技能实习和训练的比重，忽视了传统文化素养和道德素质的提高。作为市场经济的主体，作为进入社会后要和各种各样的金钱和诱惑打交道的商科人才，怎样引导学生形成正确的人生观、价值观、世界观，防止拜金主义、利己主义、享乐主义，对商科人才培养来说更为重要。商科人才培养的目标绝不仅仅是教育出一大批只精通经营之道、发财之术的赚钱机器，更重要的是要培养具有高尚品德、健全人格、有社会责任感和懂得丰沛个人生活的新一代儒商。地方商科院校在商科人才培养上，因为过分追求就业率，更容易陷入功利主义的导向误区。

要提升地方院校商科人才培养的层次和内涵，就必须树立文化育人的教育理念，在人才培养上真正做到“以人为本”，大力弘扬优秀的中华传统文化，弘扬赣商文化中积极向上的精神内涵和经营理念，通过将赣商文化与商科人才培养方案有机结合，可以将具有赣商文化特色的内涵和精神渗透到商科实践教学活动中；可以优化地方院校的学科专业布局，突出以商科为主的办学特长和

办学思路；地方院校在商科人才培养目标上，可以将具有赣商精神和家国情怀、专业能力与道德修养、传统文化与现代商业意识相结合的复合型商科人才作为培养目标，从而提升地方院校商科人才的素质和质量，提升商科专业学科建设的竞争力，培养出具有家国情怀、勇于担当、精明高雅、敢闯敢干的新赣商，最终为地方经济发展服务。

二、构建赣商文化教育的大课程体系

高校课程作为高校知识传播的重要载体，同时也是人才培养目标实现的重要途径，商科院校课程设置体现了商科人才培养目标。我们认为，赣商文化教育的大课程体系的形成，应从课程建设、教材建设、实训基地建设、专题网站建设等多方面入手，实现必修与选修课程互补、被动学习与自主学习结合、校内学习与校外学习对接。

在课程建设上，可以考虑学校的教学实际，区分不同的专业需求，把赣商文化作为必修课或选修课，把握深度与广度的关系，引导与自愿相结合。通过面向全校学生开设类似《赣商文化专题》这样的讲座，普及赣商文化与赣商创业精神。课程内容可以包括赣商的发展历程、赣商文化的内涵、价值等内容。通过课堂教学、讲座、实地参观考察赣商企业，让学生更好地理解赣商文化。

在教材建设上，从目前我们了解的情况看，关于中华传统文化的教材版本多样，内容不一，地域性传统文化教材较为少见，具体到江西本省商科院校中将赣商文化纳入课程体系，系统编写教材的更是没有。学校应该本着大胆创新、开放包容的原则，积极引导鼓励老师根据教学需要，因地制宜编写适合本校实际需求的校本教材，填补作为地域性传统文化的赣商文化在教材方面的空白。

在实践基地建设上，加强赣商文化教育基地建设。根据赣商文化教育的基本要求，在有代表性的赣商知名企业中建立赣商文化教育基地，通过实地参观、调研、访谈，观摩企业的具体运作流程，领会与体悟赣商文化与赣商精神，认识赣商文化与赣商精神在当今企业实践中的具体表现。在充分利用好已有赣商文化教育基地的基础上，不断拓展新基地建设，使学生通过感知与体悟加深对赣商精神的理解，并内化为自觉意识。

在专题网站建设上，充分利用互联网在高校学生中的优势，可以在校园网站上开辟赣商文化专题网，充分发挥多媒体技术与网络技术在现代教育教学活动中的重要作用，内容设置上主要包括在线学习与互动交流，打造成为学生自主学习与互动交流的平台。

三、积极拓展新的教学思路，采用灵活多变的教学方法

人文素养课程的落脚点不在于传授科学知识的多少，更大的意义在于丰富学生的人文底蕴。在地方院校商科人才的培养过程中，紧密结合富有地域特色的赣商文化，使学生对悠久的赣商文化有深切的体会与深刻的感悟，具备家乡人独有的特质与品性。

首先，将赣商精神融入商科人才培养，要想实现专业教育与赣商精神的有机融合，目前教学上以教师为主体，以讲授法为主的被动学习方式显然遏制了学生的个性发展，要改变传统的教育理念，转化课堂的角色，使学生成为学习主体，激发学生参与课堂的积极性与主动性。可以采纳江西古代书院的教学理念与思辨方法，通过案例分析，让学生分组讨论、形成不同观点，小组和小组之间既可以演讲的形式展开表述，也可以辩论形式明辨是非，让学生在热烈愉快的氛围中学习，通过激烈讨论，学生可以找到自己的兴趣点，并通过实地考察和研读文献，达到潜移默化的教学效果。

其次，将赣商文化注入所学的课程中，如在上《市场营销》课程时，可以拿江西老字号老品牌的营销作为案例，让学生集思广益给出思路和方案。将赣商文化融入专业教学中，这是一种非常好的教学方法，既可以传播江西地方传统文化，同时也丰富了课堂教学内容。在此过程中，教师可以提出开放性的问题，引导学生思考，使人文精神在知识传授的过程中得到内化，让学生有表达的机会，更深层理解赣商文化的核心，升华对家乡的热爱与自豪感。

赣商文化与当下经济社会发展紧密相连，具有非常典型的现实意义。鉴于此，赣商文化教育不能仅仅停留在课程的理论教学上，还需要有课内理论和课外实践的结合，比如赣商文化教育基地建设、企业实地参观考察等。当课堂上讲完历史上赣商在浮沉商海拼搏的艰难与辉煌后，通过实地考察来体验现代赣

商的经营之道。经过古今对比，可以让学生感知现代赣商尽管在国际化的大背景中占据一席之地，但其精神风貌的根基仍然离不开对传统文化精髓的传承。通过学习赣商文化灿烂的历史，学生从中得到的不仅仅是知识，而且还培养了他们对赣商文化的认同感，促使他们在专业上更好成才。生动鲜活的赣商范例让学生们从不同的角度接受赣商文化教育。与在有限的课堂教学融入赣商文化相比，大量实践教学有利于提高学生的学习兴趣，培养学生的商业意识，感知商业文化。

四、创建赣商文化校园环境

学校是学生接受文化学习和精神建设的主要场所，校园环境可以熏陶学生的情怀，影响学生的心态，提高他们的人文素养。只有当课程建设与校园文化建设相结合，才能促进人文素养教育取得良好的成果。学校借有形的物质载体建设和谐的校园环境，能在不知不觉中积极构建学生的精神世界，激发他们的人文情怀。地方商科院校要打造自己的办学特色，校园环境建设特别重要。

在校园硬环境建设方面，学校要认真规划校园建设，制定与校园环境建设相关的条例规章；在公共景观的设计上充分融入赣商文化的元素，突出赣商文化的特色，例如可以在校园办公区、教学区、生活区等公共场所，设置诸如赣商主题人物、赣商文化背景等体现赣商精神的雕塑、石刻、展板；在图书馆、教学楼、学生宿舍楼、食堂等公共场所，张贴有关赣商名人为表现内容的宣传画、名言等；以赣商历史名人命名道路、楼宇，让学生在人文素养课程之外也能接受到赣商文化的洗礼，更好地感受到赣商精神。通过环境的涵养和熏陶，提升学生的人文素养和文化内涵。在校园文化建设方面，江西经济管理干部学院率先在全省院校中建设了赣商文化馆，旨在挖掘江右商帮历史遗存、梳理江右商帮历史兴衰、建立赣商研究资料文库、提炼赣商商贾文化精髓、传承赣商务实创业精髓。赣商文化馆成为该校十分独特的校园文化样板，使该校在地方商科院校中差别性明显。

在校园软环境建设方面，可以通过搭建各类赣商文化宣传载体，在校园网站建设赣商文化专题网，在院报、学校广播上开辟赣商文化专题专栏，为学生们提供一个了解赣商文化，交流学习心得的良好平台。同时，通过微博、微信等各种新技术手段，建设赣商文化专题板块，丰富赣商文化传播渠道。

学校还可以引导和鼓励学生围绕“赣商文化”开展各类社团活动，营造浓郁的校园赣商文化氛围，激发学生的专业认同感和自豪感，树立职业意识和商业思想。成立以弘扬赣商精神为宗旨的学生社团——赣商文化社，并指派专门教师进行指导开展活动；组建赣商文化宣讲团，开辟“赣商文化大讲堂”，定期邀请赣商协会的知名代表、企业家和优秀的赣商校友，赣商文化的相关研究学者、专家前来为师生举办讲座，举办赣商论坛与会展；积极组织一系列有特色的旨在弘扬赣商文化的创新创业活动，或与当地传统商品品牌合作，取得企业的支持与参与，开展丰富多彩的各类校园比赛、文化节、创意大赛等，通过参与校园活动，让学生直观感受赣商文化的精神实质，在体验中感悟，深刻领会赣商文化的内涵，使学生在未来的创业实践中掌握主动权。

地方院校商科人才的培养，不能只专注“商”字，应该放开眼界，让学生从更大的文化土壤里吸收养分。一方水土养一方人，赣商文化是地方院校商科人才培养的重要土壤和丰富的资源，通过赣商文化在商科人才培养过程中的不断渗透，可以提升地方院校商科人才培养的层次和内涵；可以提高商科学生的传统文化素养，让他们通过历史明得失，知兴替，为以后修业经商积累坚实的文化底蕴；可以塑造和培养出一批重德仁心、有作为敢担当的新一代创新创业商业人才队伍；融入社会后的商科人才会在各自的领域进一步发扬光大赣商文化和赣商精神，为地方经济做出更大贡献。

参考文献

[1] 方志远．赣商与江西商业文化［J］．江西社会科学，2011（3）．

[2] 房广顺，张宏伟．社会主义核心价值观的传统文化意蕴探析［J］．理论探讨，2015（1）．

[3] 张涵．中华优秀传统文化是最深厚的文化软实力——访中国文化软实力研究中心主任张国祚［J］．中国国情国力，2014（12）．

[4] 康粟丰．商科专业建设与地方文化传承思考——以浙江省为例［J］．职业教育，2012（2）．

[5] 崔玉霞．江西传统文化与创意产业融合研究［J］．科技广场，2011（2）．

赣商文化与地方院校商科人才培养模式的互补研究

崔玉霞

内容摘要 地方院校在商科人才的培养上，既要着眼于国际大视野，培养具有国际竞争力的专业人才，同时更应该注重人才培养的本土化意识，立足本土企业人才需求，突出地方商科教育的个性化特点，为地方经济发展服务。赣商文化在这方面具有得天独厚的优势，一方面，赣商文化为地方院校商科人才培养提供丰富的土壤、根基，是商科人才培养的精神动力和思想源泉；另一方面，通过赣商文化的涵养与熏陶成长起来的新一代商科人才，会反哺赣商文化，为其增加新的元素和色彩，丰富其精神实质和内涵。

江西历史上被称为物华天宝，人杰地灵，素有“鱼米之乡”的称号，它得天独厚的地理条件带来商业手工业的兴盛和繁荣，从而滋养了江西经济的发展，繁衍出与晋商、徽商等十大商帮比肩的商帮——赣商。

赣商经过几百年的代代传承，已经形成踏实肯干、诚信感恩的经营理念和职业操守，沉淀成敢闯敢干、勇于担当、敢为天下先的文化内涵。

［作者简介］崔玉霞，江西经济管理干部学院教授，研究方向为文化产业、传统文化。

［基金项目］本文是2017年度江西省赣商文化研究基地立项课题、江西省教科规划“十三五”立项课题“赣商文化在地方院校商科人才培养中的渗透研究”（编号17YB334）研究成果之一。

一、赣商文化的精神内涵

（一）赣商具有蚂蚁啃骨头的不服输精神

蚂蚁个头虽小，但无处不在。为生存不屈不挠，坚持不懈，从不因为利小而不为。赣商的精神就是蚂蚁啃骨头的精神。江西人经商，大多数为生活所迫，借贷起家。但江右商肯吃苦、擅勤力，兢兢业业，本小利薄，一点一滴地积累，脚踏实地，成就大事业。

古代的江右商帮为了做生意，足迹踏遍南北，最远曾到达中亚东亚等地。当代赣商创业继承了蚂蚁之精神。大多数赣商起初也是为谋生而外出打工、做小生意，然后学会技术、积攒资本再进行投资，慢慢成长起来，最后把生意做到全国乃至世界各地。如进贤医疗器械、金溪面包、安义钢窗、文港制笔等小企业、小食品店都已经进入到了全国每个县市，继承了江右商人行商世界的传统。

（二）赣商具有蒲公英种子的扎根精神

蒲公英在春天生长，不择环境，耐旱抗涝，到处可见；夏天开花，花儿简单、低调、朴素、顽强；秋天结出一大团种子，风一吹，散落到天涯海角，一旦有合适的环境，就会扎根发芽，开花结果。江右商帮的精神里有着蒲公英一样的坚韧和生命力。

同其他各省的商帮形成过程相似，江右商帮也属地缘性省帮，作为一个地域性的商帮统称，其内部组成复杂，从地域上可以分为府帮、县帮；从行业上划分，则更为多样，三百六十行几乎都有，影响力比较大的有药帮、瓷器帮、粮帮、茶叶、绸缎等；从经商方式上又可分为坐商、行商、手工业者、服务行业、码头工人等三教九流。有些大的商帮每到一地，必会组建江西会馆，兴建万寿宫，长沙、湘潭、溆浦、武汉、襄樊、重庆、秀山、成都等地的江西会馆大都建在商帮会馆附近，江右商帮以这种抱团发展的方式，每到一地，就像蒲公英的种子一样，碰到适合的条件就会生根开花。

（三）赣商具有蜜蜂采花成蜜的勤奋担当精神

唐代诗人罗隐在《咏蜜蜂》诗中说“采得百花成蜜后，为谁辛苦为谁甜。”蜜蜂采蜜，不是为自己，更多的是为族群，它们不辞辛苦，为了采集花蜜，每天甚至要飞行寻找十多公里。江右商人具有蜜蜂采蜜的勤奋担当精神。

江西古代有崇德重文之风，历史上通过科举考试成功步入政坛的江西文人不计其数。达则兼济天下的儒家思想影响在江西人心目中深厚而久远。江西商人虽走上了与从文完全不同的经商之路，但他们头脑中的儒家文化使他们非常注重修德敬业、注重诚信，以“净明忠孝道”为自己的价值观，遍布全国的江西会馆和江西万寿宫就是赣商家国情怀的外在表征。江右商人有如蜜蜂一样，诚而有信，为富有仁，勤奋而有担当。采得百花成蜜后，不忘回报乡恩故里，修桥修路、助学助贫、建设家园。

二、地方院校商科人才培养模式的现状及未来发展

从清代至今，我国的商科人才培养历经百年，虽然时间长，跨度大，但由于战争及政治等因素的影响，特别是新中国成立之后，商科人才的培养一直在计划经济的影响之下，普遍存在师资基础不强、理论教学过多而实践经验不足，学生所学内容与社会实际脱轨，与国际脱轨，过分重视外在知识的教而忽视内在精神的养成等问题。

改革开放以后，我国商科人才培养已经逐步转型，努力与国际接轨，但随之而来的问题也日益显现。从目前我国商科人才培养的方案设定上看，大部分商科院校把学生培养的重点放在了理论知识和技能培训上，一般的人才培养方案大致设定为基础理论、专业知识、专业技能培训三个部分。在基础理论部分，因为种种原因，思政占了大部分课时，心理、英语、体育等基础课程比重过大，中国传统文化教育几乎被挤占得没有空间。因为过分注重专业素质和业务素质的培养，在有限的课程时间内，一再增加学生技能实习和训练的比重，忽视了传统文化素养和道德素质的提高。作为市场经济的主体，作为进入社会后要和各种各样的金钱和诱惑打交道的商科人才，形成正确的人生观、价值

观、世界观，防止拜金主义、利己主义、享乐主义对商科人才培养来说更为重要。商科人才培养的目标绝不仅仅是教育出一大批只精通经营之道，发财之术的赚钱机器，更重要的是要培养具有高尚品德、健全人格、有社会责任感和懂得丰沛个人生活的新一代儒商。地方商科院校在商科人才培养上，因为过分追求就业率，更容易陷入功利主义的导向误区。

在互联网经济时代，全球经济一体化，商科人才的培育和储备是国民经济发展的需要，也是发展地方经济竞争力的需求。中国目前的全民创新创业给地方院校商科人才的培养带来前所未有的机遇与挑战，在这一时代发展的大潮中，地方院校商科人才培养大有可为，前景广阔。

（一）宏观经济的快速发展给地方院校商科人才培养提供良好机遇

知识经济时代来临，“互联网＋”时代，移动终端、物联网和云计算的发展都需要大量高素质的商科人才，地方商科院校在国家和区域经济结构调整的大战略中势必成为关键一环。在这个全民创新创业的大时代背景下，地方商科院校应该顺应时代发展需要，抓住机遇，加快发展，迎接挑战。

（二）互联网经济的发展对商科人才需求量大

李克强总理在2016年政府工作报告中强调，要大力推动包括共享经济等在内的“新经济”领域的快速发展。随着互联网技术的普及和社会网络生态的成熟，出现了共享经济的新商业趋势。当前，共享经济的商业形式已从消费到生产遍及各个环节，有力地推动了产业创新与经济转型升级。战略性新兴产业怎样充分应用共享模式进行商业模式创新，是摆在人们面前的新课题，这就需要大量具有专业性、商业意识强、综合素质高、能力强的商科专业人才的引进和介入。

（三）地方院校办学优势明显

地方商科院校是为地方发展创新商科知识、培养商科人才服务的。同时，大部分地方商科院校都是在改革开放以后建立的，办学时间短，办学方针及人才培养顺应历史潮流。尤其是商科办学，很多院校商科的设立都是在改革开放之后，一开始就置身于市场经济的前沿，办学指导思想上基本没有官学色彩，摆脱了计划经济的桎梏，建立了相对独立完整的商业教育体系和专业教师制度，但是各地商科院校千人一面，尚未形成自己的区域品牌。

地方院校在商科人才的培养上，要办出自己的风格和特色，既要着眼于国际大视野，提升国际性，培养具有国际竞争力的专业人才，同时更应该注重人才培养的本土化意识，立足本土企业人才需求，突出地方商科教育的个性化特点，为地方经济发展服务，千万不能好高骛远、盲目攀比，脱离实际。

三、赣商文化与地方院校商科人才培养的互补关系

地方院校商科人才的培养，不能只专注“商”字，应该放开眼界，让学生从更深厚更广阔的文化土壤里吸收养分。一方水土养一方人，赣商文化是地方院校商科人才培养的重要土壤和丰富的资源。

一方面，赣商文化为地方院校商科人才培养提供丰富的土壤、根基，是院校人才培养的精神动力和思想源泉。

引入赣商文化进校园，可以提升地方院校商科人才培养的层次和内涵。通过树立文化育人的教育理念，在人才培养上真正做到“以人为本”，大力弘扬优秀的中华传统文化，弘扬赣商文化中积极向上的精神内涵和经营理念，通过将赣商文化与商科人才培养方案有机结合，可以将具有赣商文化特色的内涵和精神渗透到商科实践教学活动中；可以优化地方院校的学科专业布局，突出以商科为主的办学特长和办学思路。地方院校在商科人才培养目标上，可以将具有赣商精神和家国情怀、专业能力与道德修养、传统文化与现代商业意识相结合的复合型商科人才作为培养目标，从而提升地方院校商科人才的素质和质量，提升商科专业学科建设的竞争力，培养出具有家国情怀、勇于担当、精明高雅、敢闯敢干的新赣商，最终为地方经济发展服务。

同时，引入赣商文化进校园，可以通过赣商文化的熏陶和浸染，提高商科学生传统文化素养，锤炼商科学生的人文精神，提高他们的综合能力，成为学生的精神动力和指引，为以后修业经商积累坚实的文化底蕴。

俗话说，“创业难，守成更难。”对于成长在经济高速发展、物质极大丰富年代的独生子女来说，父母的荫庇和呵护使他们很难体会到艰难的含义。相反社会转型时期各种功利、实惠、拜金、捷径等不良价值观反倒在他们头脑中

根深蒂固，追名牌拿苹果手机的学生在校园里比比皆是。如果问到对传统文化的认知，大部分学生还只停留在小学中学所学的几首唐诗宋词，至于对古代先辈经商的历史和艰辛，则更是一无所知。

地方传统商业文化是地方商科人才培养的土壤、根基，是取之不尽的素质教育宝库，通过引入赣商文化进校园，进课堂，可以在日常生活中给学生以熏陶和浸染，让他们知道创业艰难百战多，一个包袱一把伞闯世界背后是有无数的辛酸和曲折的，要通过不断努力和不懈的坚持才能成功。通过引导学生了解赣商的人文精神、道德情操和成功史，从别人的人生中吸取有益的经验和教训，从而在豪情满怀走出去创新创业闯天下的同时，也能做好吃苦、挫折、失败、甚至可能输得一无所有的心理准备。

另一方面，通过赣商文化的涵养与熏陶成长起来的新一代商科人才，会反哺赣商文化，为其增加新的元素和色彩，丰富其精神实质和内核。

通过赣商文化的学习可以激发学生的专业认同感和民族自豪感，树立职业意识和商业思想。将赣商精神内化为他们自己的人生观、价值观、世界观，他们会认同或传承赣商文化积极的经营理念和奋斗精神，吸取赣商文化中的人生智慧，将其精神渗透到灵魂深处，在思维模式和行为模式上自觉或不自觉地以前辈为榜样，并实现其自身的超越。

同时，成长在互联网经济时代的商科人才在长期的经营实践和商业活动中，成为地方经济发展的主力和支撑。他们会吸收新的具有时代特点的商业文化和商业理念，反过来不断完善和践行赣商文化的内涵和实质，为其增加新的元素和时代色彩，丰富其精神实质和内核，反哺赣商文化，从而促进赣商文化进一步发展，使其具有更强的竞争力，更开阔的商业视野，更前瞻的变革力量，最终为地方经济发展做出更大的贡献。

参考文献

［1］张岱年．文化创新与文化继承［J］．中国文化研究，2000（2）．

［2］朱兰芝，孙占元．立足社会现实批判地继承中国传统文化——我国当前社会主义先进文化建设中的一个关键问题［J］．山东师范大学学报（人文社会科学版），2006（6）．

［3］纪宝成．我国高等商科教育人才培养模式探讨［J］．中国高教研究，

2006（10）.

［4］毕雪阳. 应用型本科人才培养的国际比较［J］. 中国大学教学，2008（8）.

［5］方志远. 赣商文化与江西商业文化［J］. 江西社会科学，2011（3）.